S'initier à la PROGRAMMATION et à L'ORIENTÉ OBJET

Claude Delannoy

S'initier à la PROGRAMMATION et à L'ORIENTÉ OBJET

Avec des exemples
en C, C++, C#, Python, Java et PHP

2ᵉ édition

EYROLLES

ÉDITIONS EYROLLES
61, bd Saint-Germain
75240 Paris Cedex 05
www.editions-eyrolles.com

La seconde édition du présent ouvrage est parue en 2014 sous l'ISBN 978-2-212-14067-5. À l'occasion de son deuxième tirage, elle a bénéficié d'un nouveau visuel de couverture, le texte restant inchangé.

Avant-propos

Objectif de l'ouvrage

Ce livre se propose de vous apprendre à programmer en exprimant les concepts fondamentaux à l'aide d'un « pseudo-code ». Cela vous permet de rédiger des programmes en privilégiant l'aspect algorithmique, sans être pollué par la complexité et la technicité d'un langage donné. Par ailleurs, l'ouvrage montre comment ces concepts fondamentaux se traduisent dans six langages très usités (C, C++, Java, C#, Python et PHP) et fournit des exemples complets. Il prépare ainsi efficacement à l'étude d'un langage réel.

Forme de l'ouvrage

L'ouvrage a été conçu sous forme d'un cours, avec une démarche très progressive. De nombreux exemples complets, écrits en pseudo-code et accompagnés du résultat fourni par leur exécution, viennent illustrer la plupart des concepts fondamentaux. Des exercices appropriés proposent la rédaction de programmes en pseudo-code, permettant ainsi la mise en pratique des acquis. Plutôt que de les regrouper classiquement en fin de chapitre, nous avons préféré les placer aux endroits jugés opportuns pour leur résolution. Une correction est fournie en fin de volume ; nous vous encourageons vivement à ne la consulter qu'après une recherche personnelle et à réfléchir aux différences de rédaction qui ne manqueront pas d'apparaître.

Chaque chapitre se termine par :

- Une rubrique « Côté langages » qui montre comment les concepts exposés préalablement s'expriment dans les six langages choisis ; elle constitue une sorte de guide de traduction du pseudo-code dans un véritable langage. Notez que le langage C n'étant pas orienté objet, il n'est pris en compte que jusqu'au chapitre 8.

- Une rubrique « Exemples langages » qui propose des programmes complets, traduction de certains des exemples présentés en pseudo-code.

À qui s'adresse cet ouvrage

Cet ouvrage s'adressse aux débutants en programmation et aux étudiants du premier cycle d'université. Il peut également servir :

- à ceux qui apprennent à programmer directement dans un langage donné : il leur permettra d'accompagner leur étude, en dégageant les concepts fondamentaux et en prenant un peu de recul par rapport à leur langage ;
- à ceux qui maîtrisent déjà la programmation dans un langage donné et qui désirent « passer à un autre langage » ;
- à ceux qui connaissent déjà la programmation procédurale et qui souhaitent aborder la programmation orientée objet.

Enfin, sa conception permet à l'ouvrage d'être facilement utilisé comme « support de cours ».

Plan de l'ouvrage

Le **chapitre 1** présente le rôle de l'ordinateur, les grandes lignes de son fonctionnement et la manière de l'utiliser. Il dégage les importantes notions de langage, de programme, de données et de résultats, de système d'exploitation et d'environnement de programmation.

Le **chapitre 2** introduit les concepts de variable et de type, et la première instruction de base qu'est l'affectation. Il se limite à trois types de base : les entiers, les réels et les caractères. Il présente les erreurs susceptibles d'apparaître dans l'évaluation d'une expression et les différentes façons dont un langage donné peut les gérer. On y inclut les notions d'expression mixte et d'expression constante.

Le **chapitre 3** est consacré aux deux autres instructions de base que sont la lecture et l'écriture. Il nous a paru utile de les placer à ce niveau pour permettre, le plus rapidement possible, de présenter et de faire écrire des programmes complets. On situe ces instructions par rapport aux différents modes de communication entre l'utilisateur et le programme : mode console, programmation par événements, mode batch, programmation Internet.

Le **chapitre 4** étudie la structure de choix, en présentant la notion de condition et en introduisant le type booléen. On y aborde les choix imbriqués. L'existence de structures de choix multiple (instruction `switch` des six langages examinés) est évoquée dans la partie « Côté langages ».

Le **chapitre 5** aborde tout d'abord les structures de répétition conditionnelle. Il présente la notion de compteur, avant d'examiner les structures de répétition inconditionnelle (ou « avec compteur ») et les risques inhérents à la modification intempestive du compteur.

Le **chapitre 6** présente les « algorithmes élémentaires » les plus usuels : comptage, accumulation, recherche de maximum, imbrication de répétitions. Il donne un aperçu de ce qu'est l'itération.

Le **chapitre 7** traite des tableaux, à une ou deux dimensions. Il se place a priori dans un contexte de gestion statique des emplacements mémoire correspondants et il décrit les contraintes qui pèsent alors sur la taille d'un tableau. Les autres modes de gestion (automatique et dynamique) sont néanmoins évoqués en fin de chapitre, ainsi que la notion de tableau associatif (utilisé par exemple par PHP) qui est comparée à celle de tableau indicé. Les situations de débordement d'indice sont examinées, avec leurs conséquences potentielles dépendantes du langage.

Le **chapitre 8** est consacré aux fonctions. Il présente les notions de paramètres, de variable locale et de résultat, et distingue la transmission par valeur de la transmission par référence (par adresse), en examinant le cas particulier des tableaux. Il aborde la durée de vie des variables locales, ce qui amène à traiter du mode de gestion automatique correspondant (et du concept de pile qu'il utilise souvent). Il dégage le concept de « programme principal » ou de « fonction principale ». Enfin, il donne un aperçu de ce qu'est la récursivité.

Le **chapitre 9** introduit les notions de classe, d'attribut, d'objet, de méthode, d'encapsulation des données et de constructeur. Il fournit quelques éléments concernant les deux modes de gestion possibles des objets, à savoir par référence ou par valeur. Il étudie les possibilités d'amendement du principe d'encapsulation par modification des droits d'accès aux attributs ou aux méthodes.

Le **chapitre 10** examine l'incidence du mode de gestion des objets (par référence ou par valeur) sur l'affectation d'objets et sur la durée de vie des objets locaux. Il aborde les objets transmis en paramètre et il convient, comme c'est le cas dans la plupart des langages objet, que « l'unité d'encapsulation est la classe et non l'objet ». Il analyse le cas des objets fournis en résultat. Puis, il étudie les attributs et les méthodes de classe, et traite sommairement des tableaux d'objets et des problèmes qu'ils posent dans l'appel des constructeurs, ainsi que des situations « d'auto-référence ».

Le **chapitre 11** est consacré à la composition des objets, c'est-à-dire au cas où un attribut d'une classe est lui-même de type classe. Il examine les problèmes qui peuvent alors se poser au niveau des droits d'accès et dans la nature de la relation qui se crée entre les objets concernés. Il présente la distinction entre copie profonde et copie superficielle d'un objet. Il montre également comment résoudre un problème fréquent, à savoir réaliser une classe à instance unique (singleton).

Le **chapitre 12** présente la notion d'héritage ou de classe dérivée et son incidence sur les droits d'accès aux attributs et aux méthodes. Il fait le point sur la construction des objets dérivés avant de traiter de la redéfinition des méthodes. Il aborde les situations de dérivations successives et décrit succinctement les possibilités de modification des droits d'accès lors de la définition d'une classe dérivée.

Le **chapitre 13** expose les notions de base du polymorphisme, à savoir la compatibilité par affectation et la ligature dynamique. Il en examine les conséquences dans plusieurs situations et montre quelles sont les limites de ce polymorphisme, ce qui conduit, au passsage, à parler de valeurs de retour covariantes présentes dans certains langages.

Le **chapitre 14** traite enfin de concepts moins fondamentaux que l'héritage ou le polymorphisme, parfois absents de certains langages, mais qui peuvent faciliter la conception des logiciels. Il s'agit des notions de classes abstraites (ou retardées), d'interface et d'héritage multiple.

Justifications de certains choix

Voici quelques éléments justifiant les choix que nous avons opéré dans la conception de cet ouvrage.

- Nous présentons la programmation procédurale avant d'introduire la programmation objet, pour différentes raisons :

  - la plupart des langages objet actuels offrent des possibilités de programmation procédurale ;

  - la programmation orientée objet s'appuie sur les concepts de la programmation procédurale ; la seule exception concerne la notion de fonction indépendante qui peut être absente de certains langages objet mais qui se retrouve quand même sous une forme très proche dans la notion de méthode ;

  - sur un plan pédagogique, il est difficile d'introduire directement des méthodes dans une classe si l'on n'a pas encore étudié l'algorithmique procédurale.

- Dans le choix des concepts fondamentaux, nous avons évité de nous limiter à un sous-ensemble commun à tous les langages car cela aurait été trop réducteur à notre sens. Nous avons choisi les concepts qu'il nous a paru important de maîtriser pour pouvoir ensuite aborder la programmation dans n'importe quel langage.

Ces choix font ainsi du pseudo-code, non pas la « matrice » de tous les langages, mais plutôt un langage à part entière, simple, mais renfermant la plupart des concepts fondamentaux de la programmation – certains pouvant ne pas exister dans tel ou tel langage. C'est précisément le rôle de la partie « Côté langages » que de monter en quoi les langages réels peuvent différer les uns des autres et ce au-delà de leur syntaxe (les six langages choisis possèdent la même syntaxe de base et jouissent pourtant de propriétés différentes). Ainsi, le lecteur est non seulement amené à programmer en pseudo-code mais, en même temps, il est préparé à affronter un vrai langage. Voici par exemple quelques points sur lesquels les langages peuvent se différencier les uns des autres :

- mode de traduction : compilation (C, C++), interprétation (PHP ou Python) ou traduction dans un langage intermédiaire (Java) ;

- mode de gestion de la mémoire : statique, automatique, dynamique ;

- nature des expressions constantes et des expression mixtes ;

- gestion des tableaux (sous forme indicée ou sous forme de tableau associatif comme en PHP) ;

- mode de transmission des paramètres d'une fonction : par valeur, par référence ;

- utilisation pour les objets d'une « sémantique de valeur » ou d'une « sémantique de référence » (Java n'utilise que la deuxième, tandis que C++ utilise les deux) ;

- mode standard de recopie des objets : copie superficielle ou copie profonde.

• Nous n'avons pas introduit de type chaîne car son implémentation varie fortement suivant les langages (type de base dans certains langages procéduraux, type hybride en C, type classe dans les langages objet...). Sa gestion peut se faire par référence ou par valeur. Dans certains langages, ces chaînes sont constantes (non modifiables), alors qu'elles sont modifiables dans d'autres...

Table des matières

Chapitre 2 : Variables et instruction d'affectation 15

Chapitre 3 : Instructions d'écriture et de lecture 39

1

Ordinateur, programme et langage

Ce chapitre expose tout d'abord les notions de programme et de traitement de l'information. Nous examinerons ensuite le rôle de l'ordinateur et ses différents constituants. Nous aborderons alors l'importante notion de langage de programmation et nous vous indiquerons succinctement quels sont les concepts fondamentaux que l'on rencontre dans la plupart des langages actuels, ce qui nous permettra d'introduire la démarche que nous utiliserons dans la suite de l'ouvrage.

1 Le rôle de l'ordinateur

1.1 La multiplicité des applications

Les applications de l'ordinateur sont très nombreuses. En voici quelques exemples :

- accès à Internet ;
- envoi de courrier électronique ;
- création de sites Web ;
- lecture de CD-Rom ou de DVD ;
- archivage et retouche de photos ;
- jeux vidéo ;

- bureautique : traitement de texte, tableur, gestion de bases de données... ;
- gestion et comptabilité : facturation, paye, stocks... ;
- analyse numérique ;
- prévisions météorologiques ;
- aide à la conception électronique (CAO) ou graphique (DAO) ;
- pilotage de satellites, d'expériences...

1.2 Le programme : source de diversité

Si un ordinateur peut effectuer des tâches aussi variées, c'est essentiellement parce qu'il est possible de le programmer. Effectivement, l'ordinateur est capable de mettre en mémoire un programme qu'on lui fournit ou, plus souvent qu'on lui désigne (en général, on fournira le moyen de trouver le programme, plutôt que le programme lui-même) puis de l'exécuter.

Plus précisément, un ordinateur possède un répertoire limité d'opérations élémentaires qu'il sait exécuter très rapidement. Un programme est alors constitué d'un ensemble de directives, nommées instructions, qui spécifient :

- les opérations élémentaires à exécuter ;
- la manière dont elles s'enchaînent.

En définitive, la vitesse d'exécution de l'ordinateur fait sa puissance ; le programme lui donne sa souplesse. En particulier, nous verrons que certaines des instructions permettent soit de répéter plusieurs fois un ensemble donné d'instructions, soit de choisir entre plusieurs ensembles d'instructions.

1.3 Les données du programme, les résultats

Supposez qu'un enseignant dispose d'un ordinateur et d'un programme de calcul de moyennes de notes. Pour fonctionner, un tel programme nécessite qu'on lui fournisse les notes dont on cherche la moyenne. Nous les appellerons informations données ou plus simplement données. En retour, le programme va fournir la moyenne cherchée. Nous l'appellerons information résultat ou plus simplement résultat. Si le programme a été prévu pour cela, il peut fournir d'autres résultats tels que le nombre de notes supérieures à 10.

De la même manière, un programme de paye nécessite des données telles que le nom des différents employés, leur situation de famille, leur numéro de sécurité sociale et différentes informations permettant de déterminer leur salaire du mois. Parmi les résultats imprimés sur les différents bulletins de salaire, on trouvera notamment : le salaire brut, les différentes retenues légales, le salaire net...

Un programme de réservation de billet d'avion par Internet nécessitera des données telles que votre nom, votre numéro de carte d'identité ainsi que le choix du vol.

1.4 Communication ou archivage

D'où proviennent les données ? Que deviennent les résultats ? Les réponses les plus naturelles sont : les données sont communiquées au programme par l'utilisateur ; les résultats sont communiqués à l'utilisateur par le programme.

Cela correspond effectivement à une situation fort classique dans laquelle l'ordinateur doit être en mesure de communiquer avec l'homme. Cependant, les données ne sont pas toujours fournies manuellement. Par exemple, dans le cas d'un programme de paye, il est probable que certaines informations relativement permanentes (noms, numéros de sécurité sociale...) auront été préalablement archivées dans un fichier ou dans une base de données. Le programme y accédera alors directement.

Dans le cas de la réservation d'un billet d'avion, vous n'aurez pas à fournir explicitement les caractéristiques du vol souhaité (aéroport de départ, aéroport d'arrivée, heure de départ, numéro de vol...). Vous effectuerez un choix parmi une liste de possibilités que le programme aura trouvées, là encore, dans une base de données, en fonction de certains critères que vous aurez exprimés.

On notera, à propos des bases de données, que les informations qu'elles renfement auront dû être préalablement archivées par d'autres programmes dont elles constituaient alors les résultats. Ceci montre la relativité de la notion de donnée ou de résultat. Une même information peut être tantôt donnée, tantôt résultat, suivant l'usage que l'on en fait.

En général, cet échange d'informations entre programme et milieu extérieur paraît assez naturel. En revanche, on voit que le programme représente lui-même une information particulière. Comme les données, il sera, soit prélevé automatiquement dans des archives (de programmes, cette fois), soit (plus rarement) communiqué à l'ordinateur par l'homme.

Qui plus est, nous verrons, dès que nous parlerons de langage et de traducteur, que l'information programme pourra, elle aussi, apparaître tantôt comme donnée, tantôt comme résultat d'un autre programme.

2 Pour donner une forme à l'information : le codage

2.1 L'ordinateur code l'information

Lorsque nous échangeons de l'information avec d'autres personnes, nous utilisons des chiffres, des lettres, des graphiques, des paroles, etc.

Or, pour des raisons purement technologiques, l'ordinateur ne peut traiter ou manipuler qu'une information exprimée sous forme binaire. On imagine souvent une telle information comme une suite de 0 et de 1, mais on pourrait en fait utiliser n'importe quel couple de symboles (comme rond blanc et rond noir, ampoule allumée et ampoule éteinte).

Quand vous transmettez une information à l'ordinateur, par exemple en tapant sur les touches d'un clavier, il est nécessaire qu'il la transforme en binaire. Nous dirons qu'il réalise un codage en binaire de cette information. De la même manière, avant de vous fournir un résultat, il devra opérer une transformation symétrique.

2.2 L'homme code l'information

En toute rigueur, l'ordinateur n'est pas le seul à coder l'information. Pour vous en convaincre, considérez cette petite phrase :

13, treize, vous avez dit XIII.

Vous constatez que la même valeur apparaît exprimée sous trois formes différentes :

13

treize
XIII

La première forme s'exprime avec deux symboles, chacun étant choisi parmi les chiffres de 0 à 9. Nous disons que nous avons utilisé deux positions d'un code à dix moments (les dix chiffres 0, 1, 2... 9).

La deuxième forme s'exprime avec six symboles (lettres), chacun étant choisi parmi les vingt-six lettres de l'alphabet. Nous disons que nous avons utilisé six positions d'un code à vingt-six moments.

La dernière forme s'exprime avec quatre positions d'un code à sept moments (les lettres représentant les chiffres romains : I, V, X, L, C, M et D).

Quant aux codes binaires employés par l'ordinateur, ce sont tout simplement des codes à deux moments puisqu'il suffit de deux symboles pour exprimer une information binaire. Le choix de ces deux symboles est purement conventionnel ; généralement on emploie les deux premiers chiffres de notre système décimal. Ainsi :

```
10011010
```

représente une information binaire utilisant huit positions. Chaque position porte le nom de bit, terme qui est donc l'équivalent, pour les codes binaires, des termes chiffres ou lettres employés par les codes rencontrés précédemment.

2.3 Ce qui différencie l'homme de l'ordinateur

En définitive, on peut se dire que l'ordinateur et l'homme diffèrent dans leur façon de représenter l'information puisque l'ordinateur ne connaît que le binaire tandis que l'homme est capable d'utiliser une très grande variété de codes. Mais est-ce bien la seule différence ?

En fait, lorsque, dans un texte, vous rencontrez « 13 » ou « bonjour », il n'est pas besoin qu'on vous précise quel code a été effectivement employé. Au vu des symboles utilisés, vous arrivez à leur attribuer une signification. Qui plus est, lorsque vous rencontrez « XIII » dans la petite phrase du paragraphe 2.2, vous reconnaissez immédiatement le code « chiffres romains » et non plus le code « lettres de l'alphabet » (et ceci, bien que les chiffres romains soient des lettres de l'alphabet !). Dans ce cas, vous avez utilisé votre expérience, votre intelligence et le contexte de la phrase pour attribuer une signification à « XIII ».

Le binaire, en revanche, est beaucoup moins naturel, non seulement pour l'homme mais également pour l'ordinateur. Pour vous en convaincre, imaginez que vous ayez besoin de savoir ce que représentent les huit bits 00101001. Certes, vous pouvez toujours dire que cela peut représenter l'écriture en binaire du nombre entier 41. Mais pourquoi cela représenterait-il un nombre ? En effet, toutes les informations (nombres, textes, instructions de programme, dessins, photos, vidéos,...) devront, au bout du compte, être codées en binaire. Dans ces conditions, les huit bits ci-dessus peuvent très bien représenter une lettre, un nombre, une instruction de programme ou tout autre chose.

En définitive, nous voyons que l'ordinateur code l'information ; l'homme agit de même. Cependant, on pourrait dire que l'ordinateur « code plus » que l'homme ; en effet, il n'est pas possible d'attribuer un sens à la seule vue d'une information binaire. Il est, en outre, nécessaire de savoir comment elle a été codée. Nous verrons qu'une conséquence immédiate de ce phénomène réside dans l'importante notion de type, lequel indique précisément le codage utilisé pour représenter une information.

3 Fonctionnement de l'ordinateur

Après avoir vu quel était le rôle de l'ordinateur, nous allons maintenant exposer succinctement ses constituants et son fonctionnement.

3.1 À chacun son rôle

Nous avons donc vu qu'un ordinateur :

- traite l'information grâce à un programme qu'il mémorise ;
- communique et archive des informations.

Ces différentes fonctions correspondent en fait à trois constituants différents :

- La mémoire centrale, qui permet de mémoriser les programmes pendant le temps nécessaire à leur exécution. On y trouve également les informations temporaires manipulées par ces programmes : données après leur introduction, résultats avant leur communication à l'extérieur, informations intermédiaires apparaissant pendant le déroulement d'un programme. Signalons que, parfois, on emploie le terme donnée à la place de celui d'information : on dit alors qu'en mémoire centrale, se trouvent à la fois le programme et les données manipulées par ce programme.

- L'unité centrale, qui est la partie active de l'ordinateur. Elle est chargée de prélever en mémoire, une à une, chaque instruction de programme et de l'exécuter. D'ores et déjà, nous pouvons distinguer deux sortes d'instructions :

- celles qui agissent sur des informations situées en mémoire centrale ; ce sont elles qui permettent véritablement d'effectuer le traitement escompté ;
- celles qui assurent la communication ou l'archivage d'informations ; elles réalisent en fait un échange d'informations entre la mémoire centrale et d'autres dispositifs nommés périphériques.

• Les périphériques (évoqués ci-dessus), qui correspondent à tous les appareils susceptibles d'échanger des informations avec la mémoire centrale. On en distingue deux sortes :

- ceux qui assurent la communication entre l'homme et l'ordinateur : clavier, écran, imprimante, souris... ;
- ceux qui assurent l'archivage d'informations : disque dur, disquette, CD-Rom, DVD, bandes magnétiques... Ils ont un rôle de mémorisation d'informations, au même titre que la mémoire centrale dont ils constituent en quelque sorte un prolongement ; nous verrons d'ailleurs que leur existence ne se justifie que pour des considérations de coût.

Examinons maintenant le fonctionnement de chacun des constituants de l'ordinateur.

3.2 La mémoire centrale

Comme nous l'avons déjà évoqué, il se trouve qu'actuellement ce sont les systèmes de mémorisation binaire qui sont les moins coûteux. C'est pourquoi la mémoire centrale est formée d'éléments dont chacun ne peut prendre que deux états distincts. Autrement dit, chacun de ces éléments correspondant à un bit d'information.

Pour que la mémoire soit utilisable, il faut que l'unité centrale puisse y placer une information et la retrouver. Dans toutes les machines actuelles, cela est réalisé en manipulant, non pas un simple bit, mais au minimum un groupe de huit bits qu'on nomme un octet. Chaque octet est repéré par un numéro qu'on nomme son adresse. Un dispositif, associé à cette mémoire permet :

• soit d'aller chercher en mémoire un octet d'adresse donnée ; notez bien que, dans ce cas, le contenu du mot en question n'est pas modifié (il n'y a pas vraiment prélèvement, mais plutôt recopie) ;

• soit d'aller ranger une information donnée dans un octet d'adresse donnée ; naturellement, l'ancienne information figurant à cette adresse est remplacée par la nouvelle.

En général, les différents octets de la mémoire peuvent accueillir indifféremment des instructions de programme ou des informations.

La plupart des machines actuelles offrent la possibilité de manipuler simultanément plusieurs octets consécutifs. On parle parfois de mot pour désigner un nombre donné d'octets (mais ce nombre varie d'une machine à l'autre).

> **Remarque**
>
> À la place du terme mémoire centrale, on emploie également souvent celui de mémoire vive, ou encore de RAM, abréviation de *Random Access Memory* (mémoire à accès aléatoire).

3.3 L'unité centrale

Elle sait exécuter, très rapidement, un certain nombre d'opérations très simples telles que :

- addition, soustraction, multiplication ou division de nombres codés dans des mots (suite d'octets) de la mémoire centrale ;
- comparaison de valeurs contenues dans deux octets ou dans deux mots ;
- communication à un périphérique d'une information élémentaire (contenue dans un octet ou un mot).

Chaque instruction de programme doit préciser :

- la nature de l'opération à réaliser ; il s'agit d'un numéro (codé en binaire, bien sûr) qu'on appelle « code opération » ;
- les adresses (ou l'adresse) des informations sur lesquelles doit porter l'opération.

L'unité centrale est conçue pour exécuter les instructions dans l'ordre naturel où elles figurent en mémoire. Cependant, pour qu'un programme puisse réaliser des choix ou des répétitions, il est nécessaire de pouvoir rompre cet ordre. C'est pourquoi il existe également des instructions particulières dites de branchement. Elles demandent à l'unité centrale de poursuivre l'exécution du programme à une adresse donnée, au lieu de poursuivre naturellement « en séquence ». Ces branchements peuvent être conditionnels ; autrement dit, ils peuvent n'avoir lieu que si une certaine condition (par exemple égalité de deux valeurs) est réalisée.

3.4 Les périphériques

Comme nous l'avons vu, ils servent à échanger de l'information avec la mémoire centrale et ils se classent en deux grandes catégories : communication et archivage.

3.4.1 Les périphériques de communication

Les plus répandus sont certainement le clavier, l'écran, l'imprimante et la souris. Il en existe cependant beaucoup d'autres tels que les tables traçantes, les écrans tactiles, les synthétiseurs de parole, les lecteurs optiques de caractères, les lecteurs de codes-barres...

3.4.2 Les périphériques d'archivage

La mémoire centrale permet des accès très rapides à l'information qu'elle contient. Mais son coût est élevé ; cela est dû à la technologie utilisée qui doit permettre d'accéder directement à un octet d'adresse quelconque. En outre, elle est généralement « volatile », c'est-à-dire que sa mise hors tension provoque la disparition de la totalité de l'information qu'elle contient.

Les périphériques d'archivage pallient ces difficultés en fournissant à la fois des mémoires permanentes et des coûts beaucoup plus faibles. En contrepartie, l'accès à l'information y est beaucoup plus lent. Deux grandes catégories de périphériques d'archivage sont en concurrence :

- Les périphériques ne permettant qu'un accès séquentiel à l'information : bandes ou cassettes magnétiques ; pour accéder à un octet quelconque, il est nécessaire de parcourir toute l'information qui le précède, à l'image de ce que vous faites avec un lecteur de cassettes audio ou vidéo.

- Les périphériques permettant l'accès direct à l'information : disques magnétiques (dits souvent « disques durs »), disquettes, CD-Rom, DVD... Ils permettent d'accéder presque directement à un octet, comme sur un lecteur de CD audio ; plus précisément, l'information y est rangée suivant des pistes concentriques et un mécanisme permet d'accéder mécaniquement à l'une quelconque de ces pistes : la lecture de cette piste est ensuite séquentielle (en toute rigueur, l'organisation des CD-Rom et des DVD est sensiblement différente de celle des disques magnétiques, mais celà n'a guère d'incidence sur leurs possibilités d'accès direct).

La première catégorie de périphériques ne doit sa survie qu'à son coût moins élevé que la seconde. Actuellement, elle reste surtout utilisée avec les très gros calculateurs.

4 Le langage de l'ordinateur

4.1 Langage machine ou langage de notre cru

Comme nous l'avons vu, l'ordinateur ne sait exécuter qu'un nombre limité d'opérations élémentaires, dictées par des instructions de programme et codées en binaire. On traduit cela en disant que l'ordinateur ne « comprend » que le langage machine.

Mais, fort heureusement, cela ne signifie nullement que tout programme doive être réalisé dans ce langage machine. En effet, et c'est là qu'intervient la seconde idée fondamentale de l'informatique (après celle de programme enregistré), à savoir : employer l'ordinateur lui-même (ou, plus précisément, un programme) pour effectuer la traduction du langage utilisé dans celui de l'ordinateur.

Nous ne pouvons pas pour autant utiliser n'importe quel langage de notre choix. En effet, il ne suffit pas de définir un langage, il faut qu'il puisse être traduit en langage machine, ce qui lui impose nécessairement d'importantes contraintes : un langage naturel comme le français ne pourrait pas convenir . En outre, il faut que le programme de traduction existe réellement. Tout ceci explique qu'à l'heure actuelle on doive se restreindre à des langages ayant un nombre très limité de mots, avec des règles de syntaxe assez rigoureuses.

4.2 En langage assembleur

Supposons, de façon un peu simplifiée, que l'on soit en présence d'un ordinateur pour lequel l'instruction machine :

```
0101010011011010
```

signifie : additionner (code opération 0101) les valeurs situées aux adresses 010011 et 011010.

Nous pouvons choisir d'exprimer cela sous une forme un peu plus parlante, par exemple :

```
ADD A, B
```

Pour que la chose soit réalisable, il suffit de disposer d'un programme capable de convertir le symbole ADD en 0101 et de remplacer les symboles A et B par des adresses binaires (ici 010011 et 011010).

Sans entrer dans le détail des tâches précises que doit réaliser un tel programme, on voit bien :

- qu'il doit faire correspondre un code opération à un symbole mnémonique ;

- qu'il doit être capable de décider des adresses à attribuer à chacun des symboles tels que A et B ; notamment, à la première rencontre d'un nouveau symbole, il doit lui attribuer une adresse parmi les emplacements disponibles (qu'il lui faut gérer) ; à une rencontre ultérieure de ce même symbole, il doit retrouver l'adresse qu'il lui a attribuée.

Tous les constructeurs sont en mesure de fournir avec leur ordinateur un programme capable de traduire un langage du type de celui que nous venons d'évoquer. Un tel langage se nomme langage d'assemblage ou encore assembleur. Le programme de traduction correspondant se nomme, lui aussi, assembleur.

Bien qu'ils se ressemblent, tous les ordinateurs n'ont pas exactement le même répertoire d'instructions machine. Dans ces conditions, chaque modèle d'ordinateur possède son propre assembleur. De plus, même si un tel langage est plus facile à manipuler que le langage machine, il ne s'en distingue que par son caractère symbolique, pour ne pas dire mnémonique. Les deux langages (assembleur et langage machine) possèdent pratiquement les mêmes instructions ; seule diffère la façon de les exprimer. Dans tous les cas, l'emploi de l'assembleur nécessite une bonne connaissance du fonctionnement de l'ordinateur utilisé. On exprime souvent cela en disant que ce langage est orienté machine. Réaliser un programme dans ce langage nécessite de penser davantage à la machine qu'au problème à résoudre.

4.3 En langage évolué

Très vite est apparu l'intérêt de définir des langages généraux utilisables sur n'importe quel ordinateur et orientés problème, autrement dit permettant aux utilisateurs de penser davantage à leur problème qu'à la machine.

C'est ainsi que sont apparus de très nombreux langages que l'on a qualifiés d'évolués. La plupart sont tombés dans l'oubli mais quelques-uns sont passés à la postérité : Fortran, Basic, Cobol, Pascal, ADA, C, Visual Basic, Delphi, C++, Java, C#, PHP, Python...

Dès maintenant, vous pouvez percevoir l'intérêt d'un langage évolué en examinant l'intruction suivante (elle se présentera textuellement sous cette forme dans la plupart des langages) :

```
Y = A * X + 2 * B + C
```

Sa signification est quasi évidente : à partir des valeurs contenues dans les emplacements nommés A, X, B et C, calculer la valeur de l'expression arithmétique A*X + 2*B + C (le symbole * représente une multiplication), puis ranger le résultat dans l'emplacement nommé Y.

Comme vous pouvez vous en douter, le même travail demanderait bon nombre d'opérations en langage machine (ou en assembleur), par exemple : prélever la valeur de A, la multiplier par celle de X, ranger le résultat dans un emplacement provisoire, prélever la valeur de B, la multiplier par 2, ajouter la valeur provisoire précédente, ajouter la valeur de C et, enfin, ranger le résultat final en Y.

Bien entendu, quel que soit le langage évolué utilisé, il est nécessaire, là encore, d'en réaliser, par programme, la traduction en langage machine. Pour cela, il existe deux techniques principales : la compilation et l'interprétation.

La compilation consiste à traduire globalement l'ensemble du programme en langage évolué (qu'on nomme souvent programme source) en un programme en langage mahine (qu'on nomme souvent programme objet), en utilisant un programme nommé compilateur. Si cette traduction s'est déroulée sans erreur, le programme objet peut être exécuté, en le plaçant en mémoire, autant de fois qu'on le désire, sans avoir besoin de recourir à nouveau au compilateur. De nombreux programmes sont fournis sous cette forme objet (dite aussi compilée) avec la plupart des micro-ordinateurs du commerce.

L'interprétation consiste à traduire chaque instruction du programme source, avant de l'exécuter, à l'aide d'un programme nommé interpréteur. Dans ce cas, il n'existe plus de programme objet complet et, à un instant donné, on trouve en mémoire, à la fois le programme source et le programme interpréteur.

On notera bien que le compilateur, comme l'interpréteur dépendent, non seulement du langage concerné, mais également du type d'ordinateur pour lequel on effectue la traduction.

Par ailleurs, il existe une technique intermédiaire entre compilation et interprétation qui consiste à traduire globalement un programme source (compilation) en un langage intermédiaire défini comme étant commun à un ensemble de machines, et à interpréter le résultat à l'aide d'un programme approprié. Cette technique avait été employée avec Pascal et elle l'est actuellement avec Java et C#. En toute rigueur, cette technique est très proche de la compilation, dans la mesure où tout se passe comme si le langage intermédiaire en question était en fait une sorte de langage machine unviersel. L'interprétation finale ne sert qu'à l'adapter à la machine concernée au moment de l'exécution.

5 Les concepts de base des langages évolués

Malgré leur multitude, la plupart des langages de programmation se basent sur un bon nombre de principes fondamentaux communs.

Certains découlent immédiatement de la nature même de l'ordinateur et de l'existence d'un programme de traduction. C'est, par exemple, le cas de la notion de variable que nous avons rencontrée sans la nommer : elle consiste à donner un nom à un emplacement de la mémoire destiné à contenir une information ; elle est donc liée à la fois à la notion technologique d'adresse et à l'existence d'un compilateur. Nous verrons que le besoin de traduire un programme en langage évolué nécessitera de définir la notion de type d'une variable, type qui sert à définir la manière dont doit s'opérer le codage des valeurs correspondantes.

De même, tout langage possède :

- des instructions dites d'affectation : analogues à celle présentée dans le paragraphe 4.3, page 9, elles permettent de calculer la valeur d'une expression et de la ranger dans une variable ;

- des instructions permettant d'échanger des informations entre la mémoire et des périphériques (qu'ils soient de communication ou d'archivage) ; on parle d'instructions :

  - de lecture, lorsque l'échange a lieu du périphérique vers la mémoire ;

  - d'écriture, lorsque l'échange a lieu de la mémoire vers le périphérique.

D'autres concepts, plus théoriques, ont été inventés par l'homme pour faciliter l'activité de programmation. C'est notamment le cas de ce que l'on nomme les structures de contrôle, les structures de données, les fonctions (ou procédures) et, plus récemment, les objets.

Les structures de contrôle servent à préciser comment doivent s'enchaîner les instructions d'un programme. En particulier, elles permettent d'exprimer les répétitions et les choix que nous avons déjà mentionnés : on parle alors de structure de choix ou de structure de répétition. Bien entendu, au bout du compte, après traduction du programme, ces structures se ramènent à des instructions machine et elles font finalement intervenir des instructions de branchement.

Les structures de données (attention, ici, le mot donnée est employé au sens général d'information) servent à mieux représenter les informations qui doivent être manipulées par un programme. C'est le cas de la notion de tableau dans laquelle un seul nom permet de désigner une liste ordonnée de valeurs, chaque valeur étant repérée par un numéro nommé indice. Bien entendu, là encore, au bout du compte, à chaque valeur correspondra un emplacement défini par son adresse.

La fonction (ou procédure) permet de donner un nom à un ensemble d'instructions qu'il devient possible d'utiliser à volonté, sans avoir à les écrire plusieurs fois. Comme dans le cas d'une fonction mathématique, ces instructions peuvent être paramétrées, de façon à pouvoir être utilisées à différentes reprises avec des variables différentes, nommées paramètres. Le bon usage des fonctions permet de structurer un programme en le décomposant en différentes unités relativement indépendantes.

Les notions d'objet et de classe sont les piliers de la programmation orientée objet. Un même objet regroupe, à la fois des données et des fonctions (nommées alors méthodes) ; seules ces méthodes sont habilitées à accéder aux données de l'objet concerné. La classe généralise aux objets la notion de type des variables. Elle définit les caractéristiques d'objets disposant de la même structure de données et des mêmes méthodes. Cette notion de classe offre une nouvelle possibilité de décomposition et de structuration des programmes. Elle sera complétée par les notions :

- d'héritage : possibilité d'exploiter une classe existante en lui ajoutant de nouvelles fonctionnalités) ;
- de polymorphisme : possibilité de s'adresser à un objet sans en connaître exactement la nature, en le laissant adapter son comportement à sa nature véritable.

On parle généralement de langage procédural pour qualifier un langage disposant de la notion de procédure (fonction), ce qui est le cas de tous les langages actuels. On parle souvent de langage objet pour qualifier un langage qui, en plus de l'aspect procédural, dispose de possibilités orientées objets. En toute rigueur, certains langages objet ne disposent pas de la fonction « usuelle », les seules fonctions existantes étant les méthodes des objets. De tels langages sont souvent qualifiés de totalement orientés objets. Ils sont cependant assez rares et, de toute façon, en dehors de cette différence, ils utilisent les mêmes concepts fondamentaux que les autres langages. Les autres langages objet permettent de faire cohabiter la décomposition procédurale avec la décomposition objet.

Dans la suite de l'ouvrage, nous étudierons d'abord les notions communes aux langages procéduraux, avant d'aborder les concepts objet. Cette démarche nous semble justifiée par le fait que la programmation orientée objet s'appuie sur les concepts procéduraux (même la notion de méthode reste très proche de celle de fonction).

 **Remarque**

Initialement, les langages ne comportaient pas de structures de contrôle, mais seulement des instructions de branchement conditionnel ou non (nommées souvent `goto`). Puis sont apparues les structures de contrôle et l'on a alors parlé de programmation structurée. Par la suite, on a utilisé comme synonymes les termes programmation procédurale et programmation structurée, alors que, en toute rigueur, ils ne correspondaient pas au même concept. Quoi qu'il en soit, il n'existe plus de langages disposant de la notion de procédure et recourant encore de façon systématique aux instructions de branchement, de sorte que la distinction n'a dorénavant plus d'importance.

6 La programmation

L'activité de programmation consiste, au bout du compte, à réaliser un programme (ou une partie de programme, par exemple une fonction) résolvant un problème donné ou satisfaisant à un besoin donné. Compte tenu de la multiplicité des langages existants, il existe différentes façons d'aborder cette activité.

Une première démarche consiste à étudier la syntaxe précise d'un langage donné puis à utiliser ce langage pour écrire le programme voulu. Cela laisse supposer alors qu'il existe autant de façon de résoudre le problème qu'il existe de langages différents.

Une autre démarche consiste à exploiter le fait que la plupart des langages se fondent sur des principes communs tels que ceux que nous venons d'évoquer et que l'on peut alors utiliser pour résoudre le problème donné. Encore faut-il disposer d'un moyen d'exprimer ces concepts. C'est précisément ce que nous vous proposons dans la suite de l'ouvrage, par le biais de ce que nous nommerons un **pseudo-langage** (certains parlent de langage algorithmique), lequel nous permettra d'utiliser les concepts fondamentaux pour rédiger (sur papier) de véritables programmes qu'il vous sera ensuite facile de transposer dans la plupart des langages actuels. Nous vous montrerons d'ailleurs comment s'expriment ces concepts fondamentaux dans des langages répandus (C, C++, C#, Java, PHP) et nous fournirons quelques exemples de programmes.

 **Remarque**

Lorsqu'il s'agit de développer de gros programmes, il peut s'avérer nécessaire de recourir à des méthodes d'analyse plus abstraites, en s'éloignant des concepts fondamentaux des langages. Il n'en reste pas moins que l'emploi de telles méthodes sera plus efficace si l'on maîtrise les concepts de base de programmation.

7 Notion de système d'exploitation et d'environnement de programmation

Pour utiliser un programme, quel qu'il soit, il doit être présent en mémoire centrale. Mais, a priori, les programmes, comme les données, sont conservés sur un périphérique d'archivage tel le disque dur (rappelons que la mémoire centrale est de taille limitée et, surtout, volatile).

Pour amener un programme en mémoire centrale, on fait appel à ce que l'on nomme le système d'exploitation. Ce dernier n'est rien d'autre qu'un ensemble de programmes, stockés sur le disque, dont une partie (dite souvent résidante) est chargée automatiquement en mémoire au démarrage de votre ordinateur. Cette partie résidante vous permet de dialoguer avec votre ordinateur, à l'aide du clavier et de la souris, en gérant convenablement vos demandes. Notamment, elle vous permet d'assurer la bonne gestion de vos données (gestion des répertoires, suppression de fichiers, déplacement ou copie de fichiers...). Et, bien entendu, elle vous permet également de lancer un programme, qu'il s'agisse d'une connection Internet, d'une lecture d'un DVD, d'un compilateur ou... de votre propre programme traduit en langage machine.

On notera que lorsque vous réalisez un programme dans un langage donné, vous utilisez un certain type d'ordinateur, un certain système d'exploitation (il peut en exister plusieurs pour un même modèle d'ordinateur), un compilateur donné (il peut en exister plusieurs pour un même langage utilisé sur un même ordinateur, avec un même système). Il est également fréquent que vous recouriez à ce que l'on nomme un environnement de développement intégré, c'est-à-dire un logiciel qui vous facilite l'écriture et la mise au point d'un programme à l'aide d'outils plus ou moins sophistiqués : éditeur syntaxique qui vous permet de saisir le texte de votre programme en mettant en évidence sa structure ; débogueur qui vous permet de suivre pas à pas le déroulement de votre programme en visualisant des valeurs de variables...

Il nous arrivera de parler d'environnement de programmation pour désigner cet ensemble formé de l'ordinateur, du système, du langage et du compilateur utilisés (ou de l'environnement de développement intégré choisi). Comme nous le verrons, cet environnement de programmation pourra avoir un légère incidence sur le fonctionnement d'un programme, notamment dans les situations d'erreur.

2

Variables et instruction d'affectation

Tout le travail d'un programme s'articule autour des notions de variable et de type que nous allons examiner ici. Nous étudierons ensuite l'instruction la plus importante qu'est l'affectation, en l'appliquant à quelques types courants : `entiers`, `réels` et `caractères`. Au passage, nous serons amenés à parler d'expression, d'opérateur, de constante et d'expression constante.

1 La variable

1.1 Introduction

Nous avons vu comment une instruction machine effectue des opérations sur des valeurs repérées par leur adresse. L'introduction des langages nous a montré qu'on y représentait une telle adresse par un nom.

En programmation, une variable est donc un nom qui sert à repérer un emplacement donné de la mémoire centrale. Cette notion, simple en apparence, contribue considérablement à faciliter la réalisation de programmes. Elle vous permet, en effet, de manipuler des valeurs sans avoir à vous préocucuper de l'emplacement qu'elles occuperont effectivement en mémoire. Pour cela, il vous suffit tout simplement de leur choisir un nom. Bien entendu, la chose n'est possible que parce qu'il existe un programme de traduction de votre programme en langage machine : c'est lui qui attribuera une adresse à chaque variable.

1.2 Choix des noms des variables

Certes, vous pouvez toujours considérer que vous ne faites que remplacer une valeur binaire (l'adresse) par un nom et donc, remplacer un code par un autre. Mais, il faut bien voir que le nouveau code (le nom) est beaucoup plus simple et surtout très souple car vous avez une grande liberté dans le choix des noms de vos variables. D'ailleurs, la lisibilité de vos programmes dépendra étroitement de votre habileté à choisir des noms représentatifs des informations qu'ils désignent : ainsi, `montant` sera un meilleur choix que `X` pour désigner le montant d'une facture.

Les quelques limitations qui vous seront imposées dans le choix des noms de variables dépendront du langage de programmation que vous utiliserez. D'une manière générale, dans tous les langages, un nom de variable est formé d'une ou plusieurs lettres ; les chiffres sont également autorisés, à condition de ne pas apparaître au début du nom.

En revanche, le nombre de caractères autorisés varie avec les langages. Ici, nous ne nous imposerons aucune contrainte de longueur.

Par ailleurs, à l'instar de ce qui est pratiqué dans les langages actuels, nous utiliserons les majuscules et les minuscules, ce qui nous permettra d'utiliser des noms significatifs comme `prixVente`.

1.3 Attention aux habitudes de l'algèbre

Ce terme de variable évoque probablement celui qu'on emploie en mathématiques. Toutefois, pas mal de choses séparent la variable informatique de la variable mathématique.

Tout d'abord, leurs noms s'écrivent différemment : en mathématiques, on utilise généralement un seul symbole (mais on peut créer des symboles de son choix, utiliser l'alphabet grec...).

Ensuite, et surtout, de par sa nature, une variable informatique ne peut contenir qu'une seule valeur à un instant donné. Bien sûr, cette valeur pourra évoluer sous l'action de certaines instructions du programme. En mathématiques, en revanche, la situation est fort différente. En voici deux exemples :

- dans l'affirmation « *soit x appartenant à N* », le symbole x désigne n'importe quelle valeur entière ;

- dans l'équation $ax^2 + bx + c = 0$, x désigne simultanément les deux racines (si elles existent) de l'équation.

2 Type d'une variable

2.1 La notion de type est une conséquence du codage en binaire

Nous avons déjà vu que toute information devait, au bout du compte, être codée en binaire. Il en va donc ainsi notamment du contenu des variables. Comme il est généralement nécessaire de pouvoir conserver des informations de nature différente (par exemple, des nombres entiers, des nombres réels, des caractères...), vous comprenez qu'il faut employer plusieurs codes différents.

Dans ces conditions, la connaissance du contenu binaire d'une variable ne suffit pas pour déterminer l'information correspondante. Il est nécessaire de savoir, en outre, comment la valeur qui s'y trouve a été codée. Cette distinction correspond à la notion de type.

Comme nous l'avons déjà noté, dans la « vie courante », nous n'avons généralement pas besoin de préciser le type des informations que nous échangeons car il est implicite. Ainsi, 23 représente un nombre, tandis que B est un caractère.

2.2 Contraintes imposées par le type

Dans la plupart des langages, toutes les variables d'un type donné occupent en mémoire le même nombre de bits. Une variable ne peut donc prendre qu'un nombre limité de valeurs différentes. Ainsi, avec un seul bit, on ne peut représenter que deux valeurs différentes, notées par exemple :

```
0
1
```

Remarquez bien que, lorsque nous écrivons 0 ou 1, nous ne savons pas quelle est la signification attribuée à chacune de ces valeurs. Seule la connaissance du type de la variable permettrait de la préciser.

Avec deux bits, nous pourrons représenter quatre valeurs différentes notées :

```
00
01
10
11
```

Avec trois bits, nous obtiendrons $2 \times 2 \times 2$ (2^3) = 8 valeurs différentes... Avec 8 bits, nous en obtiendrions 2^8 soit 256... Avec 16 bits, nous en obtiendrions 2^{16} soit 65536, etc.

Ainsi, sans entrer dans le détail du codage des informations numériques, nous pouvons dire qu'il ne sera pas possible de représenter n'importe quel nombre. Les limites dépendront certes du langage, mais, de toute façon, elles seront présentes. Elles se traduiront par le fait que seule une partie des nombres entiers ou réels sera effectivement représentable. De plus, pour les réels, il faudra se contenter d'une certaine approximation.

De telles limitations n'existent pas dans la vie courante où nous écrivons des nombres aussi grands que nous le souhaitons et avec un nombre quelconque de décimales. On les retrouve en revanche dans l'utilisation de calculatrices.

Quant au type caractère, il utilise au minimum un octet (8 bits), ce qui laisse la place pour 256 valeurs possibles. Cette contrainte paraît acceptable si l'on se limite aux langues européennes car on peut alors représenter tous les caractères que l'on trouve sur un clavier d'ordinateur. Souvent, certains codes correspondent, non plus à un « caractère représentable » (disposant d'un graphiqme), mais à une « fonction » telle que : effacement d'écran, retour à la ligne, émission d'un signal sonore... Dans la suite de l'ouvrage, nous n'utiliserons que les caractères susceptibles d'être écrits (lettres majuscules ou minuscules, caractères accentués, chiffres, signes opératoires...).

 **Remarque**

À propos des caractères, il est très important de distinguer :

- les caractères que l'on utilise pour écrire un programme,
- les caractères appartenant au type caractère et susceptibles d'être manipulés par les instructions du programme.

Il est en effet fréquent que ces deux ensembles de caractères ne soient pas totalement identiques. Par exemple, il arrivera souvent que les caractères accentués ne puissent pas apparaître dans un nom de variable, alors qu'ils pourront être manipulés par un programme.

2.3 Les types que nous utiliserons

Pour l'instant, nous nous limiterons aux types permettant de représenter des nombres ou des caractères. Pour ce qui est des nombres, nous distinguerons, comme le font la plupart des langages, les entiers des réels, ce qui nous amènera finalement à considérer les trois types suivants :

> **Entier** : représentation exacte d'une partie des nombres entiers relatifs
>
> **Réel** : représentation (généralement approchée) d'une partie des nombres réels
>
> **Caractère** : représentation d'un (seul) caractère

Plus tard (au chapitre 4), nous rencontrerons un autre type de base : le type `booléen`.

2.4 Déclaration de type

Généralement, le type d'une variable est choisi, une fois pour toutes, à l'aide d'une instruction particulière nommée « déclaration de type ». C'est ainsi que nous procéderons dans la suite de l'ouvrage et nous conviendrons d'utiliser des instructions comme :

```
entier n, p
```

Elle signifiera que les variables n et p sont du type entier. De même :

```
caractère c1, c2, c
```

signifiera que les variables nommées c1, c2 et c seront de type caractère.

Bien entendu, il ne s'agit là que de conventions. Nous nous en fixerons de semblables pour chacune des instructions que nous étudierons. C'est ainsi que nous pourrons écrire un programme, sans utiliser un langage de programmation particulier.

Par souci de clarté, nous regrouperons toutes les déclarations de type en début de programme (beaucoup de langages demandent simplement qu'elles apparaissent avant qu'on en ait besoin).

Pour l'instant, nous conviendrons que chaque déclaration de type occupe une ligne de texte et qu'elle porte sur une ou plusieurs variables du même type. Des déclarations différentes pourront porter sur un même type. Par exemple, ces déclarations :

```
entier n, p
entier q, r
```

seront équivalentes à celle-ci :

```
entier n, p, q, r
```

3 L'instruction d'affectation

3.1 Introduction

Étudions maintenant l'une des instructions qui permettent de manipuler les valeurs des variables, à savoir l'instruction d'affectation. Son rôle consiste simplement à placer une valeur dans une variable. Ainsi, une instruction permettra de dire :

affecter à la variable nombre *la valeur 5*

c'est-à-dire : ranger dans nombre la valeur 5.

La valeur à placer dans une variable pourra également provenir d'une autre variable :

affecter à la variable b *la valeur de la variable* a

Plus généralement, on pourra demander de ranger dans une variable le résultat d'un calcul (en supposant que le type des variables s'y prête) :

affecter à la variable a *la valeur de l'expression* b+4

3.2 Notation

Écrire « *affecter à la variable nombre la valeur 5* » est quelque peu fastidieux. Beaucoup de langages permettent d'écrire cette instruction de la façon suivante :

```
nombre = 5
```

Malgré sa simplicité, l'utilisation du signe égal peut prêter à confusion, comme nous le verrons un peu plus loin. Nous utiliserons donc un symbole dissymétrique, à savoir « := ». Ainsi, les deux instructions :

```
a := b
b := a
```

apparaîtront clairement comme différentes l'une de l'autre. En effet, la première signifie « affecter à a la valeur de b », tandis que la seconde signifie « affecter à b la valeur de a ». Cette dissymétrie est beaucoup moins apparente si l'on utilise le symbole = comme dans :

```
a = b
b = a
```

3.3 Rôle

Des instructions telles que :

```
nombre := 5
b := a
b := a + 3
```

sont formées de deux parties :

- à gauche du symbole :=, on trouve le nom d'une variable destinée à recevoir une valeur ;

- à droite du symbole :=, on trouve « quelque chose » qui précise la valeur en question. Nous dirons qu'il s'agit d'une **expression.**

Nous pouvons alors dire qu'une instruction d'affectation possède un double rôle :

- elle détermine la valeur de l'expression située à droite de := ;

- elle range le résultat dans la variable située à gauche.

Bien entendu, lorsqu'on détermine la valeur d'une expression, cela ne modifie pas la valeur des variables qui apparaissent dans cette expression. Ainsi :

```
b := a + 3
```

détermine la valeur de l'expression a + 3, sans modifier la valeur de la variable a.

En revanche, si la variable réceptrice (ici b) comporte déjà une valeur, celle-ci est purement et simplement remplacée par celle qui vient d'être déterminée.

Précisons cela sur un exemple. Pour chaque varible, nous indiquons quelle est sa valeur après l'exécution de chacune des instructions mentionnées :

Instruction	a	b
a := 1	1	-
b := a + 3	1	4
a := 3	3	4

Après l'exécution de la première instruction, la variable a contient la valeur 1 ; nous avons placé un tiret (-) dans la colonne de b pour montrer que cette variable n'a pas encore reçu de valeur. L'instruction suivante effectue le calcul de l'expression a + 3, ce qui donne la valeur 4 ; cette dernière est rangée dans b. La valeur de a est, bien entendu, restée inchangée. Enfin, la dernière instruction range dans a la valeur 3. Son ancienne valeur (1) est ainsi détruite.

Pour l'instant, nous conviendrons d'écrire une seule instruction d'affectation par ligne. Notez que nous avons fait l'hypothèse que nos instructions étaient exécutées dans l'ordre où elles étaient écrites. Il en ira toujours ainsi.

Exercice 2.1 En procédant comme ci-dessus, dites quelles seront les valeurs des variables a, b et c, après l'exécution de chacune des instructions :

```
a := 5
b := 3
c := a + b
a := 2
c := b - a
```

3.4 Quelques précautions

Nous avons évité d'employer le signe égal dans une affectation compte tenu de son ambiguïté. Mais, comme un grand nombre de langages l'utilisent, nous préférons, dès maintenant, attirer votre attention sur un certain nombre de points et, en particulier, sur la confusion qui peut exister entre affectation et égalité mathématique. Pour cela, **ici, nous utiliserons volontairement le symbole =, à la place de :=.**

- Tout d'abord, il faut noter que les deux instructions :

```
a = b
b = a
```

ne sont pas identiques. La première place dans a la valeur de b, tandis que la seconde place dans b la valeur de a.

- En mathématiques, on travaille avec des relations. Ainsi :

```
b = a + 1
```

signifie que, tout au long de vos calculs, a et b vérifieront cette relation. Autrement dit, quel que soit a, b sera toujours égal à a + 1.

- En informatique, on travaille avec des affectations. Ainsi, si vous considérez ces trois instructions :

```
a = 5
b = a + 1
a = 2
```

la seconde donne à b la valeur de a + 1, c'est-à-dire 6. En revanche, la troisième donne à a la valeur 2, sans que la valeur de b ne soit changée. L'action de b = a + 1 est donc purement *instantanée*. Cette instruction n'a rien à voir avec une relation mathématique.

- L'instruction :

```
a = a + 1
```

signifie : évaluer l'expression a + 1 et ranger le résultat dans a. Cela revient à augmenter de un la valeur de a. Ce type d'instruction où la même variable apparaît de part et d'autre du symbole de l'affectation sera à la base de la solution à de nombreux problèmes de programmation. Notez qu'en mathématiques, a = a + 1 est une relation fausse.

- Enfin, par définition de l'instruction d'affectation, l'écriture :

```
a + 5 = 3
```

n'a pas de sens. On ne peut pas affecter une valeur à une expression, mais seulement à une variable. Là encore, il en va différemment en mathématiques où l'écriture :

```
a + 5 = 3
```

a bien un sens, puisqu'il s'agit alors d'une équation.

Exercice 2.2 Qu'obtiendra-t-on dans les variables a et b, après exécution des instructions suivantes (dans cet ordre) ?

```
a := 5
b := a + 4
a := a + 1
b := a - 4
```

Exercice 2.3 :

a) Qu'obtiendra-t-on dans les variables n1 et n2 après exécution des instructions ?

```
n1 := 5
n2 := 7
n1 := n2
n2 := n1
```

b) Même question avec les instructions :

```
n1 := 5
n2 := 7
n2 := n1
n1 := n2
```

3.5 Échanger les valeurs de deux variables

Comme vous avez pu le constater si vous avez effectué le dernier exercice, il n'est pas possible d'échanger les valeurs de deux variables a et b, en commençant par :

```
a := b
```

En effet, cette instruction détruit l'ancienne valeur de a. Une solution consiste à utiliser une variable supplémentaire, destinée à contenir temporairement une copie de la valeur de a, avant que cette dernière ne soit remplacée par la valeur de b. Voici le déroulement des opérations (ici, pour fixer les idées, nous avons supposé qu'initialement, nos variables a et b contenaient respectivement les valeurs 5 et 7 :

Instruction	a	b	c
	5	7	-
c := a	5	7	5
a := b	7	7	5
b := c	7	5	5

Exercice 2.4 Soient trois variables a, b et c (supposées du même type). Écrire les instructions permutant leurs valeurs, de sorte que la valeur de b passe dans a, celle de c dans b et celle de a dans c. On utilisera une (et une seule) variable supplémentaire nommée d.

4 Les expressions

Jusqu'ici, nous avons considéré des instructions d'affectation, sans nous préoccuper du type des variables concernées et des valeurs à leur affecter. Nous avions tout simplement supposé qu'il s'agissait du même type (en l'occurrence, entier).

Or, si l'on considère la déclaration :

```
caractère c
```

on peut s'attendre à ce qu'une affectation telle que :

```
c := 10
```

ne soit pas correcte, puisque 10 est une valeur du type entier, et non du type caractère.

Qui plus est, si l'on a déclaré :

```
entier n
```

que penser alors de l'instruction :

```
n := 2.75
```

Même si nous n'avons pas encore étudié la façon d'écrire des constantes numériques, on se doute que 2.75 ne représente pas une constante de type entier. L'affectation précédente n'est donc pas directement réalisable.

D'une manière générale, on voit que, de même qu'on s'est intéressé au type d'une varible, il faut s'intéresser à celui des constantes et, plus généralement, à celui des expressions telles que a+b, 2*n+1...

Pour l'instant, pour faciliter notre étude, nous supposerons que l'on ne peut affecter à une variable que la valeur d'une expression de même type et nous commencerons par étudier ce que sont les constantes et les expressions des trois types connus : entier, réel et caractère.

4.1 Expressions de type entier

4.1.1 Constantes de type entier

Comme on peut s'y attendre, le traducteur de votre programme doit savoir comment coder une valeur telle que -3, +8, -2.75... Pour cela, il décide du type à employer en se fondant sur la manière dont la constante est écrite. À l'instar de ce qui se passe dans la plupart des langages, nous considérerons qu'une constante entière s'écrit simplement, comme en mathématiques, avec ou sans signe, comme dans ces exemples :

```
+ 533    48    -273
```

Les espaces ne seront pas autorisées. L'écriture 1 000 ne sera pas admise.

4.1.2 Expressions de type entier

Elles seront formées de variables, de constantes et de ce qu'on nomme opérateurs ; il s'agit de symboles opératoires indiquant les opérations à effectuer.

Nous conviendrons que nous disposons des quatre opérateurs usuels :

- + pour l'addition, comme dans n + 3 ou n + p ;
- - pour la soustraction, comme dans n - p ;
- * pour la multiplication, comme dans n * 5 ou n * p ;
- / pour la division comme dans n/3 ou n/p ; nous conviendrons qu'il s'agira de la « division entière », autrement dit que la division de la valeur entière 11 par la valeur entière 4 fournira la valeur 2.

En outre, nous disposerons de l'opérateur « opposé » que nous noterons (comme en mathématiques) de la même manière que la soustraction ; il s'applique à un seul terme, comme dans -n.

On notera que, tant que les expressions ne renferment qu'un seul opérateur, leur signification est évidente. En revanche, si plusieurs opérateurs sont présents, on peut avoir besoin (comme en mathématiques) de savoir dans quel ordre il sont appliqués. C'est le cas de l'expression 2*n-p : doit-on effectuer le produit de 2 par n-p ou la différence entre 2*n et p ? Là encore, comme en mathématiques, des règles de priorité entre opérateurs permettront de trancher. Nous conviendrons tout naturellement que :

- l'opérateur opposé - est prioritaire sur tous les autres ;
- viennent ensuite au même niveau les opérateurs * et / ;
- enfin, au dernier niveau, on trouve les opérateurs + et -.

Enfin, des parenthèses permettront d'outrepasser ces règles de priorité, en forçant le calcul préalable de l'expression qu'elles contiennent. Notez que ces parenthèses peuvent également être employées pour assurer une meilleure lisibilité d'une expression.

Voici quelques exemples dans lesquels l'expression de droite, où ont été introduites des parenthèses superflues, montre dans quel ordre s'effectuent les calculs (les deux expressions proposées conduisent donc aux mêmes résultats) :

```
a + b * c                 a + ( b * c )
2 * n + p                 (2 * n ) + p
- a + b                   (- a) + b
- a / - b + c             ( ( - a ) / ( - b ) ) + c
- a / - ( b + c )         ( - a ) / ( - ( b + c ) )
```

Exercice 2.5 En supposant que les variables n, p et q sont de type `entier` et qu'elles contiennent respectivement les valeurs 8, 13 et 29, déterminer les valeurs des expressions suivantes :

```
n + p / q
n + q / p
(n + q) / p
n + p / n + p
(n + p) / (n + p)
```

4.1.3 Les erreurs possibles

Nous avons vu au paragraphe 2.2, page 17, que, comme une variable de type `entier` occupe un emplacement de taille donnée, on ne peut représenter qu'une partie des nombres entiers relatifs. Les limites exactes dépendent à la fois du langage et de l'environnement concerné.

Dans ces conditions, il est tout à fait possible qu'une opération portant sur deux valeurs entières (correctement représentées) conduise à un résultat non représentable dans le type entier, parce qu'en dehors des limites permises. On parle de « dépassement de capacité ».

Très souvent, cette erreur n'est pas détectée et l'on se contente d'ignorer les « bits exécentaires » du résultat. On peut avoir une image de ce qui se produit en transposant cela dans notre système décimal : supposez que l'on soit limité à des nombres à 4 chiffres. Dans ce cas, le nombre 2250 est représentable ; 9950 l'est aussi. En revanche, leur somme (12200) ne l'est plus. Si on ignore le « chiffre excédentaire », on obtient simplement 2200 !

De la même manière, il se peut qu'à un moment donné vous cherchiez à diviser un entier par zéro. Cette fois, la plupart du temps, cette anomalie est effectivement détectée : un message d'erreur est fourni à l'utilisateur, et l'exécution du programme est interrompue. On notera bien que dans un « programme réel », ce comportement ne sera guère acceptable et il sera préférable que des instructions appropriées viennent s'assurer qu'une telle division par zéro n'a pas lieu.

Exercice 2.6 Que font ces instructions ?

```
entier n, p, q
n := 5
p := 5
q = n / (n-p)
```

Exercice 2.7 Que font ces instructions ?

```
entier n, p
n := 10
p := 4
n := n * p ;
p := n / p
```

4.2 Expressions de type réel

4.2.1 Constantes réelles

Rappelons que le traducteur d'un langage se sert de la façon dont une constante est écrite pour en définir le type.

Pour ce qui est du type `réel`, nous utiliserons les notations en vigueur dans la grande majorité des langages, ainsi que sur les calculettes scientifiques. Nous conviendrons que les constantes réelles peuvent s'écrire indifféremment suivant l'une des deux notations :

• décimale ;

• exponentielle.

La notation décimale doit comporter obligatoirement un point (correspondant à notre virgule). La partie entière ou la partie décimale peut être omise (mais, bien sûr, pas toutes les deux en même temps!). En voici quelques exemples corrects :

```
12.43    -0.38    -.38    4.    .27
```

En revanche, les constantes 47 ou -9 seraient considérées comme entières et non comme réelles.

La notation exponentielle utilise la lettre `e` (ou `E`) pour introduire un exposant entier (puissance de 10), avec ou sans signe. La mantisse peut être n'importe quel nombre décimal ou entier (le point peut être absent dès que l'on utilise un exposant). Voici quelques exemples corrects (les exemples d'une même ligne étant équivalents) :

```
4.25E4       4.25e+4       42.5E3
54.27E-32    542.7E-33     5427e-34
48e13        48.e13        48.0E13
```

4.2.2 Les expressions réelles

Bien entendu, comme les expressions entières, les expressions réelles seront formées de constantes, de variables et d'opérateurs.

Les opérateurs sont les mêmes que ceux du type `entier`, avec toutefois une nuance concernant l'opérateur de division : il fournit un résultat de type `réel`. Ainsi, `5./2.` fournit une valeur de type `réel` égale à 2,5 (environ, car les réels sont représentés de manière approchée !), tandis que, rappelons-le, 5/2 fournit une valeur de type `entier` égale à 2.

En définitive, on dispose donc pour le type `réel` des mêmes opérateurs que pour le type `entier`, à savoir les 4 opérateurs usuels (+, -, * et /) et l'opérateur opposé. Appliqués à des valeurs de type `réel`, ils fournissent un résultat de type `réel`.

4.2.3 Les erreurs possibles

Rappelons que le codage d'un `réel` a lieu dans un emplacement de taille limitée, ce qui impose obligatoirement des limites sur la valeur du nombre : sa valeur absolue ne doit être ni trop grande, ni trop petite ; notez qu'en général, on a bien conscience de la limitation du côté des grandes valeurs, mais que celle sur les petites valeurs paraît moins évidente. En fait, cela vient de ce que l'on a tendance à considérer qu'un petit nombre comme 10^{-50} peut s'assimiler à 0. Bien entendu, cela peut être justifié dans certaines circonstances et pas dans d'autres.

Dans ces conditions, les opérations sur les réels peuvent conduire à des résultats non représentables dans le type réel (de valeur absolue trop grande ou trop petite). On parle encore de « dépassement de capacité » dans le premier cas, de « sous-dépassement de capacité » dans le second. Dans ces situations, le comportement du programme dépend à la fois du langage et des environnements de programmation utilisés ; en particulier, il peut y avoir arrêt de l'exécution.

Par ailleurs, il ne faudra pas perdre de vue que le système de codage utilisé pour les réels peut correspondre à une représentation approchée. Là encore, on a bien conscience que, dans notre système décimal, il n'est pas possible de représenter exactement 10/3 avec un nombre limité de décimales. Mais, il faut bien voir que, en outre, un nombre qui se représente de façon exacte dans notre système décimal (par exemple 0,1) peut être représenté de façon inexacte après codage dans le type réel (car il faut bien l'exprimer dans une base autre que 10, en général 2 !). Dans ces conditions, il est possible que, avec :

```
a := 1./3.
```

l'expression `3*a` ne soit pas rigoureusement égale à 1 !

Enfin, il se peut qu'à un moment donné vous cherchiez à diviser un réel par zéro, ce qui conduit, là encore, à un arrêt de l'exécution, accompagné d'un message d'erreur. À ce propos, on notera que, compte tenu de l'approximation inhérente au type réel, la « nullité » d'une expression peut se produire alors qu'elle n'est pas théoriquement attendue ; l'inverse est également possible.

 **Remarques**

1   Une conséquence étonnante de la représentation approchée des réels réside dans la comparaison entre les valeurs de deux expressions apparemment identiques comme :

```
z1 = (x + y - x)/y
z2 = (x - x + y)/y
```

en supposant que y ait une valeur petite par rapport à celle de x, par exemple x=1 et y=1e-10 dans un langage où les réels sont représentés avec environ 8 chiffres significatifs. Si l'ordre des additions est respecté (ce qui n'est pas toujours le cas), l'expression x+y est alors rigoureusement égale à x, de sorte que x+y-x vaut 0 et que z vaut exactement 0. En revanche, dans la seconde expression, x-x vaut 0 et x-x+y vaut exactement y, de sorte que z2 vaut exactement 1.

2   Très souvent, on définit pour un type réel donné, ce que l'on nomme « l'epsilon machine », c'est-à-dire le plus grand réel eps tel que 1+eps soit égal à 1.

3   Dans tous les langages, les valeurs entières « pas trop grandes » sont représentées de façon exacte en réel. La limite dépend du nombre d'octets utilisés et du mode de codage.

Exercice 2.8 Que font ces instructions ?

```
réel a, b, c
a := 5.25
b := 2.0 * a
c := 1.5
b := 5. * c
```

4.3 Expressions mixtes

Jusqu'ici, nous avons considéré que les opérateurs arithmétiques n'étaient définis que pour des valeurs de même type. Mais, supposons que x soit une variable de type réel et considérons l'expression :

```
2 * x
```

Elle fait intervenir le produit d'un entier par un réel, opération à laquelle nous n'avons pas donné de signification (contrairement à l'expression 2.0*x qui, quant à elle ferait intervenir le produit de deux réels).

Plutôt que d'interdire ce genre de chose, nous avons préféré adopter la démarche autorisée par la plupart des langages, à savoir que cette expression sera évaluée suivant ce schéma :

• conversion de l'entier 2 en un nombre réel ;

• produit de ce réel par la valeur de x.

Bien entendu, nous supposerons que les instructions de conversion de l'entier 2 en un réel sont mises en place automatiquement par le traducteur de langage.

De même, supposons que n soit de type entier et x de type réel et considérons l'expression :

```
n + x
```

Il n'est pas possible d'ajouter directement deux valeurs de types différents. Dans ce cas, pour calculer la valeur de cette expression, nous supposerons que le traducteur de langage commencera par prévoir une conversion de la valeur de n dans le type réel avant de l'ajouter à x. Le résultat final sera de type réel.

Par exemple, si n contient 12 et si x contient 2,3, l'expression n+x aura comme valeur (approchée) 14,3.

Notez qu'une telle conversion d'entier en réel est dite « non dégradante », dans la mesure où il ne s'agit que d'un changement de codage, qui ne dégrade pas la valeur initiale (une conversion inverse de réel en entier permettrait de retrouver la valeur de départ)[1].

> D'une manière générale, nous admettrons que toute opération portant sur deux réels peut s'appliquer à un entier et un réel, après conversion de l'entier en réel et elle fournit un résultat de type réel.

Notez que les conversions sont mises en place au fur et à mesure des besoins. Par exemple, si n est de type entier, et x de type réel, le calcul de l'expression :

```
x + n/3
```

sera mené en calculant d'abord le quotient entier de n par 3. Ce n'est qu'ensuite que ce résultat sera converti en réel pour être ajouté à x et fournir un résultat réel.

Exercice 2.9 Soient les instructions suivantes :

```
entier n, p
réel x
n := 10
p := 7
x := 2.5
```

Donnez le type et la valeur des expressions suivantes :

```
(1)     x + n / p
(2)     (x + n) / p
(3)     5. * n
(4)     (n + 1) / n
(5)     (n + 1.0) / n
```

---

1. Pour être plus précis, il faut dire que, dans tous les systèmes de codage des réels, les nombres entiers pas trop grands sont représentés sans erreur.

4.4 Expressions de type caractère

Elles sont beaucoup plus limitées que les expressions numériques puisqu'aucune opération n'est possible entre caractères. Les expressions de type `caractère` seront donc formées exclusivement de constantes et de variables.

Nous avons vu que les constantes numériques s'écrivaient de manière relativement naturelle. On pourrait penser qu'il en va de même pour les constantes caractères et qu'ainsi, par exemple, la constante correspondant à la lette e s'écrirait simplement e. Que signifierait alors l'instruction :

```
c := e
```

Il pourrait s'agir de donner à c la « valeur de la variable e » ou « la valeur caractère e ». Pour éviter cette ambiguïté, tous les langages proposent une notation spécifique des constantes caractères. Généralement, cela consistera à placer le caractère concerné entre guillemets ou entre apostrophes. Ici, nous conviendrons d'utiliser la seconde notation.

Voici quelques exemples simples d'instructions d'affectation portant sur des caractères :

```
caractère c, x
c := 'e'
x := c
```

Notez qu'une instruction telle que :

```
x := x + 1
```

n'aurait ici aucun sens. On voit ici l'importance de la notion de type. Ce n'est qu'en connaissant le type de x (`caractère`) que le traducteur pourra savoir que l'instruction précédente est incorrecte.

Exercice 2.10 Soient deux variables a et b déclarées par :

```
caractère a, b
```

Écrire les instructions permettant d'échanger leur contenu.

4.5 Affectation et conversions

Considérons ces instructions :

```
réel y
entier n
    .....
y := n + 1
```

On cherche à affecter à y, de type `réel`, la valeur d'une expression entière. En général, dans la plupart des langages, on convertira la valeur de l'expression entière en un `réel` que l'on affectera ensuite à y, exactement comme si l'on avait procédé ainsi :

```
y := (n + 1)*1.
```

On parle souvent de « conversion implicite » par affectation pour qualifier la conversion qui est ainsi mise en place de façon automatique.

Ici, nous admettrons que cette conversion implicite existe. En revanche, nous n'en autoriserons pas d'autres. Ainsi, avec ces déclarations :

```
réel y
entier n
```

cette instruction sera correcte :

```
y := n + 1
```

En revanche, celle-ci ne le sera pas (car elle imposerait une conversion implicite de réel en entier que nous n'avons pas prévue).

```
n := y
```

Beaucoup de langages permettent de demander « explicitement » la conversion d'un type dans un autre, par exemple de réel en entier (cette conversion ne conservant alors que la partie entière du nombre concerné est alors dite « dégradante »). Ici, nous ne prévoierons pas non plus de telles conversions.

5 Les variables non définies

Dans certains de nos précédents exemples montrant l'évolution des valeurs des variables, il nous est arrivé d'utiliser un tiret (-) pour indiquer qu'à un instant donné la variable correspondante n'avait pas encore reçu de valeur. On dit qu'une telle variable est indéfinie ou non définie.

En soi, le fait qu'une variable ne soit pas définie n'a rien de bien grave. D'ailleurs, au début de l'exécution d'un programme, bon nombre de variables sont indéfinies. En revanche, les choses se gâtent si l'on cherche à utiliser la valeur d'une variable non définie comme dans cet exemple :

```
entier x, y, z
x := 3
z := x + y
y := 4
```

Lorsque l'on exécute l'affectation z = x + y, la variable y est encore indéfinie. Le calcul de z est donc impossible.

Que se passe-t-il si l'on exécute un tel programme. En fait, tous les traducteurs ne traitent pas la situation de la même manière. Voici quelques comportements possibles :

• Ignorer le problème ; dans ce cas, il faut bien voir qu'une variable indéfinie possède quand même une valeur. En effet, la notion d'absence d'information n'existe pas dans la mémoire centrale : un bit donné vaut toujours 0 ou 1, même si on ne lui a rien imposé de particulier. Autrement dit, une variable indéfinie possède alors une valeur généralement imprévisible pour le programmeur.

• Attribuer une valeur initiale (généralement 0) à toutes les variables Dans notre exemple, cela conduirait à attribuer la valeur 3 à z !

• Détecter ce genre de choses dès la compilation.

6 Initialisation de variables et constantes

6.1 Initialisation de variables

Nous venons de voir le risque que présente une variable indéfinie. Comme le font la plupart des langages, nous admettrons qu'il est possible d'attribuer une valeur à une variable lors de sa déclaration, ce que nous noterons de cette manière :

```
entier n := 5
réel x := 2.7
```

Cette valeur sera placée dès la traduction dans la variable correspondante, à la différence de ce qui se produirait avec :

```
entier n
réel x
     .....
n := 5
x := 2.7 ;
```

car, ici, n et x recevraient leur première valeur lors de l'exécution des deux instructions d'affectation. Bien entendu, dans les deux cas, il reste possible de faire évoluer comme bon vous semble les valeurs de ces variables pendant l'exécution du programme.

Nous avons convenu qu'une même instruction de déclaration de type peut mentionner plusieurs variables ; dans ce cas, on peut très bien en initialiser certaines et pas d'autres, comme dans :

```
entier n := 5, p, q := 10, v
```

 **Remarque**

En initialisant systématiquement toutes vos variables, vous pouvez vous prémunir du danger de rencontrer des variables non définies. Cependant, vous risquez parfois de tromper le lecteur ultérieur de votre programme ; que penser, par exemple, d'une variable qu'on initialise lors de sa déclaration alors qu'elle devra être lue par la suite en donnée ?

6.2 Constantes

Il est fréquent que, dans un programme, une variable reçoive une valeur initiale qui n'évolue plus pendant toute la durée du programme. Dans ces conditions, il est généralement possible d'indiquer cela au traducteur, afin qu'il puisse vérifier toute tentative de modification de cette variable dont on souhaite que la valeur reste fixe.

Nous conviendrons qu'une déclaration telle que :

```
entier constant nombre := 10
```

précisera que le symbole nombre sera de type entier, qu'il sera initialisé à la valeur 10 et que celle-ci ne devra plus évoluer. Par la suite, une instruction telle que :

```
nombre := 20
```

ne devrait pas se présenter dans notre programme.

Par la suite, nous parlerons de « constante symbolique » pour désigner une variable telle que `nombre` déclarée constante.

 **Remarque**

Bien entendu, ici, seul un lecteur (humain) de notre programme peut s'assurer qu'il ne modifie pas une constante symbolique. Mais, ces déclarations s'avéreront très précieuses avec un véritable langage, car elles permettront des vérifications du traducteur.

6.3 Expressions constantes

La notion d'expression constante généralise celle de constante symbolique. Il s'agit d'une expression qui ne fait intervenir que des constantes (usuelles) ou des constantes symboliques. Par exemple, avec la déclaration précédente :

```
entier constant nombre := 10
```

les expressions :

```
2 * nombre
nombre * (nombre + 2)
```

sont des expressions constantes.

Nous rencontrerons des situations où cette notion peut intervenir (notamment pour définir la dimension d'un tableau). Mais dores et déjà, on peut dire que, dans beaucoup de langages, le traducteur[1] sera capable d'évaluer une telle expression (alors que, bien sûr, cela n'est pas possible avec une expression quelconque dont la valeur ne peut être définie que lors de l'exécution).

7 Les fonctions prédéfinies

En mathématiques, une expression peut faire intervenir, en plus des opérateurs, des fonctions telles que `exp`, `sin`... Cette possibilité se retrouve dans la plupart des langages sous forme de ce que l'on nomme des « fonctions prédéfinies ». Généralement, si `x` et `y` sont de type `réel`, l'expression suivante aura un sens

```
y = sin (x) + 2. * exp (x-3)
```

Nous n'utiliserons pas de telles fonctions prédéfinies dans l'ouvrage.

---

1. En toute rigueur, la notion d'expression constante a surtout un intérêt dans le cas des langages compilés ou précompilés.

Noms de variables

Les langages les plus récents (dont ceux considérés ici : C, C++, Java, C#, PHP, Python) utilisent les 26 lettres majuscules et les 26 lettres minuscules de l'alphabet, les chiffres 0 à 9, ainsi que le caractère souligné (_) (les caractères accentués ne sont pas autorisés, ni ç). Aucun espace ne peut figurer dans un nom et le premier caractère doit être différent d'un chiffre. En PHP, les noms de variables commencent obligatoirement par le caractère $.

C et C++ limitent le nombre de caractères significatifs à 31 (les noms peuvent être plus longs, mais seuls les 31 premiers caractères sont utilisés), de sorte que deux noms apparemment différents peuvent désigner la même variable... Java, C#, PHP et Python n'imposent aucune limite.

Types de base et codage

Entiers

La plupart des langages disposent de plusieurs types entiers correspondant à des limitations différentes.

En C, C++, on trouve `short`, `int` et `long`. Leurs caractéristiques dépendent de l'environnement concerné.

En Java et en C# on trouve `byte` (1 octet), `short` (2 octets), `int` (4 octets) et `long` (8 octets) et, cette fois, le codage employé est le même quel que soit l'environnement concerné.

PHP et Python ne disposent que d'un seul type `entier`. Comme les variables ne sont pas déclarées, on n'a généralement pas besoin de connaître son nom (mais il existe un moyen d'obtenir, lors de l'exécution le type d'une variable : ce type `entier` se nomme alors `integer` pour PHP et `<class 'int'>` pour Python. De plus, Python n'impose aucune limitation aux valeurs représentables (la taille est ajustée automatiquement).

Réels

C et C++ disposent de trois types réels `float`, `double` et `long double` avec, là encore, des caractéristiques dépendant de l'environnement.

Java et C# ne disposent que de `float` (4 octets, soit environ 7 chiffres significatifs) et de `double` (8 octets, soit environ 15 chiffres significatifs) avec un codage indépendant de l'environnement.

PHP et Python ne disposent que d'un seul type `réel` (nommé `double` pour PHP et `float` pour Python) utilisant 8 octets (environ 15 chiffres significatifs).

C# dispose, en outre d'un type `décimal`, destiné aux calculs financiers, permettant une représentation exacte des nombres décimaux, au prix d'une vitesse de calcul réduite (il utilise 16 octets).

PHP dispose également d'une bibliothèque de fonctions réalisant des calculs décimaux et financiers.

Caractères

En C et C++, les caractères sont codés sur un octet, mais les caractères disponibles dépendent de l'environnement. Par exemple, on n'est pas certain de disposer des caractères accentués. Souvent, on y utilise une variante locale (adaptée au pays et au système concernés) du code ASCII international à 7 bits (auquel n'appartiennent pas nos caratèreres accentués).

Java et C#, en revanche, utilisent le codage Unicode UTF-16 basé sur 2 octets (65 536 combinaisons).

PHP et Python ne disposent que d'un type chaîne de caractères (suite d'un nombre quelconque de caractères, codés en Unicode), dont le caractère devient alors un cas particulier.

Déclaration de types

En C, C++, Java ou C#, les déclarations se présentent ainsi :

```
int n, p ;
char c1, c2, c ;
```

Notez le point-virgule qui les termine.

En PHP et en Python, on ne déclare pas le type d'une variable et on laisse le traducteur lui attribuer un type en fonction de l'usage qu'on en fait. Ce type peut évoluer au fil du programme, mais en fait tout se passe alors comme si le même symbole désignait tour à tour des variables de types différents. Comme nous l'avons déjà indiqué, il est possible de connaître le type d'une variable, à un moment donné (ce type peut éventuellement évoluer au fil de l'exécution).

Instruction d'affectation

La plupart des langages actuels utilisent le signe = pour l'affectation. C'est notamment le cas de C, C++, C#, Java, PHP et Python. Quelques langages (Pascal, Delphi, Smalltalk, Simula) utilisent le symbole :=.

En ce qui concerne la disposition des instructions, la structure de ligne est rarement significative (comme dans notre pseudo-langage). Généralement, une même instruction peut s'étendre sur plusieurs lignes (en Python, il faut mentionner le caratère « \ » pour indiquer qu'une instruction se poursuit sur la ligne suivante). Ainsi, une même ligne peut contenir plusieurs instructions. Il existe alors un caractère supplémentaire (souvent « ; » ou « : ») servant :

- de séparateur : il n'est requis que si plus d'une instruction se trouve sur la même ligne, c'est le cas en Pascal (qui utilise « : » comme séparateur) ou en Python (qui utilise « ; » comme séparateur) :

```
a := 5
b := a + 3 : c := 5
```

- ou de « terminateur » (il est toujours présent à la fin d'une instruction). C'est le cas de C, C++, C#, Java, PHP... qui utilisent tous le « ; » comme dans cet exemple :

```
a = 5 ;
b = a + 3 ; c = 5 ;
```

Opérateurs et expressions

Opérateurs

Tous les langages disposent des opérateurs présentés ici pour les types `entier` et `réel`. C, C++, C#, Java, PHP et Python disposent d'un opérateur dit « de modulo » noté %, représentant le reste de la division entière. Par exemple `13%5` vaut 3.

C, C++, Java, C#, Python et PHP disposent d'opérateurs très particuliers. Tout d'abord, l'affectation (=) est elle-même un opérateur, ce qui signifie que `i=5` est une expression qui possède une valeur (celle de `i` après affectation). On peut donc écrire `i = j = 4`. Qui plus est, il existe des opérateurs dits d'affectation élargie, tels que `++` et `--`. Ainsi `i++` est une expression qui :

- incrémente de 1 la valeur de `i` ;
- fournit comme résultat cette valeur (après incrémentation).

L'opérateur `--` opère de façon semblable, en décrémentant de un.

Il est possible d'écrire :

```
k = i++ - j-- ;
```

Écriture des constantes

Dans tous les langages, les constantes numériques s'écrivent comme nous l'avons indiqué ici, excepté pour les constantes réelles en notation décimale en C# où un point décimal doit être obligatoirement suivi d'un chiffre (par exemple, il faut écrire 5.0 au lieu de 5.).

En C, C++, C# et Java, les constantes caractères s'écrivent entre apostrophes. Il existe en outre des notations « échappatoires » qui permettent de noter des caractères délimiteurs (comme l'apostrophe qui se note \') ou des caractères non graphiques (comme \n qui représente un changement de ligne).

PHP et Python ne disposent que de chaînes de caractères qui se notent entre guillemets (Python autorise en outre la notation entre apostrophes). Il est bien sûr possible d'utiliser des chaînes réduites à un seul caractère comme dans `"e"` (PHP et Python) ou `'e'` (PHP).

Situations d'erreur

Les langages diffèrent beaucoup dans la manière de traiter les situations d'erreur.

Voici quelques exemples.

Le dépassement de capacité sur le type entier n'est pas détecté en C, C++, Java ou PHP (qui réalise automatiquement une conversion en `réel`). En C#, il est possible de demander que le programme déclenche une « exception » que l'on peut gérer par programme (par défaut, elle conduit à l'arrêt du programme). Enfin Python n'impose aucune limitation aux entiers, de sorte qu'un tel dépassement de capacité ne se produit jamais.

En C et C++, le comportement en cas de division par zéro, en entier, n'est pas spécifié par la norme (en général, il conduit à un arrêt du programme). En Java ou C#, en revanche, on obtient une « exception » que l'on peut gérer par programme (par défaut, il y a arrêt du programme).

Le comportement de C ou C++ en cas de dépassements ou sous-dépassements de capacité en `réel` n'est pas défini par la norme. En revanche, Java, C# et Python utilisent un codage parfaitement défini (IEEE) pour les réels, dans lequel existent des notations spéciales telles que `NaN` (Not a Number), `Infinity` (infini). Par exemple la division de `5.3` par zéro fournit `Infinity` (ou `inf`) et la division de `Infinity` par `Infinity` fournit `NaN` ou `nan`. Ces différentes valeurs peuvent être testées dans le programme.

Expresssions mixtes

Nous n'avions considéré que des expressions mixtes très simples, puisque ne pouvant contenir que deux types différents (`entier` et `réel`). Dans la plupart des langages, on dispose de beaucoup plus de types numériques, de sorte que les conversions possibles sont plus nombreuses. Qui plus est, certains langages comme C, C++, Java ou C# autorisent des conversions d'un type `caractère` vers un des types `entier`.

Expressions non définies

C et C++ n'initialisent pas les variables avant leur utilisation (seules les variables globales sont initialisées à zéro). Java et C# détectent dès la compilation les situations de variables non définies.

En PHP ou en Python, les emplacements des variables sont définis au fur et à mesure des besoins (ne pas oublier qu'une variable peut changer de type, donc de taille, au fil de l'exécution du programme). Il existe un moyen de savoir si une variable a déjà reçu une valeur ou non (et, même de connaître son type)[a].

Constantes symboliques et expressions constantes

En C, on peut déclarer :

```
const int n = 10 ;
```

Cette instruction demande au compilateur de s'assurer qu'aucune instruction ne cherche à modifier la valeur de n. Mais, malgré les apparences, n n'est pas une constante symbolique, c'est-à-dire que sa valeur effective n'est pas connue du compilateur. En particulier, nous verrons qu'elle ne pourra pas servir à fixer la dimension d'un tableau. On pourra utiliser des « définitions de symboles » de la forme :

```
#define N 10
```

Celles-ci seront interprétées par un « préprocesseur », à la manière d'un traitement de texte élaboré qui, ici, remplacera toute occurrence de N par 10, avant compilation.

a. Signalons que cela n'est possible que parce que, contrairement à la plupart des autres langages, une variable ne contient pas directement une valeur, mais une « référence » (adresse) à une valeur ; dans le cas d'une variable non initialisée, elle comporte une référence « nulle » qui a été ainsi créée lorsque l'on a rencontré le symbole correspondant pour la première fois dans le programme. Notez que ce mode de gestion par référence sera étudié en détail dans le cas des objets.

En C++ et C#, la même déclaration :

```
const int n = 10 ;
```

entraîne les mêmes vérifications et surtout, elle fait de n une constante symbolique qui pourra, à son tour, intervenir dans des expressions constantes, de valeur connue du compilateur.

En PHP, une déclaration telle que :

```
const $n = 10 ;
```

demande à l'interpréteur de vérifier que la valeur de $n n'est pas modifiée dans le programme.

En Java, il existe une déclaration voisine de celle de C++ jouant le même rôle :

```
final int n = 10 ;
```

3

Instructions d'écriture et de lecture

Nous avons vu comment l'instruction d'affectation permet de manipuler des variables. Généralement, pour qu'un programme présente un intérêt pratique, il devra pouvoir nous communiquer un certain nombre d'informations (résultats), par l'intermédiaire de ce que nous avons appelé un périphérique, en général l'écran. Ce sera le rôle de ce que nous nommerons l'instruction d'écriture ou d'affichage (terme plus approprié à l'écran).

De même, nous serons amenés, dans la plupart des cas, à transmettre des informations (données) à notre programme, toujours par l'intermédiaire d'un périphérique de communication, en général le clavier. Cela sera réalisé par ce que nous nommerons l'instruction de lecture.

1 L'instruction d'écriture

1.1 Rôle

Cette instruction permet « d'écrire » sur un périphérique les valeurs d'une ou de plusieurs variables, sous une forme directement compréhensible par l'utilisateur.

Dans un environnement de programmation donné, il peut exister plusieurs périphériques de communication, par exemple un écran et une imprimante. Certains langages permettent d'appliquer indifféremment les mêmes instructions à un périphérique quelconque, que l'on peut simplement choisir. Mais, dans tous les cas, il existe un périphérique dit standard qui se trouve utilisé par défaut, sans qu'il ne soit besoin de préciser quoi que ce soit. En général, ce sera l'écran ou, plus précisément, une fenêtre s'affichant à l'écran et c'est cette hypothèse que nous ferons par la suite. On parlera alors d'instruction d'affichage.

Nous conviendrons que l'instruction :

```
écrire a
```

signifie : afficher à l'écran la valeur de la variable a.

De même :

```
écrire 2*a
```

signifiera : afficher la valeur de l'expression 2*a.

Nous admettrons qu'une même instruction peut s'appliquer à plusieurs variables ou expressions, comme dans :

```
écrire a, b, 2*c
```

 **Remarque**

L'instruction d'écriture ne se contente pas de transmettre au périphérique le simple contenu binaire des variables concernées (nous aurions certainement quelque peine à l'interpréter). Elle doit également transformer ce contenu en un ou plusieurs caractères compréhensibles par l'utilisateur. Supposons par exemple que l'on demande d'écrire le contenu d'une variable entière ayant pour valeur 147 (codée en binaire). L'instruction corrrespondante devra (après des opérations de conversion appropriées de binaire en décimal) transmettre au périphérique concerné les caractères 1, 4 et 7 (en toute rigueur, elle transmet au périphérique les codes binaires de chacun de ces caractères).

1.2 Présentation des résultats

1.2.1 Rien ne les identife

Considérons ce petit programme :

```
entier n, p
n := 1
p := 5
écrire n, p
```

Son exécution écrira quelque chose de ce genre :

```
1    5
```

Cela n'a rien de surprenant ; ce sont bien les valeurs des variables n et p. Toutefois, si vous considérez uniquement ces résultats, sans connaître le détail du programme, vous vous trouverez simplement en présence de deux valeurs. Rien ne vous dit ce que chacune d'entre elles représente. Certes l'exemple est ici très simpliste et peu de confusion est possible. En revanche, vous imaginez qu'un véritable problème d'identification des résultats va se poser dès que le programme écrira quelques valeurs. Nous verrons bientôt comment nous en sortir en utilisant des « libellés ».

1.2.2 Comment seront-ils présentés ?

Dans l'exemple précédent, nous avons fait apparaître les valeurs 1 et 5 sur la même ligne. C'est effectivement ce qui se passera dans tous les langages. En revanche, le nombre des espaces séparant ces deux valeurs dépendra du langage. La plupart du temps, vous pourrez choisir ce qu'on appelle le « gabarit » d'affichage d'un nombre, c'est-à-dire le nombre d'emplacements dans lequel il sera écrit, quitte à compléter avec des espaces. Ici, nous ne préoccuperons pas de ces détails de disposition. Cela ne sera nécessaire que lorsque vous passerez à l'étude d'un langage donné.

Par ailleurs, nous conviendrons que chaque nouvelle instruction d'affichage écrit toujours sur une nouvelle ligne. Ainsi, ce petit programme :

```
entier x, y, z
x := 3
y := 15
z := x + y
écrire x, y
écrire z
```

fournira ces résultats :

```
3    15
18
```

1.2.3 Affichage de libellés

Supposons que l'on souhaite que le programme précédent fournisse des résultats plus explicites, par exemple :

```
La somme de 3 et 15 vaut 18
```

Cela est possible dans tous les langages. Les textes qui accompagnent les résultats se nomment souvent des libellés. Pour les obtenir, il suffit de les faire apparaître dans la liste des informations à écrire. Pour les distinguer des noms de variable, nous utiliserons un délimiteur particulier, à savoir les guillemets, de même que nous avions utilisé l'apostrophe pour les caractères. En transformant comme suit notre précédent programme :

```
entier x, y, z
x := 3
y := 15
z := x + y
écrire «La somme de », x, « et de », y, « vaut », z
```

Nous obtiendrons bien la présentation souhaitée.

▷ **Remarque**

Nous avons vu que `'a'` représente une constante du type `caractère`. Dans la plupart des langages, `«la somme de»` représente en fait une constante du type chaîne de caractères, type dont l'utilisation diffère beaucoup suivant les langages.

1.2.4 Cas des valeurs réelles

Considérons ce petit programme :

```
réel x := 3.25, y := 9.57
écrire x, y
```

On s'attend à ce qu'il nous affiche quelque chose comme :

```
3.25    9.57
```

Considérons alors un programme voisin (les valeurs de x et de y, de type réel, ont simplement été introduites dans le programme avec des notations différentes) :

```
réel x := 0.325e1, y := 95.7e-1
écrire x, y
```

Pourquoi nous présenterait-il les valeurs sous cette forme :

```
0.325e1   95.7e-1
```

plutôt que sous la forme précédente ? En effet, les notions de nombre de décimales et de notation exponentielle ou décimale n'existent plus une fois que le nombre est codé en binaire. Dans le cas présent, il est probable que les valeurs binaires de x et de y seront les mêmes dans les deux programmes, malgré des notations différentes pour les constantes correspondantes.

La plupart des langages vous permettent de choisir la manière dont vous souhaitez voir s'afficher vos résultats. Par exemple, vous pourrez choisir une notation décimale ou une notation exponentielle. Vous pourrez choisir le nombre de chiffres significatifs du résultat. À ce propos, n'oubliez pas que les valeurs précédentes, une fois codées en binaire, se trouvent entâchées d'une légère erreur de représentation[1], ce qui signifie que, pour peu que l'on demande un nombre de chiffres significatifs important, leur écriture pourrait très bien conduire à des choses telles que :

```
3.24999993   9.56999992
```

Certains langages permettent de choisir automatiquement la notation décimale ou la notation exponentielle, en fonction de la valeur du nombre, de façon à toujours écrire un nombre de chiffres significatifs donné (par exemple 6), en arrondissant la valeur effective et, parfois, ils suppriment les zéros de fin, de sorte que nos nombres précédents semblent exacts puisqu'ils s'affichent alors sous la forme 3.25 et 9.57.

Là encore, nous ne nous préoccuperons pas ici de ces détails de présentation.

Exercice 3.1 Écrire un programme qui donne des valeurs à deux variables entières nommées a et b, et qui en affiche les valeurs, le produit et la somme, sous cette forme :

```
a = 3, b = 5
a*b = 15
a+b = 8
```

---

1. Mais cette erreur de représentation sera la même pour x et pour y.

2 L'instruction de lecture

2.1 Rôle

L'instruction d'écriture permet au programme de nous communiquer des résultats. De manière analogue, l'instruction de lecture va permettre de fournir des valeurs à notre programme. Plus précisément, cette instruction va « chercher » une valeur sur un périphérique de communication et l'attribue à une variable.

Là encore, dans la plupart des langages, il est possible de choisir le périphérique sur lequel on souhaite lire. Mais, dans tous les cas, il existe un périphérique standard qui se trouve utilisé par défaut. En général, il s'agit du clavier et c'est cette hypothèse que nous ferons ici. Dans ce cas, on obtient à l'écran un rappel, nommé souvent « écho », de ce qui a été frappé au clavier.

Nous conviendrons que l'instruction :

```
lire a
```

signifie : lire une valeur au clavier et la ranger dans a.

De même :

```
lire x, y
```

signifiera : prendre deux valeurs et les ranger dans x et y (dans cet ordre).

On notera que, de par sa nature même, l'instruction de lecture ne peut porter que sur des variables. Lire une expression telle que x+y n'aurait aucun sens, pas plus que lire une constante telle que 8 !

 **Remarques**

1   Comme l'instruction d'affichage, l'instruction de lecture ne se contente pas d'une simple recopie d'information. Elle doit transformer un ou plusieurs caractères fournis au clavier (en fait, leurs codes) en la valeur binaire correspondante (par exemple entier ou réel) de la variable.

2   Lorsque l'on lit une valeur réelle, comme dans :

```
réel x
.....
lire x
```

il est possible, dans la plupart des langages, de fournir comme donnée une valeur apparemment entière (par exemple 2000) car le programme « sait » ce qu'il doit en faire. La situation n'est pas la même que celle où le traducteur doit décider du type d'une constante suivant la manière dont elle est écrite.

2.2 Intérêt de l'instruction de lecture

À première vue, les instructions de lecture et d'écriture apparaissent comme symétriques. Cependant, on ne peut se passer d'écrire des résultats, tandis qu'on a l'impression que l'instruction de lecture pourrait se remplacer par une ou plusieurs affectations. Par exemple, l'instruction :

```
lire a
```

à laquelle on fournirait comme donnée la valeur 5 pourrait être remplacée par :

```
a := 5
```

Quel est alors l'intérêt de l'instruction de lecture ? Prenons un programme simple qui calcule le carré d'un nombre :

```
entier nombre, carré
nombre := 9
carré := nombre * nombre
écrire nombre, carré
```

Celui-ci nous fournit le carré de 9. Si, maintenant, nous souhaitons obtenir le carré de 13, il va nous falloir modifier la seconde instruction du programme en la remplaçant par :

```
nombre := 13
```

L'instruction de lecture nous permet d'éviter ces modifications :

```
entier nombre, carré
lire nombre
carré := nombre * nombre
écrire nombre, carré
```

Nous pouvons exécuter ce programme autant de fois que nous le désirons avec les valeurs de notre choix. Certes, ici, l'exemple est simpliste. Il vous montre cependant comment l'instruction de lecture permet d'écrire des programmes « généraux » capables de traiter des données différentes. Plus généralement, il peut arriver que certaines données ne soient pas prévisibles lors de l'écriture du programme. Pensez par exemple à un programme entraînant un élève à effectuer des opérations : la réponse de l'élève est effectivement une donnée imprévisible. Il en va de même pour le choix des articles dans un programme de commande sur Internet ou des mots fournis à un programme de traitement de texte.

▶ **Remarque**

Ici, on pourrait ne pas utiliser de variable nommée carré, en procédant ainsi :

```
entier nombre
lire nombre
écrire nombre, nombre*nombre
```

2.3 Présentation des données

Dans tous les cas, les données se présentent comme une suite de caractères, quels que soient les types des variables lues ; par exemple, quand vous fournissez -12, vous fournissez bien 3 caractères : -, 1 et 2.

Là encore, nous ne préciserons pas la disposition relative des différentes valeurs (emplacements, espaces, séparateurs). Ces détails dépendront du langage utilisé. En revanche, comme dans (presque) tous les langages, les données ne sont pas identifiées. Autrement dit, lorsque l'on rencontre des valeurs, par exemple :

```
5    13
```

rien ne dit à quoi elles correspondent. C'est le programme, par le biais de l'instruction de lecture, qui décidera des variables auxquelles ces valeurs seront attribuées.

Comme nous l'avons déjà dit, lorsque l'on utilise le clavier, toute information saisie apparaît également à l'écran : cela est bien utile pour contrôler ce que l'on frappe, voire pour le corriger. Dans ces conditions, vous voyez que données et résultats apparaissent « entremêlés » à l'écran.

D'autre part, ces données ne sont prises en compte que lorsque vous les « validez » en frappant sur une touche appropriée (entrée, retour...). Cela signifie donc que vous pouvez fournir un nombre d'informations supérieur ou inférieur à celui attendu par l'instruction de lecture. Par exemple, si n et p sont de type entier, et que à l'instruction :

```
lire n, p
```

on fournit simplement :

```
45
```

il est clair qu'il manquera la donnée pour p. Dans ce cas, dans la plupart des langages, on attendra (silencieusement) que l'utilisateur fournisse une autre donnée (sans lui rappeler qu'on attend autre chose...). De même, si à l'instruction précédente, on fournit :

```
46 98 12 67
```

on « consommera » bien les données 46 et 98. Mais, il restera des informations non exploitées qui se trouveront disponibles pour une prochaine lecture. Cette propriété sera d'ailleurs souvent utilisée pour demander à l'utilisateur de fournir en une seule fois une suite de caractères ou une suite de nombres qu'on lira ensuite individuellement.

Nous n'en dirons pas plus sur ce mécanisme qui, en pratique, peut aboutir à une « désynchronisation » entre les demandes du programme et les réponses de l'utilisateur.

2.4 Exemple

Nous vous proposons d'adapter le programme précédent, de manière à ce que le « dialogue » avec l'utilisateur soit plus explicite. Pour cela, nous utilisons des libellés, à la fois dans l'affichage des résultats, mais aussi pour préciser à l'utilisateur ce que l'on attend de lui. Le programme est accompagné d'un exemple d'exécution

```
entier nombre, carré
écrire «donnez un nombre»
lire nombre
carré := nombre * nombre
écrire nombre, « voici son carré », carré


donnez un nombre
13
voici son carré 169
```

Calcul du carré d'un nombre fourni en donnée

Exercice 3.2 Écrire un programme qui demande deux nombres entiers et qui fournit leur somme et leur produit. Le dialogue avec l'utilisateur se présentera ainsi :

```
donnez deux nombres
35 3
leur somme est 38
leur produit est 105
```

Exercice 3.3 Écrire un programme qui lit le prix hors taxe d'un article, le nombre d'articles et le taux de TVA et qui affiche le prix TTC correspondant. Le dialogue se présentera ainsi :

```
prix unitaire HT :
12.5
nombre articles :
8
taux TVA :
19.6
prix total HT : 100.
prix total TTC : 119.6
```

3 Autres modes de communication avec l'utilisateur

3.1 Mode console ou programmation par événements

La façon de travailler que nous avons privilégiée jusqu'ici (données fournies au clavier et résultats affichés à l'écran, de manière séquentielle) porte souvent le nom de programmation en mode console. Elle s'oppose à la programmation dite graphique dans laquelle le dialogue avec l'utilisateur se déroule, à travers des éléments graphiques tels que menus, boîtes de dialogue, cases à cocher, boutons radio... Le déroulement même du programme n'est plus entièrement défini par ses instructions, comme dans le mode console, mais peut dépendre des demandes de l'utilisateur. On parle souvent de programmation par événements pour indiquer que c'est le programme qui réagit à des actions de l'utilisateur et non plus l'utilisateur qui répond à des demandes du programme. Ce type de programmation n'est véritablement « intégré » que dans les langages les plus récents. Dans les langages plus anciens, il faut recourir à des « bibliothèques » spécialisées...

Généralement, l'apprentissage d'un nouveau langage se fait en travaillant en mode console ; c'est ce qui justifie que nous nous limitions à cet aspect dans cet ouvrage.

3.2 Mode batch

Il existe une variante du mode console, qui consiste à lire les données dans un fichier qu'on a préalablement créé. On parle alors souvent de mode batch. Généralement, on s'arrange pour que les résultats soient, eux aussi, enregistrés dans un fichier plutôt que d'être affichés à l'écran. Ces fichiers qui contiennent en fait des caractères (codés) se nomment souvent des « fichiers textes ». Ils peuvent être consultés ultérieurement avec un « éditeur de texte » ou imprimés. La plupart des langages permettent de travailler ainsi. On notera simplement que le dialogue avec l'utilisateur n'existe plus et qu'il est souvent nécessaire d'écrire des informations supplémentaires pour afficher les informations lues par ailleurs.

3.3 Programmation Internet

On parle souvent de programmation Internet pour désigner la réalisation de programmes vous permettant de naviguer sur le Web, à l'aide d'un dialogue plus ou moins élaboré.

A priori, le dialogue avec l'utilisateur ressemble à celui de la programmation graphique. Cependant, les actions de l'utilisateur peuvent être limitées à une simple navigation entre pages (même si celles-ci contiennent des informations aussi variées que des textes, des sons, des images, des vidéos). Dans ce cas, l'aspect « programmation » peut se limiter à l'utilisation de langages descripteurs de pages dans lesquels les notions étudiées ici ne seront guère présentes. À l'opposé, la page consultée peut avoir été créée, en utilisant les possibilités de programmation graphique d'un véritable langage (Java par exemple) dont on peut alors utiliser toutes les fonctionnalités.

D'une manière générale, cette programmation Internet peut revêtir beaucoup d'aspects, mélangeant éventuellement de simples descriptions avec des programmes à part entière. En outre, ces programmes peuvent être fournis avec la page consultée et s'exécuter sur votre propre ordinateur ou, au contraire, être situés sur l'ordinateur distant (nommé serveur) qui vous fournit la page.

Très souvent, l'utilisateur est amené à remplir un formulaire. Généralement, les différents champs à compléter sont décrits par un langage de description de pages. En revanche, leur vérification et leur utilisation ne peuvent être réalisées que par un véritable programme. Là encore, différentes variantes peuvent apparaître :

- un même langage de programmation sert à la fois à créer le formulaire, à effectuer des vérifications et à réaliser les actions correspondantes (réservation de places d'avion, commande de livres...) ;

- le formulaire est créé à l'aide d'un langage de description de pages et les informations sont transmises à un programme (éventuellement situé sur la machine serveur).

D'une manière générale, les notions étudiées dans ce livre s'appliqueront à la programmation Internet, si l'on exclut les langages de description de pages, et si l'on admet que le dialogue avec l'utilisateur se déroule alors différemment du mode console.

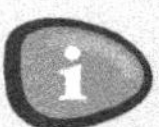 **Exemples langages**

Nous vous proposons de voir comment s'écrit dans quelques langages, le programme de calcul du carré d'un nombre, présenté au paragraphe 2.4. Nous vous présentons des programmes complets, ce qui signifient qu'ils renferment quelques instructions très techniques que nous chercherons pas à expliquer pour l'instant. Pour plus de clarté, nous les avons placées en italiques, de façon que vous puissiez vous focaliser uniquement sur celles qui correspondent à la traduction de notre programme et que nous avons placées en romain.

C

```
#include <stdio.h>
int main()
{
  int nombre, carre ;
  printf ("donnez un nombre : ") ; /*pas de changement de ligne après écriture*/
  scanf ("%d", &nombre) ;
  carre = nombre * nombre ;
  printf ("voici son carre : %d", nombre) ;
}
```

```
donnez un nombre : 24
voici son carre : 576
```

L'écriture (printf) et la lecture (scanf) utilisent ce que l'on nomme un « format ». Il s'agit d'une chaîne de caractères (ici "%d" pour la lecture et "voici son carre : %d" pour l'écriture) qui sert à décrire comment se présentent les données ou les résultats. Le code %d correspond à un nombre affiché dans notre système décimal. En toute rigueur, scanf est une fonction (cette notion sera étudiée par la suite) qui reçoit, en paramètres, le format et l'adresse (notée ici &nombre) de la variable nombre à lire. Quant à printf, il s'agit également d'une fonction qui reçoit en paramètres le format et les valeurs à écrire. À titre indicatif, le code %10.3f demanderait d'afficher un nombre réel sur 10 caractères, en notation décimale, avec 3 chiffres après le point. De même le code %10.3e demanderait de l'afficher en notation exponentielle avec 3 chiffres significatifs. Notez que printf ne passe pas à la ligne après une écriture ; pour obtenir cet effet, il faudrait écrire un caractère particulier. En revanche, la validation de la lecture entraîne un changement de ligne.

C++

```cpp
#include <iostream>
using namespace std ;
int main()
{
  int nombre, carre ;
  cout << "donnez un nombre : " ;
  cin >> nombre ;
  carre = nombre * nombre ;
  cout << "voici son carre : " << carre ;
}
```

Contrairement à C, C++ n'utilise pas de format pour les écritures (`cout`) ou les lectures (`cin`). Il utilise un comportement par défaut qui peut être modifié ponctuellement à la demande. Par exemple, si l'on souhaitait écrire la valeur du carré sur un emplacement de 10 caractères (ce qui pourrait avoir un intérêt pour aligner correctement plusieurs résultats sur des lignes différentes), on procéderait ainsi :

```cpp
cout << "voici son carre : " << setw(10) << carre ;
```

À titre indicatif, avec `setprecision(6)`, on fixera à 6 la précision de la prochaine valeur à afficher. Avec `scientific`, on imposera la notation exponentielle...

C#

```csharp
using System ;
class Carre
{ static void Main()
  {
    int nombre, carre ;
    String ligne ;
    Console.Write ("donnez un nombre :") ;
    ligne = Console.ReadLine() ;
    nombre = Int32.Parse (ligne) ;
    carre = nombre * nombre ;
    Console.WriteLine ("voici son carre : " + carre) ;
  }
}
```

Comme la plupart des langages récents intégrant des possibilités de programmation graphique, C# néglige quelque peu les lectures et écriture en mode console. De plus, pour lire des informations au clavier, il faut commencer par lire une ligne de texte dans une variable nommée ici `ligne`, de type `String` (c'est-à-dire chaîne de caractères) à l'aide de la « fonction » `Console.ReadLine`. Il est alors nécessaire de recourir ensuite à une fonction de conversion nommée `Int32.Parse` qui extrait de cette chaîne un nombre entier qu'on affecte à `nombre`. Quant au signe + qui apparaît dans l'instruction d'écriture, il correspond en fait à la concaténation (mise bout à bout) de deux chaînes, à savoir ici : le libellé souhaité et le résultat de la conversion en chaîne de la valeur de la variable `carre`. La fonction `WriteLine` reçoit en fait une seule valeur de type chaîne.

Java

```java
public class Carre
{ public static void main (String args[])
  {
    int nombre, carre ;
    System.out.print("donnez un nombre :") ; //print ne change pas de ligne
    nombre = Clavier.lireInt () ;
    carre = nombre * nombre ;
    System.out.println ("voici son carre : " + carre) ;
  }
}
```

```
donnez un nombre : 24
voici son carre : 576
```

Java est encore plus pauvre que C# en matière de mode console, puisqu'il ne dispose même pas d'instructions de lecture. Il faut réaliser ses propres outils à cet effet. Ici, `Clavier.lireInt` désigne en fait une fonction (que nous devrons écrire), plus précisément une méthode particulière d'une classe nommée `Clavier`.

Quant à l'écriture, elle utilise comme celle de C#, des chaînes de caractères et + représente la concaténation. Là encore, la valeur de la variable `carre` est convertie en chaîne.

Python

```python
print ("donnez un nombre : ", end = "")     # end = ""  pour éviter de passer à la ligne
ligne = input()
nombre = int(ligne)
carre = nombre * nombre
print(nombre, " a pour carré : ", carre)
```

```
donnez un nombre : 24
voici son carre : 576
```

Pour lire des informations au clavier, il faut, comme avec C#, commencer par lire une ligne de texte dans une variable nommée ici `ligne`, à l'aide de la fonction `input`. Celle-ci fournit toujours une chaîne de caractères, quels que soient les caractères entrés au clavier. Il est donc nécessaire de recourir à une fonction de conversion nommée `int` dont on affecte le résultat à la variable `nombre`. L'affichage du résultat est réalisé à l'aide d'une « fonction » nommée `print` qui reçoit en paramètres les différentes informations à écrire, ici une chaîne constante et la valeur de la variable `carre`.

PHP

PHP ne dispose pas d'instructions de lecture en mode console. En général, les informations entrées proviendront d'un formulaire. En revanche, il dispose d'une instruction d'affichage nommée `echo`. À titre indicatif, voici ce que pourrait être notre exemple de programme, dans lequel nous avons supprimé les instructions de lecture, en affectant d'office une valeur à la variable `$nombre` :

```php
<?php
 $nombre = 24 ;
 $carre = $nombre * $nombre ;
 echo "nombre choisi : " , $nombre, "<br>";
 echo $nombre "a pour carré : ", $carre ;
?>
```

```
nombre choisi : 24
24 a pour carré : 576
```

Rappelons que les types des variables sont définis de façon implicite en fonction de l'usage qu'on en fait. Le fait de demander d'affecter la constante entière 24 à `$nombre` en fait une variable de type entier. La constante chaîne `"<br>"` représente un changement de ligne (par défaut, `echo` ne change pas de ligne à la fin de l'affichage).

4

La structure de choix

Nous avons étudié les trois instructions de base que sont l'affectation, la lecture et l'écriture. Jusqu'ici, nous ne les avons utilisées que pour réaliser des programmes dans lesquels l'exécution était « séquentielle » ; autrement dit, les instructions s'y exécutaient dans l'ordre où elles étaient écrites.

Or, l'intérêt essentiel de l'ordinateur et sa puissance proviennent de deux choses :

- la possibilité d'effectuer des choix dans le traitement réalisé. Par exemple, dans un programme de facturation, on déterminera une remise dont le pourcentage dépendra du montant de la facture ;

- la possibilité de répéter plusieurs fois les mêmes intructions. Par exemple, un programme de facturation répètera pour chaque client les instructions d'établissement d'une facture.

Comme on peut s'y attendre, ces choix et ces répétitions sont réalisables dans tous les langages. En définitive, nous pouvons dire qu'un programme comporte deux sortes d'instructions :

- les instructions de base : elles réalisent une certaine « action » : affectation, lecture, écriture ;

- les instructions de structuration du programme : elles servent à préciser comment doivent s'enchaîner chronologiquement ces instructions de base. On les nomme également instructions structurées ou instructions de contrôle ou encore structures de contrôle.

Dans ce chapitre, nous allons étudier la structure de choix. Les structures de répétition (car nous verrons qu'il en existe plusieurs) seront étudiées dans le chapitre suivant.

1 Présentation de l'instruction de choix

1.1 Exemple introductif

Supposez que nous ayons besoin, dans un programme, d'afficher un message précisant que la valeur d'une certaine variable, nommée a est positive ou non. Autrement dit, nous souhaitons exéuter l'instruction :

```
écrire «valeur positive»
```

si la valeur de a est positive ; dans le cas contraire, nous souhaitons exécuter l'instruction :

```
écrire «valeur négative ou nulle»
```

Nous conviendrons d'écrire ce choix de la manière suivante :

```
Si a > 0 alors écrire «valeur positive»
        sinon écrire «valeur négative ou nulle»
```

Si la condition (a>0) mentionnée après le mot si est vraie, on exécute ce qui figure après alors. Si la condition est fausse, on exécute ce qui figure après sinon.

1.2 Notion de bloc d'instructions

Dans ce premier exemple, chaque partie du choix comporte une seule instruction. Mais, bien entendu, on pourrait en trouver plusieurs.

Supposons par exemple que l'on souhaite écrire un programme qui lit deux nombres et une lettre. Si cette lettre est un s (pour somme), il calcule et écrit la somme des deux nombres ; dans le cas contraire, il calcule et écrit le produit. Ce programme pourrait commencer de cette manière :

```
entier a, b, res
caractère op
écrire «donnez deux entiers et un caractère :»
lire a, b, op
```

Il nous faut alors examiner la condition op = 's' et, si elle est vraie, exécuter ces deux instructions :

```
res := a + b
écrire «somme=», res
```

Dans le cas contraire, il nous faut exécuter ces deux autres instructions :

```
res := a * b
écrire «produit=», res
```

Nous conviendrons de noter ce choix de cette manière :

```
si op = 's' alors
  { res := a + b
    écrire «somme=», res
  }
  sinon
  { res := a * b
    écrire «produit=», res
  }
```

Vous voyez que nous avons introduit une nouvelle notation permettant de repérer ce qu'on nomme généralement un « bloc d'instructions », c'est-à-dire une suite de plusieurs instructions. Pour cela, nous avons utilisé des accolades ({ et }). Certes, cette nouvelle convention n'est pas absolument indispensable : nous aurions pu, par exemple, nous baser sur des « alignements » d'instructions d'un même bloc pour les repérer, en écrivant par exemple :

```
si op = 's' alors
    res := a + b
    écrire «somme=», res
  sinon
    res := a * b
    écrire «produit=», res
```

Toutefois, cette démarche constitue un risque d'erreurs dans le cas de programmes importants. De plus, la plupart des langages utilisent une délimitation explicite des blocs. Bien entendu, rien ne nous empêche d'exploiter en plus ces alignements d'instructions pour rendre le programme plus lisible, comme nous l'avions fait auparavant.

Par ailleurs, nous nous ne obligerons pas à passer à la ligne après alors et sinon, de sorte que notre choix pourra également s'écrire ainsi :

```
si op = 's' alors  { res := a + b
                     écrire «somme=», res
                   }
         sinon { res := a * b
                     écrire «produit=», res
                   }
```

▷ Remarques

1. Nous pourrions également placer les symboles de fin de bloc sur la même ligne que leur dernière instruction en écrivant :

```
si op = 's' alors  { res := a + b
                     écrire «somme=», res }
         sinon { res := a * b
                     écrire «produit=», res }
```

2. Nous admettrons qu'un bloc peut ne contenir qu'une seule instruction. Dans ce cas, les accolades sont superflues, mais elles restent permises. Cette possibilité peut s'avérer pratique pour augmenter la lisibilité d'un programme.

3. Dans le chapitre précédent, nous avions écrit une instruction par ligne. Comme vous le constatez maintenant, cette démarche ne s'applique bien sûr pas à l'instruction de choix, mais seulement aux « instructions de base » (affectation, lecture, écriture). Par ailleurs, il nous arrivera également, par souci de concision, d'écrire plusieurs instructions de base par ligne (en les séparant alors par des ;). Nous y reviendrons lorsque cela sera utile.

1.3 Un programme complet

En définitive, voici ce que pourrait être notre programme complet. Nous avons ajouté une instruction affichant « fin du programme », afin de bien montrer comment le programme se poursuit après l'exécution de la structure de choix. Enfin, nous avons ajouté deux exemples d'exécution.

```
entier a, b, res
caractère op
écrire «donnez deux entiers et un caractère :»
lire a, b, op
si op = 's' alors { res := a + b
                    écrire «somme=», res
                  }
           sinon { res := a * b
                   écrire «produit=», res
                 }
écrire «fin du programme»
```

```
donnez deux entiers et un caractère :
12 25 s
somme=40
fin du programme
```

```
donnez deux entiers et un caractère :
12 25 p
produit=300
fin du programme
```

Addition ou multiplication d'entiers fournis en donnée

 **Remarque**

Ici, nous considérons que toute lettre différente de s correspond au produit. Dans un véritable programme, il serait plus judicieux de ne laisser que deux possibilités (par exemple s et p) et de refuser toute autre réponse.

2 La condition du choix

2.1 Les conditions simples

Dans nos précédents exemples, nous avons rencontré les conditions :
```
a > 0
op = 's'
```

Il s'agit là de ce que nous nommerons des conditions simples. D'une manière générale, une condition simple consiste en la comparaison de deux expressions de même type (`entier`, `réel`, `caractère`).

Suivant les langages, les symboles de comparaison prendront des aspects différents. Ici, nous utiliserons les symboles suivants :

Symbole	Signification pour les types numériques (entier ou réel)	Signification pour les types caractère
=	égal à	égal à
<	inférieur à	placé avant dans l'ordre alphabétique
>	supérieur à	placé après dans l'ordre alphabétique
<=	inférieur ou égal à	placé avant dans l'ordre alphabétique ou égal
>=	supérieur ou égal à	placé après dans l'ordre alphabétique ou égal
<>	différent de	différent de

Nous avons convenu que les comparaisons de caractères utilisent l'ordre alphabétique. Cela est clair lorsque l'on compare deux lettres majuscules ou deux lettres minuscules. Si l'on compare des majuscules avec des minuscules, il faut savoir que les majuscules apparaissent avant les minuscules. Par exemple la condition `'M' < 'm'` est bien vraie. En ce qui concerne les autres caractères, leur place par rapport aux lettres dépend du codage utilisé et il peut donc varier en fonction de la machine et du langage concernés (quelques rares langages, comme Pascal ne permettent pas de comparer directement des caractères).

Si l'on suppose ces déclarations :

```
entier val, a, b
caractère c, c1, c2
réel x, y
```

voici quelques exemples de conditions simples :

```
val = 5
a < b
c = 'a'
c1 >= c2
2.5 x < 3.6
x + 3 < 5 * y - 2
```

Notez que la dernière condition compare deux expressions de type `réel` (n'oubliez pas que, dans ces « expressions mixtes », il y aura conversion automatique de certaines valeurs de type `entier` en type `réel`).

▷ **Remarques**

1 Les comparaisons d'égalité entre expressions réelles sont à utiliser avec précaution. En effet, compte tenu de la représentation approchée des nombres réels, il est tout à fait possible qu'une égalité théoriquement attendue ne soit pas vérifiée. Par exemple, il n'est pas certain que ces égalités soient vraies (x est supposée de type réel) :

```
10 * 0.1 = 1.
3 * (1./3.) = 1
3 * x - 2 * x = x
3 * x - 2 * x - x = 0
```

2 Ici, par souci de simplicité, nous ne chercherons à comparer que des expressions de même type. La plupart des langages autorisent la comparaison d'expressions de types différents, en mettant en place des conversions analogues à celles rencontrées dans les expressions mixtes.

Exercice 4.1 Lire deux nombres entiers et déterminer s'il sont rangés ou non par ordre croissant.

Exercice 4.2 Lire deux nombres entiers. Déterminer s'ils sont rangés ou non par ordre croissant et, dans tous les cas, afficher leur différence (entre le plus grand et le plus petit).

2.2 Les conditions complexes

2.2.1 Présentation

La plupart des langages autorisent des conditions formées de plusieurs conditions simples reliées entre elles par des opérations logiques : et, ou et non. Là encore les notations utilisées pour ces opérations logiques peuvent varier suivant le langage. Nous conviendrons que la condition :

```
a < b et b < 0
```

est vraie si les deux conditions simples a < b et b > 0 sont toutes les deux vraies.

De même, la condition :

```
a < b ou b < 0
```

sera vraie si l'une au moins des deux conditions a < b et b > 0 est vraie.

Enfin, la condition :

```
non a < b
```

sera vraie si la condition a < b est fausse. Cette dernière condition est donc ici équivalente à :

```
a >= b
```

D'une manière générale, ces trois opérations logiques (et, ou et non) peuvent porter, non seulement sur des conditions simples, mais aussi sur des conditions complexes. L'usage de parenthèses permet alors de régler d'éventuels problèmes de priorité. On notera que les priorités relatives des différentes opérations peuvent varier suivant les langages, et ceci, non seulement pour les priorités entre opérations logiques, mais aussi entre opérations logiques et opérations arithmétiques (ce point pourra être particulièrement sensible lorsque l'on utilisera des variables de type booléen, présentées un peu plus loin).

Par la suite, si une ambiguïté se pose, nous utiliserons des parenthèses pour la lever. Par exemple, la condition :

```
( a < 0 et b > 1) ou ( a> 0 et b > 3)
```

sera vraie si l'une au moins des deux conditions entre parenthèses est vraie.

Bien entendu, rien ne vous empêche d'ajouter des parenthèses pour rendre une condition plus lisible. Par exemple, vous pourriez écrire :

```
(a < b) ou (b < 0)
```

au lieu de :

```
a < b ou b < 0
```

Ou encore :

```
non (a < b)
```

au lieu de :

```
non a < b
```

Remarque

Attention, dans le langage courant, on emploie souvent le terme « ou », de manière exclusive et non, comme ici, de manière inclusive.

2.2.2 Exemple

Voici un programme qui lit un nombre entier et qui précise s'il est ou non compris entre 10 (exclus) et 20 (inclus).

```
entier n
écrire «donnez un nombre entier :»
lire n
si (n > 10) et (n <= 20) alors écrire «dans la fourchette»
                         sinon écrire «en dehors de la fourchette»


donnez un nombre entier :
26
en dehors de la fourchette
```

Vérification de la valeur d'un entier fourni en donnée

Remarque

Vous auriez pu être tenté d'écrire la condition précédente de cette façon :

```
10 < nombre <= 20
```

Mais cela ne correspond plus exactement à la définition que nous avons donnée d'une condition complexe. Certes, nous aurions pu convenir qu'elle était équivalente à celle souhaitée, mais comme aucun langage n'accepte ce genre de notation, nous avons préféré l'éviter.

Exercice 4.3 Lire trois nombres entiers et trouver s'ils sont ou non rangés dans l'ordre croissant strict, c'est-à-dire que, si a, b et c désignent ces nombres, ils devront vérifier l'égalité mathématique : a < b < c.

3 Cas particulier : une partie du choix absente

Supposez que, dans un programme de calcul d'une facture, il nous faille effectuer une remise de 1% lorsque son montant dépasse 2 000 euros. Vous voyez que si nous nommons montant la variable correspondante, supposée de type réel, nous sommes amenés à effectuer un choix basé sur la condition montant > 2000. Si celle-ci est vraie, nous pouvons effectuer notre remise directement sur la valeur de montant par une affectation telle que :

```
montant := montant * 0.99
```

En revanche, si la condition est fausse, nous n'avons aucune instruction à exécuter. Nous pourrions écrire ce choix particulier de cette manière :

```
si montant > 2000. alors montant := montant * 0.99
                    sinon
```

En fait, il paraît plus judicieux et plus naturel de ne pas mentionner le mot sinon et d'écrire simplement :

```
si montant > 2000. alors montant := montant * 0.99
```

C'est de cette manière que nous noterons les structures de choix dans lesquelles la partie correspondant à sinon est inexistante. Cette structure de choix particulier se nomme souvent exécution conditionnelle car elle correspond au cas où un ensemble d'instructions (on pourrait trouver un bloc) n'est exécuté que lorsqu'une condition donnée est vraie.

Remarques

1 Nous n'utiliserons pas de formulation semblable dans le cas où c'est la partie correspondant à alors qui est absente. En effet, écrire quelque chose comme :

```
si a > 0 sinon ........
```

ne serait pas très naturel. De toute façon, dans un tel cas, vous pourrez toujours vous ramener à une structure d'exécution conditionnelle en employant la condition contraire, par exemple ici :

```
si a <= 0 alors ........
```

2   Nous avons déjà attiré votre attention sur les risques inhérents à la représentation des nombres réels et vous pouvez vous demander ce qu'il en est dans l'examen d'une condition telle que `montant > 2000`. En fait, dans tous les systèmes de codage des nombres réels, les nombres entiers, de valeur pas trop grande, sont codés sans erreur.

Exercice 4.4 Compléter les pointillés, de manière à ce que le programme affiche bien la valeur du montant intial, après remise éventuelle de 1% lorsqu'il est supérieur à 2 000 euros.

```
réel montant, tauxRemise=0.0
lire montant
si montant > 2000. ........
montant := montant * (1. - tauxRemise/100.)
écrire montant
```

---

4 Les choix imbriqués

4.1 Exemple

Il peut arriver que l'une des parties d'une structure de choix contienne à son tour une structure de choix. Dans ce cas, on dit que l'on a des structures imbriquées les unes dans les autres. Par la suite, nous verrons que cette imbrication peut concerner d'autres structures comme les boucles.

Supposez que nous souhaitions généraliser notre calcul de remise précédent, en prévoyant une remise :

- de 1% lorsque le montant est compris entre 2 000 euros (inclus) et 5 000 euros (exclus) ;
- de 2% lorsque le montant est supérieur ou égal à 5 000 euros.

Voici une façon de procéder, en deux étapes. Dans un premier temps, on détermine le taux de remise, dans la variable réelle `taux`. Dans un deuxième temps, on applique ce taux (éventuellement nul), pour calculer la remise dans la variable réelle `remise` :

```
si montant < 2000. alors taux := 0.
                 sinon si montant < 5000. alors taux := 1.
                                          sinon taux := 2.
remise := montant * taux/100.
montant := montant - remise
```

Voici un programme complet accompagné de deux exemples d'exécution :

```
réel montant, taux, remise
écrire «donnez le montant brut :»
lire montant
si montant < 2000. alors taux := 0.
                   sinon si montant < 5000. alors taux := 1.
                                             sinon taux := 2.
remise := montant * taux/100.
montant := montant - remise
écrire «montant après remise : », montant


donnez le montant brut :
1500
montant après remise : 1500


donnez le montant brut :
3000
montant après remise : 2970
```

Facturation avec remise

4.2 En cas d'ambiguïté

Dans notre exemple précédent, nous avons utilisé des alignements d'instructions pour rendre plus claire l'imbrication des choix. Théoriquement, cependant, nous pourrions utiliser des notations telles que :

```
si montant < 2000. alors taux := 0.
   sinon si montant < 5000. alors taux := 1.
      sinon taux := 2.
```

ou :

```
si montant < 2000. alors taux := 0.
sinon si montant < 5000. alors taux := 1.
sinon taux := 2.
```

Même si les instructions de choix sont peu lisibles, elles ne sont pas ambiguës.

En revanche, il n'en va plus de même lorsque l'un des deux choix ne comporte plus de `sinon`. Considérez cet exemple :

```
si a <= b alors si b <= c alors écrire «ordonné»
     sinon écrire «non ordonné»
```

Est-il interprété comme le suggère cette présentation (mais ce n'est qu'une présentation !) :

```
si a <= b alors si b <= c alors écrire «ordonné»
          sinon écrire «non ordonné»
```

ou bien comme le suggère celle-ci :

```
si a <= b alors si b <= c alors écrire «ordonné»
                      sinon écrire «non ordonné»
```

La première interprétation conduirait à afficher «non ordonné» lorsque la condition a<=b est fausse, tandis que la seconde n'afficherait rien dans ce cas. Nous adopterons la règle suivante :

> Un `sinon` se rapporte toujours au dernier `si` rencontré auquel un `sinon` n'a pas encore été attribué.

Dans le cas présent, c'est la deuxième présentation qui suggère le mieux la réalité. C'est donc celle qu'il est conseillé d'adopter pour plus de clarté.

Notez que dès que l'on utilise des délimiteurs de bloc, l'ambiguïté évoquée disparaît. Par exemple, la formulation suivante n'a plus besoin d'utiliser la règle précédente pour décider du `si` auquel s'applique l'unique `sinon` (nous utilisons un bloc contenant en fait une seule instruction `si`) :

```
si a <= b alors
    { si b <= c alors écrire «ordonné»
            sinon écrire «non ordonné»
    }
```

Notez également que la formulation suivante forcerait le `sinon` à s'appliquer au premier `alors` (elle n'écrirait rien quand a <= b et b>c) :

```
si a <= b alors
    { si b <= c alors écrire «ordonné»
    }
    sinon écrire «non ordonné»
```

4.3 Choix imbriqués ou succession de choix

Dans notre calcul de remise du paragraphe 4.1, nous aurions pu éviter l'utilisation de choix imbriqués en utilisant trois instructions d'exécution conditionnelle :

```
si montant < 2000. alors taux := 0.
si montant >= 2000. et montant < 5000. alors taux := 1.
si montant >= 5000. alors taux := 2.
```

ou encore, en utilisant des espaces appropriés :

```
si montant  < 2000.                    alors taux := 0.
si montant >= 2000. et montant < 5000. alors taux := 1.
si montant >= 5000.                    alors taux := 2.
```

Par rapport à la précédente, cette façon de procéder peut paraître plus lisible. Toutefois, elle peut conduire à effectuer d'avantage de comparaisons et donc être un peu moins rapide. Mais, surtout, il faut veiller à ce que ces trois instructions couvrent tous les cas possibles. Ainsi, supposez que nous érivions :

```
si montant > 2000. et montant < 5000.  alors taux := 1.
```

au lieu de :

```
si montant >= 2000. et montant < 5000.  alors taux := 1.
```

Dans le cas où `montant` vaut exactement 2 000, nous nous trouverions en présence d'une variable `taux` dont la valeur ne serait pas définie. Quel que soit le langage, le programme ne fonctionnera pas de façon satisfaisante (arrêt de l'exécution, valeur imprévisible, valeur nulle...).

Ce phénomène ne risque pas de se produire avec la formulation utilisant les choix imbriqués, puisque, par nature, elle couvre tous les cas. Le pire qui puisse arriver est d'écrire par distraction :

```
si montant < 5000.
```

au lieu de :

```
si montant <= 5000.
```

ce qui conduirait à une remise de 2 % au lieu de 1 % dans le cas où le montant serait égal à 5 000 euros.

Notez que, dans la formulation utilisant une suite d'exécutions conditionnelles, il est possible d'éviter le risque de variable non définie, en affectant d'office une valeur à `taux` avant d'examiner s'il y a lieu de lui en donner une autre (on utilise une technique d'initialisation explicite par défaut).

```
taux := 0.
si montant >= 2000. et montant < 5000. alors taux := 1.
si montant >= 5000 alors taux := 2.
```

Toutefois, cela ne protège que du risque de variable indéfinie, pas du risque d'erreurs de programmation. Par exemple, si vous remplacez >= par > dans la troisième ligne :

```
si montant > 5000.  alors taux := 2.
```

vous obtiendrez un taux de remise de... 0 % pour un montant de 5 000 euros.

▷ Remarques

1 En fait, compte tenu des règles de correspondance entre `alors` et `sinon`, nous pourrions utiliser la présentation suivante :

```
si montant < 2000. alors taux := 0
sinon si montant < 5000. alors taux := 1
sinon taux := 2
```

Il s'agit encore de choix imbriqués mais leur présentation ressemble à des choix successifs, ce qui en facilite la lecture et le contrôle. À noter d'ailleurs que certains langages parlent d'instruction `sinon  si`, alors qu'il n'y a pas à proprement parler de nouvelle instruction ici.

2 Nous avons dit que certains traducteurs pouvaient détecter les variables non définies. Toutefois, ils ne peuvent se baser que sur le texte du programme et non l'exécuter. Une faute de logique telle que celle que nous venons d'évoquer a bien peu de chances d'être détectée par un traducteur.

Exercice 4.5 Écrire un programme qui lit un prix hors taxe et qui calcule et affiche le prix TTC correspondant (avec un taux de TVA de 19,6 %). Il établit ensuite une remise dont le taux est le suivant :

- 0 % pour un montant TTC inférieur à 1 000 euros,

- 1 % pour un montant TTC supérieur ou égal à 1 000 euros et inférieur à 2 000 euros,

- 2 % pour un montant TTC supérieur ou égal à 2 000 euros et inférieur à 5 000 euros,

- 5 % pour un montant TTC supérieur ou égal à 5 000 euros.

On affichera la remise obtenue et le nouveau montant TTC.

Exercice 4.6 Écrire un programme qui lit un entier représentant un mois de l'année (1 pour janvier, 4 pour avril...) et qui affiche le nombre de jours de ce mois (on supposera qu'on n'est pas en présence d'une année bissextile). On tiendra compte du cas où l'utilisateur fournit un numéro incorrect, c'est-à-dire non compris entre 1 et 12.

5 Un nouveau type de base : booléen

Une condition peut être soit vraie, soit fausse. On peut dire qu'une condition peut prendre l'une des deux valeurs `vrai` ou `faux`. La plupart des langages disposent d'un type dit `booléen`, permettant de représenter ces deux valeurs. Il devient alors possible de déclarer des variables de ce type, par exemple :

```
booléen OK, satisfaisant
```

On peut alors affecter à ces variables :

- soit l'une des deux valeurs `vrai` ou `faux` (qui sont les deux seules constantes du type) ;

- soit la valeur d'une comparaison, qui se trouve être une « expression de type booléen ».

En voici des exemples :

```
OK = vrai
OK = a < b
satisfaisant = (a>0) et (b>0)
```

Ces variables peuvent alors prendre la place de n'importe quelle condition, comme dans :

```
si OK alors ......
si satisfaisant et (n>0) alors ......
```

D'une manière générale, on peut dire qu'une condition quelconque est une « expression de type `booléen` ».

6 Nos conventions d'écriture

En définitive, nous conviendrons que notre structure de choix se présente sous l'une des deux formes suivantes :

```
si condition alors                    si condition alors
     instruction_1                         instruction_1
sinon
     instruction_2
```

- *condition* : expression booléenne quelconque (c'est-à-dire condition quelconque ou variable de type `booléen`) ;

- *instruction_1*, *instruction_2* : instruction quelconque, bloc d'instructions ou instruction structurée (choix, boucle).

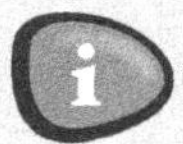 **Côté langages**

Instruction de choix

C, C++, Java, C# et PHP utilisent la même syntaxe pour l'instruction de choix. Les opérateurs de comparaison se notent <, <=, >, >= et == (et non = comme dans notre pseudo-code[a]). Les opérateurs logiques se notent && (pour et), || (pour ou) et ! (pour non). L'instruction de choix se présente comme dans cet exemple :

```
if (a > b) n = 1 ;
   else  n = 2 ;
```

On notera qu'aucun symbole ne correspond à notre `alors`, car les parenthèses entourant la condition sont obligatoires et servent donc de « délimiteur » de la condition. La partie introduite par `else` est facultative. Enfin, la notion de bloc existe et se note également avec des accolades ({ et }). Voici un autre exemple utilisant des blocs :

```
if (a > b) { n = 1 ;
             y = x ;
           }
   else  { n = 2 ;
           y = - x ;
         }
```

Notez que cette instruction, contrairement aux instructions de base, ne se termine pas par un point-virgule.

a. Dans ces langages, l'emploi de = à la place de ==, constitue une erreur courante qui n'est pas toujours facile à détecter, compte tenu de ce que l'affectation = est elle-même un « opérateur ».

Python utilise les mêmes opérateurs de comparaison que les précédents langages (<, <=, >, >= et ==), mais les opérateurs logiques se notent `and`, `or` et `not`. Par ailleurs, la syntaxe de l'instruction de choix est différente et, de surcroît les décalages et alignements d'instructions sont significatifs (il n'existe plus de délimiteurs de blocs). Le premier des précédents exemples pourrait s'écrire ainsi :

```
if a > b :
   n = 1
else :
   n = 2
```

ou, éventuellement :

```
if a > b : n = 1
else : n = 2
```

Le second exemple doit obligatoirement se présenter ainsi (avec un alignement des différentes instructions de chacun des deux blocs) :

```
if a > b :
    n = 1
    y = x
else :
    n = 2
    y = - x
```

Type booléen

Le type `booléen` se nomme `bool` en C ou en C++, `boolean` en Java et C#. Dans tous les cas, ses constantes se notent `true` et `false`. En PHP et Python, on trouve deux constantes de ce type notées `TRUE` et `FALSE` (pour PHP), et `True` et `False` (pour Python).

Instruction de choix multiple

Par ailleurs, tous ces langages, sauf Python disposent d'une instruction de choix multiple permettant un « aiguillage » basé sur la valeur d'une expression entière, se présentant ainsi :

```
switch (expression)
{ case valeur1 : .....
  case valeur2 : .....
    .....
}
```

Suivant la valeur de l'expression, on se branche à l'étiquette `case` correspondante si elle existe. En général, il faut utiliser des instructions `break` pour éviter le chevauchement des différentes instructions relatives aux différents cas, en procédant ainsi :

```
switch (expression)
{ case valeur1 : .....
                 break     // pour éviter d'éxécuter les instructions suivantes
   case valeur2 : .....
                 break     // idem
     .....
}
```

 ## Exemples langages

Comme nous l'avons déjà vu, les langages C, C++, Java, C#, Python et PHP diffèrent entre eux par les instructions de lecture et d'écriture, ainsi que par leur « habillage ». Voici comment pourrait se présenter notre exemple du paragraphe 4.1 dans ces différents langages :

C

```
#include <stdio.h>
int main()
{ float montant, taux, remise ;
  printf ("donnez le montant brut : ") ;
  scanf ("%f", &montant) ;
  if (montant < 2000.)                     taux = 0. ;
              else if (montant <= 5000.) taux = 1. ;
                    else                 taux = 2. ;
  remise = montant * taux/100. ;
  montant = montant - remise ;
  printf ("montant après remise : %8.2f", montant) ;
}
```

```
donnez le montant brut : 3000
montant après remise :  2970.00
```

Le « code de format » `%f` utilisé dans `scanf` correspond à la lecture d'une valeur réelle écrite sous forme décimale. Le code `%8.2f` utilisé dans le dernier `printf` correspond à l'affichage d'un nombre réel (type `float`) sous forme décimale, avec 8 caratères, dont 2 après le « point décimal ».

C++

```cpp
#include <iostream>
using namespace std ;
int main()
{ float montant, taux, remise ;
  cout << "donnez le montant brut : " ;
  cin >> montant ;
  if (montant < 2000.)                       taux = 0. ;
                else if (montant <= 5000.) taux = 1. ;
                     else                  taux = 2. ;
  remise = montant * taux/100. ;
  montant = montant - remise ;
  cout << "montant après remise : " << montant ;
}
```

```
donnez le montant brut : 3000
montant après remise : 2970
```

Java

```java
public class Facture
{ public static void main (String args[])
  { double montant, taux, remise ;
    System.out.print ("donnez le montant brut : ") ;
    montant = Clavier.lireDouble () ;
    if (montant < 2000.)                       taux = 0. ;
                  else if (montant <= 5000.) taux = 1. ;
                       else                  taux = 2. ;
    remise = montant * taux/100. ;
    montant = montant - remise ;
    System.out.println ("montant après remise : " + montant) ;
  }
}
```

```
donnez le montant brut : 3000
montant après remise : 2970
```

Notez que les constantes telles que 1. sont de type `double` (et non `float`). Si nous avions déclaré `taux` de type `float`, l'affectation :

```
taux = 1.
```

serait interdite car elle demanderait une conversion implicite du type `double` vers le type `float`.

C#

```
using System ;
class Facture
{ static void Main ()
  { double montant, taux, remise ;
    System.Console.Write ("donnez le montant brut : ") ;
    String ligne ;
    ligne = Console.ReadLine() ;
    montant = Double.Parse (ligne) ;
    if (montant < 2000.0)                      taux = 0.0 ;
                 else if (montant <= 5000.0) taux = 1.0 ;
                      else                    taux = 2.0 ;
    remise = montant * taux/100.0 ;
    montant = montant - remise ;
    System.Console.WriteLine ("montant après remise : " + montant) ;
  }
}
```

```
donnez le montant brut : 3000
montant après remise : 2970
```

La notation 1. n'est pas valide pour des constantes réelles. Il faut utiliser 1.0. De plus, comme en Java, ces constantes sont de type `double`. Si `taux` était de type `float`, l'affectation

```
taux = 1.
```

serait interdite car elle demanderait une conversion implicite du type `double` vers le type `float`.

PHP

```
<?php
  $montant = 3000.0 ;
  echo "montant brut : ", $montant, "<br />" ;
  if ($montant < 2000.)              $taux = 0. ;
        else if ($montant <= 5000.) $taux = 1. ;
             else                    $taux = 2. ;
  $remise = $montant * $taux/100. ;
  $montant = $montant - $remise ;
  echo "montant après remise : ", $montant ;
?>
```

```
montant brut : 3000
montant après remise : 2970
```

Python

```python
print ("donnez le montant brut : ", end ="")
ligne = input()
montant = int (ligne)
if montant < 2000. : taux = 0
else :
   if montant <= 5000. :
      taux = 1
   else :
      taux = 2
remise = montant * taux/100.
montant = montant - remise
print ("montant après remise : ", montant)


donnez le montant brut : 3000
montant après remise :  2970.0
```

5

Les structures de répétition

Après avoir vu comment réaliser des structures de choix, nous allons maintenant étudier les structures les plus puissantes de la programmation, à savoir les structures de répétition (ou de boucle) : elles permettent d'exécuter à plusieurs reprises une suite d'instructions. Dans la plupart des langages, ces répétitions se classent en deux catégories :

- Les répétitions conditionnelles (ou « indéfinies ») : la poursuite de la répétition des instructions concernées dépend d'une certaine condition qui peut être examinée :

  - soit après les instructions à répéter : on parle généralement de répétition jusqu'à ;

  - soit avant les instructions à répéter : on parle généralement de répétition tant que.

- Les répétitions inconditionnelles (ou « avec compteur » ou « définies ») : les instructions concernées sont répétées un nombre donné de fois.

Nous commnencerons par examiner les deux sortes de répétitions conditionnelles. Nous introduirons ensuite la notion de compteur et nous verrons comment la mettre en œuvre pour programmer une répétition inconditionnelle. Nous verrons enfin comment la répétition avec compteur permet d'exprimer plus simplement les choses.

1 La répétition jusqu'à

1.1 Exemple introductif

Considérez ce programme :

```
entier n
répéter
  { écrire «donnez un nombre entier :»
    lire n
    écrire «voici son carré : », n*n
  }
jusqu'à n = 0
écrire «fin du programme»
```

Affichage des carrés de valeurs fournies en données (répétition jusqu'à)

Les mots répéter et jusqu'à encadrent le bloc d'instructions :

```
écrire «donnez un nombre entier :»
lire n
écrire «voici son carré : », n*n
```

Ils signifient que ces instructions doivent être répétées autant de fois qu'il est nécessaire et ceci jusqu'à ce que la condition n=0 soit vraie.

Notez bien que le nombre de répétitions n'est pas indiqué explicitement. Il dépendra ici des données que l'on fournira au programme. D'autre part, pour chacune de ces répétitions, la condition n=0 n'est examinée qu'après l'exécution des trois instructions concernées. Pour bien expliciter cela, voyons ce que produit ce programme lorsqu'on lui fournit successivement les valeurs 3, 12, -6 et 0 ; les résultats se présentent ainsi :

```
donnez un nombre entier :
3
voici son carré : 9
donnez un nombre entier :
12
voici son carré : 144
donnez un nombre entier :
0
voici son carré : 0
fin du programme
```

Pour chaque valeur lue en donnée, nous affichons le carré. Vous constatez que nous obtenons effectivement les carrés des nombres 3, 9 et -6, mais il en va de même pour la valeur 0.

En effet, chronologiquement, les trois instructions de la boucle ont été exécutées une première fois, donnant à n la valeur 3 et en affichant le carré. La condition n=0 a alors été examinée. Étant fausse, les trois instructions ont été répétées à nouveau, donnant alors à n la valeur 12 et en affichant le carré. Là encore, la condition n=0 étant fausse, les instructions ont été répétées une troisième fois, donnant à n la valeur 0 et en affichant le carré. Cette fois, la condition n=0 étant vraie, la répétition a été interrompue et l'on a exécuté l'instruction suivant le mot jusqu'à, laquelle a écrit fin du programme.

1.2 Nos conventions d'écriture

A priori, les instructions régies par la répétition sont celles qui se trouvent entre les mots `répéter` et `jusqu'à`. Nous aurions donc pu nous passer de les placer dans un bloc. Néanmoins, dans d'autres structures de répétition, nous ne trouverons pas de « délimiteur » de fin. Dans ces conditions, par souci d'homogénéité nous préférons utiliser un bloc dès qu'il y a plus d'une instruction.

D'une manière générale, nous conviendrons donc que la répétition `jusqu'à` se note ainsi :

```
répéter
    instruction
jusqu'à condition
```

La répétition jusqu'à

- *instruction* : instruction de base, bloc d'instructions ou instruction structurée telle que choix ou boucle (nous en verrons des exemples par la suite),

- *condition* : expression booléenne.

Notez que, par souci de lisibilité, lorsque nous aurons affaire à un bloc, nous en décalerons les instructions, en les alignant, comme nous l'avons fait dans l'exemple d'introduction.

 **Remarques**

1   Les instructions d'une répétition `jusqu'à` sont toujours répétées au moins une fois (puisque la condition n'est examinée qu'après exécution de ces instructions). On dit souvent qu'on fait toujours au moins un « tour de boucle ». Nous verrons qu'il n'en ira pas de même avec la répétition `tant que`.

2   Si la condition mentionnée ne devient jamais fausse, les instructions de la boucle sont répétées indéfiniment. On dit souvent, dans ce cas, que le programme « boucle ». Il est généralement possible d'interrompre un programme qui boucle, moyennant l'utilisation d'une démarche appropriée (dépendant de l'environnement de programmation utilisé).

Exercice 5.1 Écrire un programme qui demande à l'utilisateur de lui fournir un nombre entier positif et inférieur à 100 et ceci jusqu'à ce que la réponse soit satisfaisante. Le dialogue avec l'utilisateur se présentera ainsi :

```
donnez un entier positif inférieur à 100 :
453
donnez un entier positif inférieur à 100 :
25
merci pour le nombre 25
```

1.3 Exemples

1.3.1 Recherche de la première voyelle d'un mot

Voici un programme qui demande à l'utilisateur de lui fournir un mot et qui en affiche la première voyelle. Nous supposerons que ce mot est écrit en minuscules.

```
caractère c
écrire «donnez un mot écrit en minuscules :»
répéter
   lire c
jusqu'à c='a' ou c='e' ou c='i' ou c='o' ou c='u' ou c='y'
écrire «première voyelle : », c


donnez un mot écrit en minuscules :
programmation
première voyelle : o
```

Recherche de la première voyelle d'un mot

Notez que nous faisons l'hypothèse que l'utilisateur peut fournir en une seule fois tous les caractères voulus (en les validant), sans espace entre eux. Ils sont ensuite lus individuellement (ici par l'unique instruction `lire c`)

Ici, nous n'avons pas prévu le cas où le mot ne contient aucune voyelle, ce qui peut se produire par exemple, par erreur de frappe. Dans ce cas, le programme va chercher indéfiniment à lire des caractères (et l'utilisateur ne sera pas prévenu de cette demande excédentaire !). Dans la pratique, il faudra être très prudent vis-à-vis de genre de situation et s'assurer qu'une boucle ne peut pas devenir « infinie ». On pourrait penser à demander à l'utilisateur de fournir un caractère supplémentaire pour marquer la fin de son mot (espace, point...). Le programme se compliquerait déjà un peu ; la fin pourrait se présenter ainsi :

```
répéter
   lire c
jusqu'à c='a' ou c='e' ou c='i' ou c='o' ou c='u' ou c='y' ou c = ' '
si c != ' ' alors écrire «première voyelle : », c
             sinon écrire «pas de voyelles»
```

Mais, en toute rigueur, notre boucle ne se terminerait toujours pas si aucun espace (et aucune voyelle) n'apparaît dans les données. Une démarche, plus radicale, pourrait consister à ne considérer qu'un nombre maximal de caractères (30, 80...) ; il faudrait alors utiliser un « compteur », technique que nous apprendrons ultérieurement.

1.3.2 Doublement de capital

Voici un programme qui demande à l'utilisateur de lui fournir la valeur d'un capital qu'il souhaite placer, ainsi que le taux (annuel) auquel sera effectué le placement. Il affiche l'évolution annuelle de ce capital jusqu'à ce qu'il ait atteint ou dépassé le double du capital initial.

Nous utiliserons une variable de type réel nommée cap qui contiendra la valeur du capital, au fil des différentes années. Elle devra être initialisée avec la valeur fournie par l'utilisateur, et sa progression d'une année à la suivante sera réalisée par une instruction telle que (taux désignant la variable contenant le taux du placement) :

```
cap := cap * ( 1 + taux )
```

Notez que la « nouvelle » valeur de cap est obtenue par une expression faisant intervenir l'ancienne valeur ; cette instruction est analogue à une instruction telle que i:=i+1.

Par ailleurs, comme il est nécessaire de comparer ce capital à un moment donné avec le capital initial, il nous aura fallu prendre soin de conserver cette dernière valeur ; ici, nous utiliserons la variable nommée capIni.

Voici le programme complet, accompagné d'un exemple d'exécution (ici, par souci de clarté, nous affichons les nombres réels avec deux chiffres décimaux) :

```
réel capIni, cap, taux
écrire «donnez le capital à placer et le taux : »
lire cap, taux
capIni := cap
répéter
   { cap := cap * (1 + taux)
     écrire «capital un an plus tard : », cap
   }
jusqu'à cap >= 2 * capIni
écrire «fin du programme»


donnez le capital à placer et le taux :
10000  0.12
capital un an plus tard :      11200.00
capital un an plus tard :      12544.00
capital un an plus tard :      14049.28
capital un an plus tard :      15735.19
capital un an plus tard :      17623.42
capital un an plus tard :      19738.23
capital un an plus tard :      22106.82
fin du programme
```

Évolution annuelle d'un capital jusqu'à ce qu'il ait doublé (1)

▷ **Remarque**

Nous pourrions remplacer les instructions :

```
   lire cap, taux
   capIni := cap
```

par :

```
lire capIni, taux
cap := capIni
```

1.4 Faire des choix dans une boucle

Comme nous l'avons déjà mentionné, les différentes structures peuvent « s'imbriquer » les unes dans les autres. Voici un exemple de structure de choix imbriquée dans une boucle jusqu'à. Il s'agit d'un programme qui recherche et affiche toutes les voyelles d'un mot fourni en minuscules au clavier et terminé par un caractère espace. Là encore, nous faisons l'hypothèse que tous les caractères peuvent être fournis en une seule fois.

```
caractère c
écrire «donnez un mot suivi d'un espace : »
répéter
  { lire c
    si c='a' ou c='e' ou c='i' ou c='o' ou c='u' ou c='y'
        alors écrire c
  }
jusqu'à c = ' '


donnez un mot suivi d'un espace :
anticonstitutionnellement
aioiuioeee
```

Affichage des voyelles d'un mot

Exercice 5.2 Dans l'exercice 5.1, l'utilisateur se voit poser la même question, qu'il s'agisse d'une première demande ou d'une nouvelle demande suite à une réponse incorrecte. Améliorez-le de façon que le dialogue se présente ainsi :

```
donnez un entier positif inférieur à 100 :
453
SVP, inférieur à 100 :
0
SVP, positif :
25
merci pour le nombre 25
```

2 La répétition tant que

Comme nous l'avons dit en introduction de ce chapitre, les répétitions indéfinies peuvent examiner leur condition, soit en fin de boucle comme la répétition jusqu'à que nous venons d'étudier, soit en début de boucle comme la répétition tant que que nous allons exposer maintenant.

2.1 Exemple introductif

Voici comment nous pourrions réécrire notre exemple de doublement de capital du paragraphe 1.3.2, en utilisant une répétition `tant que` (les résultats seraient les mêmes) :

```
réel capIni, cap, taux
écrire «donnez le capital à placer et le taux : »
lire cap, taux
capIni := cap
tant que cap < 2 * capIni répéter
  { cap := cap * (1 + taux)
    écrire «capital un an plus tard : », cap
  }
écrire «fin du programme»
```

Évolution annuelle d'un capital jusqu'à ce qu'il ait doublé (2)

Cette fois, l'instruction :

```
tant que cap < 2 * capIni répéter
```

commence par examiner la valeur de la condition `cap < 2 * capIni` ; si elle est vraie, elle exécute les instructions du bloc qui suit :

```
cap := cap * (1 + taux)
écrire «capital un an plus tard : », cap
```

Puis elle examine à nouveau la condition... et ainsi de suite. Lorsque la condition est fausse, on passe à l'instruction suivant le bloc, soit ici l'écriture de «`fin du programme`».

2.2 Conventions d'écriture

Nous conviendrons qu'une répétition `tant que` se note ainsi :

```
tant que condition répéter
    instruction
```

La répétition tant que

- *instruction* : instruction de base, bloc d'instructions ou instruction structurée (choix ou boucle) ;
- *condition* : expression booléenne.

 **Remarques**

1 De par la nature même de la répétition `tant que`, la condition régissant la répétition est évaluée avant la première exécution. Cette condition doit donc pouvoir être calculée à ce moment, ce qui signifie qu'elle ne peut pas faire intervenir des variables qui ne se trouvent définies que dans la boucle. Nous verrons plus loin un exemple où cet aspect se révèle important.

Dans le cas de la répétition `jusqu'à`, la condition n'étant évaluée qu'en fin de boucle, les variables y intervenant pouvaient très bien n'être définies que lors du premier tour de boucle.

2   Il est possible que la condition régissant la répétition soit fausse dès le début, auquel cas, les instructions de la boucle ne sont pas exécutées (on dit qu'on ne fait aucun « tour de boucle »). Rappelons que les instructions d'une répétition `jusqu'à` étaient toujours exécutées au moins une fois.

3   Là encore, si la condition qui régit la boucle ne devient jamais fausse, les instructions correspondantes sont répétées indéfiniment.

4   Attention à l'erreur usuelle qui consiste à vouloir répéter plusieurs instructions, en omettant de les inclure dans un bloc. Si nous procédions ainsi dans notre exemple précédent :

```
tant que cap < 2 * capIni répéter
   cap := cap * (1 + taux)
   écrire «capital un an plus tard : », cap
```

seule l'instruction d'affectation serait concernée par la répétition (rappelons que nos alignements d'instructions ne sont là que pour rendre plus claires les structures, mais qu'ils ne sont pas « significatifs »). Ce n'est que lorsque le capital aurait doublé que nous passerions à la suite de la boucle, en affichant la dernière valeur du capital obtenue. Notez qu'ici, les conséquences de cette erreur resteraient assez limitées. Dans d'autres circonstances, elles pourraient conduire à des résultats faux ou à une boucle infinie.

2.3 Lien entre répétition tant que et répétition jusqu'à

En fait, des deux structures de répétition conditionnelles que nous venons de présenter, une seule (n'importe laquelle) est indispensable. En effet, le canevas suivant (dans lequel instruction représente une instruction au sens large, c'est-à-dire éventuellement un bloc) :

```
répéter
   instruction
jusqu'à condition
```

est équivalent au suivant :

```
instruction
tant que (non condition) répéter
   instruction
```

De même, le canevas :

```
tant que condition répéter
   instruction
```

est équivalent au suivant :

```
répéter
    si condition alors instruction
jusqu'à condition
```

 **Remarques**

1   D'une manière générale, on démontre que tout programme peut s'écrire en ne faisant appel qu'à deux structures fondamentales : la structure de choix et une seule structure de répétition conditionnelle. La plupart des langages offrent d'avantage de structures, ceci afin de fournir des formulations mieux adaptées à un type de problème. L'exemple suivant vous en fournit une illustration.

2   Nous avons utilisé ici la terminologie la plus courante (`tant que` et `jusqu'à`) en ce qui concerne les répétitions conditionnelles. On peut en rencontrer d'autres : répétition avec test d'arrêt en début, répétition avec test d'arrêt en fin.

2.4 Exemple

Cherchons à réécrire le programme du paragraphe 1.1 à l'aide d'une répétition `tant que`. Si nous utilisons le canevas présenté comme équivalent à une répétition `jusqu'à`, nous aboutirions à cette solution :

```
entier n
écrire «donnez un nombre entier : »
lire n
écrire «voici son carré : », n*n
tant que n != 0 répéter
  { écrire «donnez un nombre entier :»
    lire n
    écrire «voici son carré : », n*n
  }
écrire «fin du programme»
```

Affichage des carrés de valeurs fournies en données (répétition tant que*) (1)*

Cette rédaction paraît peu satisfaisante, dans la mesure où elle renferme deux fois les instructions de lecture d'un nombre et d'affichage de son carré. On peut éviter cela en donnant artificiellement une valeur non nulle à n, avant d'aborder la répétition `tant que` :

```
entier n
n := 1
tant que n != 0 répéter
  { écrire «donnez un nombre entier :»
    lire n
    écrire «voici son carré : », n*n
  }
écrire «fin du programme»
```

Affichage des carrés de valeurs fournies en données (répétition tant que*) (2)*

Cet artifice est nécessaire pour que la condition n != 0 soit définie (et fausse) au moment où l'on aborde la boucle. Bien entendu, d'autres solutions seraient envisageables, par exemple :

```
entier n
booléen fini := faux
tant que non fini répéter
  { écrire «donnez un nombre entier :»
    lire n
    écrire «voici son carré : », n*n
    si n = 0 alors fini := vrai
  }
écrire «fin du programme»
```

Affichage des carrés de valeurs fournies en données (répétition tant que*) (3)*

On notera qu'aucune des deux formulations n'est aussi naturelle que celle utilisant une répétition jusqu'à. Ce qui montre bien l'intérêt de pouvoir disposer des deux sortes de boucles.

Exercice 5.3 Réécrire le programme demandé dans l'exercice 5.1 en utilisant une répétition tant que.

Exercice 5.4 Réécrire le programme demandé dans l'exercice 5.2 en utilisant une répétition tant que.

3 Comment réaliser des répétitions inconditionnelles

Nous venons d'étudier les répétitions conditionnelles, à savoir les répétitions tant que et jusqu'à. Mais, comme nous l'avons dit en introduction de ce chapitre, une répétition peut être également inconditionnelle, c'est-à-dire que son nombre de tours est parfaitement déterminé. Tous les langages possèdent une telle structure que nous présenterons dans le paragraphe suivant. Mais auparavant, nous allons voir comment la mettre en œuvre à l'aide des instructions que nous avons rencontrées jusqu'ici, ce qui nous amènera à présenter la notion de compteur.

3.1 La notion de compteur de boucle

Il est possible de compter les « tours de boucle » à l'aide d'une variable entière qu'on initalise à 0 et dont on augmente la valeur de 1 à chaque tour. On peut ensuite utiliser ce compteur de deux façons différentes :

- soit simplement pour en exploiter la valeur, aussi bien au sein des instructions de la boucle qu'après la fin de la boucle ; nous parlerons « d'exploitation passive » du compteur ;

- soit pour limiter effectivement le nombre de tours de boucle en introduisant une condition de poursuite faisant intervenir le compteur : nous parlerons « d'exploitation active » du compteur.

Nous allons d'abord examiner la première situation, essentiellement dans le but de vous présenter la technique du comptage que nous appliquerons ensuite à la seconde situation. Nous verrons alors comment cette dernière peut être simplifiée par une instruction appropriée de répétition inconditionnelle.

3.2 Introduire un compteur dans une répétition

3.2.1 Exemple 1

Considérons à nouveau le programme de calcul de carrés du paragraphe 1.1, en supposant que nous souhaitions indiquer à l'utilisateur combien de valeurs ont été traitées. Il nous suffit :

- de déclarer une variable entière servant de compteur que nous nommerons ici i ;

- de s'arranger pour que i possède la valeur 0 avant d'aborder la boucle ;

- d'augmenter (on dit aussi « d'incrémenter ») la valeur de i d'une unité, à chaque parcours de la boucle, en plaçant, parmi les instructions de cette dernière (la place exacte n'ayant ici aucune importance), l'instruction :

```
i := i + 1
```

Voici ce que pourrait être le programme voulu, accompagné d'un exemple d'exécution :

```
entier n            // pour le nombre fourni par l'utilisateur
entier i            // compteur du nombre de valeurs traitées
i := 0
répéter
  { écrire «donnez un nombre entier : »
    lire n
    écrire «voici son carré : », n*n
    i := i + 1
  }
jusqu'à n = 0
écrire «vous avez fourni », i, «valeurs (y compris le 0 de fin)»
```

```
donnez un nombre entier : 5
voici son carré : 25
donnez un nombre entier : 12
voici son carré : 144
donnez un nombre entier : 0
voici son carré : 0
vous avez fourni 3 valeurs (y compris le 0 de fin)
```

Affichage des carrés de valeurs fournies en données avec comptage

 **Remarque**

Nous avons introduit ici quelques indications dans notre programme, précédées des caractères //. Il s'agit de ce que l'on nomme des commentaires, c'est-à-dire du texte destiné au lecteur du programme et n'ayant aucune influence sur sa traduction. Nous conviendrons par la suite que le texte qui suit ces caractères // jusqu'à la fin de la ligne constitue un tel commentaire.

3.2.2 Exemple 2

Dans le précédent programme, nous n'utilisions la valeur du compteur qu'après la fin de la boucle ; il est naturellement possible de l'exploiter également à l'intérieur de la boucle, comme dans cet exemple, dans lequel nous « numérotons » les valeurs demandées à l'utilisateur :

```
entier n              // pour le nombre fourni par l'utilisateur
entier i              // compteur du nombre de valeurs traitées
i := 0
répéter
  { i := i + 1    // attention à l'emplacement de cette incrémentation
    écrire «donnez un », i, «ème nombre entier : »
    lire n
    écrire «voici son carré : », n*n
  }
jusqu'à n = 0
}
écrire «vous avez fourni », i, «valeurs (y compris le 0 de fin)»
```

```
donnez un 1ème nombre entier : 5
voici son carré : 25
donnez un 2ème nombre entier : 12
voici son carré : 144
donnez un 3ème nombre entier : 0
voici son carré : 0
vous avez fourni 3 valeurs (y compris le 0 de fin)
```

Affichage des carrés de valeurs fournies en données avec comptage et numérotation

 **Remarques**

1   Ici, l'emplacement de l'instruction i := i + 1 est important puisque l'on utilise le compteur i dans la boucle. Notez cependant que d'autres constructions sont possibles, par exemple :

```
i := 1                         // initialisation du compteur à 1
répéter
   { écrire «donnez un », i, «ème nombre entier : »
     lire n
     écrire «voici son carré : », n*n
     i := i + 1               // +1 sur le compteur - emplacement important
   }
jusqu'à n = 0
écrire «vous avez fourni », i-1, «valeurs (y compris le 0 de fin)»
                        // attention : i-1 cette fois
```

Il vous arrivera d'ailleurs souvent d'avoir le choix entre l'initialisation à 0 ou à 1 d'un compteur...

2   Le premier message comporte l'indication 1ème ; pour obtenir 1er, il faudrait introduire, dans la boucle, un choix entre deux affichages, basé sur la condition i = 1.

Exercice 5.5 Modifier le programme de doublement de capital du paragraphe 1.3.2, de manière qu'il affiche, outre le capital obtenu chaque année, un numéro d'année, comme suit :

```
donnez le capital à placer et le taux : 10000 0.12
capital, à l'année 1 :      11200.00
capital, à l'année 2 :      12544.00

   .....
capital, à l'année 6 :      19738.23
capital, à l'année 7 :      22106.82
```

Exerice 5.6 Écrire un programme qui lit une suite de caractères, terminée par un point, et qui affiche le nombre de caractères lus (point non compris).

3.3 Imposer un nombre de tours

Nos précédents exemples utilisaient un compteur de répétition de façon passive. Mais il est facile d'exploiter « activement » le compteur pour imposer un nombre de répétitions et, donc, pour réaliser une structure de boucle inconditionnelle, en utilisant l'une des structures de répétion conditionnelle déjà présentées. En voici quelques exemples.

3.3.1 Exemple 1

Voici tout d'abord un programme qui affiche, au fur et à mesure, les carrés de 3 valeurs entières fournies par l'utilisateur. Il ressemble à celui du paragraphe 1.1, mais, cette fois, le nombre de valeurs à traiter (ici, 3) est imposé dans le programme.

```
entier n                    // pour le nombre fourni par l'utilisateur
entier i                    // compteur du nombre de valeurs traitées
i := 1
tant que i <= 3 répéter     // attention à la condition : i<=3
  { écrire «donnez un nombre entier : »
    lire n
    écrire «voici son carré : », n*n
    i := i + 1
  }


donnez un nombre entier : 4
voici son carré : 16
donnez un nombre entier : 12
voici son carré : 144
donnez un nombre entier : 8
voici son carré : 64
```

Affichage des carrés de 3 valeurs fournies en données (1)

3.3.2 Exemple 2

L'exemple précédent utilisait une répétition `tant que`. Nous aurions pu également utiliser une répétition `jusqu'à` :

```
entier n                    // pour le nombre fourni par l'utilisateur
entier i                    // compteur du nombre de valeurs traitées
i := 0
répéter
  { écrire «donnez un nombre entier : »
    lire n
    écrire «voici son carré : », n*n
    i := i + 1
  }
jusqu'à  i >= 3             // condition d'arrêt
```

Affichage des carrés de 3 valeurs fournies en donnés (2)

Remarques

1   Attention à ne pas utiliser i $>$ 3 comme condition d'arrêt de la boucle ; on traiterait alors 4 valeurs !

2   Nous avons utilisé une condition d'inégalité comme condition de poursuite. La logique veut que l'on puisse tout aussi bien utiliser i=3 au lieu de i>=3. Cependant, la première risque, en cas d'erreur de programmation, de conduire à une boucle infinie si, par malchance, l'égalité n'est jamais vraie. C'est pourquoi, on préfère généralement utiliser la condition d'arrêt la plus large.

3   Il serait possible ici d'initialiser différemment notre compteur de boucle, en modifiant la condition d'arrêt, par exemple :

```
i := 1
répéter
    .....
jusqu'à i >= 4          // ou encore i > 3 ou encore i = 4
```

ou même, de façon totalement artificielle :

```
i = 3
répéter
    .....
jusqu'à i >= 6          // ou encore i >5 ou encore i = 6
```

3.3.3 Exemple 3

Voici une adaptation du premier exemple, de façon qu'il puisse traiter un nombre quelconque de valeurs, fourni préalablement par l'utilisateur. Nous avons reproduit deux exemples d'exécution : dans le second, l'utilisateur demande 0 valeur à traiter.

```
entier nv               //nombre de valeurs à traiter
entier n                // pour le nombre fourni par l'utilisateur
entier i                // compteur du nombre de valeurs traitées
écrire «combien de valeurs à traiter :»
lire nv
i := 1
tant que i <= nv répéter
  { écrire «donnez un nombre entier :»
    lire n
    écrire «voici son carré : », n*n
    i := i + 1
  }
écrire «fin du programme»
```

```
combien de valeurs à traiter :
2
donnez un nombre entier :
5
voici son carré : 25
donnez un nombre entier :
11
voici son carré : 121
fin du programme
```

```
combien de valeurs à traiter
0
fin du programme
```

*Affichage des carrés d'un nombre donné de valeurs fournies en données (*tant que*)*

 **Remarques**

1   Dans les deux premiers exemples, le nombre de tours de boucle est connu lors de l'écriture du programme ; il n'en va plus de même dans le troisième exemple où il n'est connu qu'au moment de l'exécution (et il peut différer d'une exécution à la suivante).

2   Dans le dernier exemple, la répétition tant que est mieux adaptée que la répétition jusqu'à, dans la mesure où elle permet de prendre facilement en compte le cas où l'utilisateur fournit 0 (ou même un nombre négatif) comme nombre de valeurs à traiter ; en effet, dans ce cas, on obtient aucun tour de boucle, tandis qu'avec une répétition jusqu'à, on en obtiendrait quand même un.

3   Nous avons présenté la notion de compteur en vue de réaliser des boucles inconditionnelles ; mais il existe beaucoup d'autres circonstances dans lesquelles un compteur est utile, comme nous aurons l'occasion de le voir.

4 La répétition inconditionnelle

4.1 Exemples d'introduction

Dans la plupart des langages, lorsque l'on exploite un compteur de façon active pour imposer le nombre de tours d'une répétition tant que, il est possible de simplifier les choses en faisant appel à une instruction de répétition inconditionnelle particulière.

4.1.1 Exemple 1

Reprenons l'exemple du paragraphe 3.3.1, dans lequel apparaissait ce canevas :
```
i := 1                    // initialisation du compteur à 1
tant que i <= 3           // condition de poursuite : i <= 3
  { ......                // instructions à répéter
    i := i + 1            // +1 sur le compteur
  }
```

Dans la plupart des langages, on peut regrouper dans une même instruction, le nom du compteur, sa valeur initiale et sa valeur finale, d'une manière voisine de ceci :
```
répéter pour i := 1 à 3
  { ......                // instructions à répéter
  }
```

Voici ce que deviendrait notre programme complet, utilisant cette nouvelle structure :

```
entier n              // pour le nombre fourni par l'utilisateur
entier i              // compteur du nombre de valeurs traitées
répéter pour  i := 1 à 3     // pour répéter 3 fois le bloc qui suit
  { écrire «donnez un nombre entier :»
    lire n
    écrire «voici son carré : », n*n
  }
```

Affichage des carrés de 3 valeurs fournies en données

Remarque

Ici, encore, nous obtiendrions le même résultat en remplaçant notre instruction répéter pour par l'une des suivantes (seul le nombre de tours ayant de l'importance ici, la valeur du compteur n'étant pas utilisée en tant que telle) :

```
répéter pour i := 0 à 2
répéter pour i := 10 à 12
répéter pour i := -2 à 0
```

4.1.2 Exemple 2

Dans notre exemple précédent, le nombre de tours était parfaitement déterminé. Il était fixé par la valeur des deux constantes qui suivaient le mot pour et qui fixaient la valeur initiale et la valeur finale du compteur. Par exemple, avec :

```
répéter pour i := 1 à 25
```

le programme effectuait 25 répétitions.

En fait, dans tous les langages, ces valeurs initiales et finales du compteur peuvent être contenues dans une variable et, même, plus généralement être fournies sous forme d'une expression de type entier. Ceci est possible car ce n'est qu'à l'exécution que l'on a besoin de connaître le nombre de tours à réaliser effectivement (le traducteur du programme n'a, quant à lui, pas besoin de cette information).

Voici comment nous pourrions réécrire notre exemple du paragraphe 3.3.1 :

```
entier nv               // nombre de valeurs à traiter
entier n                // pour le nombre fourni par l'utilisateur
entier i                // compteur du nombre de valeurs traitées
écrire «combien de valeurs à traiter :»
lire nv
répéter pour i := 1 à nv
  { écrire «donnez un nombre entier :»
    lire n
    écrire «voici son carré : », n * n
  }
écrire «fin du programme»
```

Affichage des carrés d'un nombre donné de valeurs fournies en données (boucle pour*) (1)*

4.2 Conventions d'écriture

D'une manière générale, nous conviendrons qu'une répétition inconditionnelle se note ainsi :

```
répéter pour compteur := début à fin
    instruction
```

La répétition pour

- *compteur* : variable de type entier ;
- *début, fin* : expressions de type entier ;
- *instruction* : instruction de base, bloc d'instructions ou instructions structurées (choix ou boucle).

 **Remarques**

1   Lorsque le problème s'y prête, cette nouvelle instruction de répétition est plus facile à employer que les canevas correspondants utilisant une répétion `tant que`. Elle est plus brève et il est plus facile de déterminer le nombre de répétitions effectuées, ainsi que la valeur attribuée au compteur à chaque tour de boucle.

2   La variable utilisée comme compteur doit avoir été déclarée : en revanche, elle n'a pas besoin d'être initialisée puisque ce sera fait par l'instruction de répétition elle-même.

3   L'instruction `répéter pour` indique, non seulement un nombre de tours de boucle, mais elle fournit aussi le nom du compteur et les valeurs limites. Or, dans certains cas, on peut avoir besoin de répéter des instructions un certain nombre de fois, sans avoir besoin d'exploiter le compteur, ni de fixer des valeurs limites. Une telle instruction pourrait se noter, par exemple :

```
répéter 6 fois
```

Nous disposerions là d'une structure de répétition inconditionnelle supplémentaire qui ne serait qu'un cas particulier de la précédente. Peu de langages possèdent une telle structure de simple répétition et nous n'en introduirons donc pas ici.

Exercice 5.7 Écrire les carrés des nombres entiers de 7 à 20.

Exercice 5.8 Lire deux nombres entiers dans les variables nd et nf et écrire les doubles des nombres compris entre ces deux limites (incluses).

4.3 Utiliser le compteur dans une répétition inconditionnelle

Dans une répétition inconditionnelle, la variable citée comme compteur est une variable comme n'importe quelle autre. On peut donc en utiliser la valeur dans la répétition. Voici comment nous pourrions réécrire le programme du paragraphe 4.1.2 en affichant le numéro du nombre à lire (cette fois, nous avons bien pris soin d'afficher 1er et non 1ème) :

```
entier nv                // nombre de valeurs à traiter
entier n                 // pour le nombre fourni par l'utilisateur
entier i                 // compteur du nombre de valeurs traitées
écrire «combien de valeurs à traiter :»
lire nv
répéter pour i := 1 à nv
  { si i = 1 alors écrire «donnez un 1er nombre entier :»
          sinon écrire «donnez un », i, «ème nombre entier :»
    lire n
    écrire «voici son carré : », n*n
  }
écrire «fin du programme»


combien de valeurs à traiter :
2
donnez un 1er nombre entier :
40
voici son carré : 1600
donnez un 2ème nombre entier :
6
voici son carré : 36
fin du programme
```

Affichage des carrés d'un nombre donné de valeurs fournies en données (boucle pour*) (2)*

4.4 Éviter d'agir sur le compteur dans la boucle

Lorsque dans un programme, vous rencontrez une instruction telle que :

```
répéter pour i := 1 à 20
```

vous pouvez raisonnablement vous attendre à ce que les instructions concernées soient effectivement répétées 20 fois. Ce sera généralement le cas. Toutefois, certaines maladresses pourraient compromettre cela. Nous vous proposons d'examiner les plus courantes.

Si vous écrivez :

```
répéter pour i := 1 à 20
  { lire a
    i := i - 1
    écrire a
  }
```

le compteur i diminue de un dans la boucle et augmente de un à la fin de chaque tour. Dans ces conditions, sa valeur ne dépasse jamais un et la boucle ne se termine jamais.

D'une manière générale, si vous modifiez la valeur du compteur à l'intérieur de la boucle, vous en pertubez le déroulement. Il est vraisemblable que vous n'effectuerez pas le nombre de tours souhaités.

Dans certains cas, il se peut que vous trouviez astucieux de modifier cette valeur du compteur. Supposons que vous ayez à lire et à réécrire des valeurs entières lues au clavier, jusqu'à ce ce que vous en ayez trouvé 20 positives. Vouz pourriez songer à employer une boucle avec compteur, de cette façon :

```
répéter pour i := 1 à 20
  { lire a
    si a <=0 alors i := i - 1
    écrire a
  }
```

Certes, cela fonctionne ! Mais ne trouvez-vous qu'on trompe le lecteur du programme en faisant croire qu'il s'agit d'instructions répétées 20 fois seulement. En effet, en toute rigueur, le problème posé correspond plus à une répétion conditionnelle : on traite des valeurs jusqu'à ce que l'on en ait trouvé 20 positives. La formulation suivante serait alors bien mieux adaptée :

```
i := 0
répéter
  { lire a
    si a >0 alors i := i + 1
    écrire a
  }
jusqu'à i >= 20
```

D'une manière générale, dans une boucle avec compteur, il est fortement conseillé de ne modifier à l'intérieur de la boucle, ni la valeur du compteur, ni les valeurs limites lorsque celles-ci dépendent des variables. Ce genre de pratiques est formellement interdit dans certains langages, tout en restant souvent accepté des traducteurs (nous verrons, dans la rubrique Côté langages que parfois, une telle vérification est même impossible).

4.5 Compteur et boucle pour

L'exemple précédent montre bien que le fait d'avoir besoin d'un compteur dans une boucle n'implique pas nécessairement l'utilisation d'une répétition pour. Voici un autre exemple : il s'agit d'une adaptation du programme du paragraphe 1.3.1 qui affichait les voyelles d'un mot, dans lequel nous limitons à 30 le nombre de caractères fournis par l'utilisateur. La condition d'arrêt devient alors : caractère espace rencontré ou 30 caractères fournis. Notez que pour faciliter les modifications éventuelles de notre programme, nous avons utilisé une « constante symbolique » nCarMax pour le nombre maximal de caractères.

```
entier constant nbCarMax := 30        // nombre maximum de caractères lus
caractère c                           // caractère courant
entier i                              // compteur de caractères lus
i := 0
écrire «donnez un mot écrit en minuscules, terminé par un espace»
répéter
    lire c
    si c='a' ou c='e' ou c='i' ou c='o' ou c='u' ou c='y'
        alors écrire c
    i := i + 1
jusqu'à c = ' ' ou i >= nbCarMax


donnez un mot, écrit en minuscules, terminé par un espace :
anticonstitutionnellement
aioiuioeee
```

Affichage des voyelles d'une suite d'au maximum 30 caractères

4.6 Un tour pour rien

Nous avons vu que nous pouvions utiliser une instruction telle que :

```
répéter pour i := 1 à n
```

ou encore :

```
répéter pour i := n à p
```

Que se passera-t-il dans le premier cas si n vaut 0. Que se passera-t-il dans le deuxième cas si la valeur de p est inférieure à celle de n ? En fait, nous avons défini la répétition pour à partir d'une répétition tant que. Ce qui signifie que dans les situations évoquées, on ne fera aucun tour de boucle. Cependant, nous n'avons pas la garantie que tous les langages procéderont ainsi. En particulier, certains langages (de plus en plus rares !) pourront utiliser une formulation jusqu'à et considérer que :

```
répéter pour i := n à p
    { .....    // instructions à répéter
    }
```

est équivalent à :

```
i := n
répéter
    { .....    // instructions à répéter
      i := i + 1
    }
jusqu'à i > p
```

Dans ce cas, vous voyez que avec n=5 et p=2, nous obtiendrions quand même un tour de boucle, avec i valant 5.

4.7 Le compteur en dehors de la boucle

Considérons cette situation :

```
entier i
    .....      // que vaut i ici ?
répéter pour i := 1 à 5
    {   ..
    }
    .....      // et ici ?
```

Il va de soi que la valeur de i n'est pas définie avant d'entrer dans la boucle, ce qui n'a rien de bien gênant. En revanche, les choses sont moins claires en ce qui concerne la valeur de i après la sortie de la boucle. Certains langages considéreront que celle-ci n'est pas définie. En pratique, elle aura souvent une valeur, celle qui aura mis fin à la boucle, c'est-à-dire ici 6 si le langage a finalement utilisé une répétition tant que et 5 s'il a utilisé une répétition jusqu'à. Quoi qu'il en soit, il n'est pas raisonnable de chercher à exploiter cette valeur.

 Côté langages

Les répétitions tant que et jusqu'à

Les langages C, C++, Java, C# et PHP définissent ces deux structures avec la même syntaxe. La répétition tant que se présente ainsi :

```
while (condition)
{ .....
}                    // attention : pas de point-virgule ici
```

La répétition jusqu'à se présente ainsi :

```
do
{ .....
}
while (condition) ;  // attention au point-virgule
                     // et à la condition de «poursuite»
```

On notera qu'ici, la condition régissant la boucle est une condition de poursuite ; il s'agira donc de la condition contraire de la condition d'arrêt que nous utilisons dans la répétition jusqu'à.

Python, en revanche, ne dispose que de la répétition tant que qui se présente ainsi

```
while condition :
    .....      # aligner les instructions du «bloc»
    .....
```

Dans tous ces langages, la `condition` est tout naturellement une expression booléenne. Mais, en C/C++, elle peut aussi être une expression arithmétique quelconque (caractère, entière ou réelle) ; dans ce cas, toute valeur non nulle est traitée comme « vrai » et seule la valeur nulle est traitée comme « faux ».

La répétition pour

Python dispose d'une instruction traduisant presque littéralement notre instruction répéter puisqu'elle se présente ainsi (attention, la limite supérieure n'est pas atteinte) :

```
for i in range(1,4) :      # correspond à répéter pour i := 1 à 3 (attention 3 et non 4)
    .....                  # le bloc
    .....                  # suivant
```

En C, C++, C#, Java ou PHP, la répétition incondionnelle est quelque peu atypique comme le montre cet exemple (en PHP, il faudrait utiliser des noms de variable commençant par $) :

```
for (i=0, k=3 ; i <=5 ; i++ , k = k*2)
  { .....
  }
```

Cette instruction est en fait équivalente à une répétition de type `tant que` :

```
i = 0 ;
k = 3 ;
while (i <= 5)
{ .....
  i = i + 1 ;
  k = k * 2 ;
}
```

Bien entendu, « qui peut le plus peut le moins » et cette répétition permet de réaliser une simple boucle avec compteur, comme :

```
for (i = 1 ; i <= 4 ; i++)
{ ..... // ici, i prendra successivement les valeurs 1, 2, 3 et 4
}
```

Les instructions sont bien répétées en donnant à i les valeurs allant de 1 à 4. On trouve bien l'équivalent d'une répétion `pour i := 1 à 4`.

On notera que, de par sa nature même, cette instruction n'interdit nullement la modification du compteur à l'intérieur de la boucle, puisque celui-ci n'est pas « désigné » de façon explicite

 Exemples langages

Voici comment pourrait se traduire l'exemple du paragraphe 4.5 en C, C++, C#, PHP et Python. Notez que, tout en tenant compte des particularités de ces différents langages, nous avons cherché à nous écarter le moins possible du schéma algorithmique initial. Ainsi, la limitation à 30 caractères est conservée, même dans des langages où l'on pourrait connaître d'emblée le nombre de caractères introduits et, partant, simplifier le code (voire le sécuriser).

C

```
#include <stdio.h>
int main()
{ const int nbCarMax = 30 ;       /* nombre maximum de caractères lus */
  char c ;                        /* caractère courant                */
  int i ;                         /* compteur de caractères lus       */
  i = 0 ;
  printf ("donnez un mot écrit en minuscules, terminé par un espace\n") ;
  do
    { c = getchar () ;     /* la fonction getchar lit un seul caractère */
      if ( c=='a' || c=='e' || c=='i' || c=='o' || c=='u' || c=='y') putchar (c) ;
      i++ ;
    }
  while ( ( c != ' ' ) && (i < nbCarMax) ) ;
}


donnez un mot écrit en minuscules, terminé par un espace
anticonstitutionnellement
aioiuioeee
```

En C, lorsqu'il s'agit de lire un seul caractère à la fois, on peut utiliser la fonction `getchar`, au lieu de `scanf`. De même, pour écrire un seul caractère à la fois, on peut utiliser la fonction `putchar` au lieu de `printf`.

C++

```
#include <iostream>
using namespace std ;
int main()
{ const int nbCarMax = 30 ;        // nombre maximum de caractères lus
   char c ;                        // caractère courant
   int i ;                         // compteur de caractères lus
   i = 0 ;
   cout << "donnez un mot écrit en minuscules, terminé par un espace\n" ;
```

```
    do
     { cin >> noskipws >> c ;       // noskipws pour éviter de "sauter les espaces"
       if ( c=='a' || c=='e' || c=='i' || c=='o' || c=='u' || c=='y') cout << c ;
       i++ ;
     }
   while ( ( c != ' ') && (i < nbCarMax) ) ;
 }
```

```
donnez un mot écrit en minuscules, terminé par un espace
anticonstitutionnellement
aioiuioeee
```

Notez que, par défaut, les lectures au clavier ignorent les caractères « espace », y compris dans la lecture d'un caractère. Il faut modifier ce comportement en utilisant `noskipws` avant la lecture d'un caractère.

C#

```csharp
using System;
class Voyelles
{ static void Main()
  { const int nbCarMax = 30 ;       // nombre maximum de caractères lus
    char c ;                        // caractère courant
    int i ;                         // compteur de caractères lus
    i = 0 ;
    System.Console.WriteLine
        ("donnez un mot écrit en minuscules, terminé par un espace") ;
    String ligne = Console.ReadLine() ;   // on lit une "ligne" de texte
    do
    { c = ligne[i] ;   // c contient le caractère de rang i de la chaîne ligne
      if ( c=='a' || c=='e' || c=='i' || c=='o' || c=='u' || c=='y')
            System.Console.Write (c);
      i++ ;
    }
    while ( ( c != ' ') && (i < nbCarMax) ) ;
  }
}
```

```
donnez un mot écrit en minuscules, terminé par un espace
anticonstitutionnellement
aioiuioeee
```

Ici, nous avons lu l'ensemble des caractères dans une « chaîne de caractères » nommée `ligne`. Ainsi, `ligne[i]` représente le $i+1$ ème caractère (le premier étant `ligne[0]`). Nous n'avons pas modifié la condition de terminaison du mot (espace), ce qui signifie que si l'utilisateur oublie cet espace, on risque fort de « déborder » de la chaîne lue. Une démarche plus sûre aurait alors consisté à utiliser la longueur effective de la chaîne lue (`ligne.Length`) pour connaître le nombre de caractères fournis.

Python

Comme avec C#, il nous faut lire préalablement l'ensemble des caractères dans une chaîne nommée ici `ligne` et `ligne[i]` représente le $i+1$ème caractère (le premier étant `ligne[0]`). Par ailleurs, Python ne dispose pas de répétition « tant que ». Nous aurions pu appliquer la transcription en une répétition jusqu'à, telle qu'elle a été présentée au paragraphe 2.3, mais cela aurait conduit à dupliquer le contenu de la boucle. Pour simplifier les choses, nous avons utilisé un indicateur booléen nommé `fini`, initialisé à `False` et qui prend la valeur `True` lorsqu'un espace a été rencontré ou que 30 caratères ont été considérés. On notera toutefois que cette démarche ne convient pas si l'utilisateur fournit une réponse vide.

```
nbCarMax = 30    # nombre maximum de caractères considérés
print ("donnez un mot écrit en minuscules, terminé par un espace :")
mot =  input()
fini = False
i = 0
while not fini :
   c = mot[i]   # on prend le ième caractère (le premier est de rang 0)
   if  c=="a" or c=="e" or c=="i" or c=="o" or c=="u" or c=="y" :
     print (c)
   if c==" " or i >= nbCarMax-1 :
     fini = True
   i = i + 1
```

```
donnez un mot écrit en minuscules, terminé par un espace :
anticonstitutionnellement
aioiuioeee
```

Là encore, nous pourrions utiliser directement la longueur de la chaîne lue (len(ligne)) pour connaître le nombre de caractères fournis.

PHP

Comme nous l'avons déjà dit, PHP ne dispose pas de lecture en « mode console », les informations étant généralement lues à partir d'un formulaire. Ici, encore, nous avons fixé le mot concerné dans une variable de type chaîne (notez que PHP ne dispose pas du type caractère mais que, même si cela avait été le cas, nous n'aurions pas pu l'utiliser ici puisqu'il nous faut fournir en bloc tous les caractères du mot). L'accès à un caractère donné de la chaîne `$mot` se fait sous la forme `$mot[i]` où i désigne son rang (attention, le premier caractère correspond au rang 0).

```
<?php
$nbCarMax = 30 ;      // nombre maximum de caractères lus
$mot = "anticonstitutionnellement " ;    // ne pas oublier l'espace final
$i = 0 ;
```

```
  do
    { $c = $mot[$i] ;    // on prend le ième caractère (le premier est de rang 0)
      if ( $c=='a' || $c=='e' || $c=='i' || $c=='o' || $c=='u' || $c=='y') echo $c ;
      $i++ ;
    }
  while ( ( $c != ' ') & ($i < $nbCarMax) ) ;
?>
```

```
aioiuioeee
```

Notez que, comme en C#, nous aurions pu utiliser la longeur de la chaîne $mot pour connaître le nombre de caractères qu'elle contient.

6

Quelques techniques usuelles

Dans la réalisation de programmes, certaines techniques sont d'un usage fréquent. Nous avons déjà exposé l'utilisation d'un compteur de boucle. Dans ce chapitre, nous vous proposons d'examiner les techniques les plus usuelles que sont le comptage (d'une manière générale), l'accumulation, la recherche de maximum. Par ailleurs, nous présenterons en détail les diverses situations de boucles imbriquées.

N.B. Ce chapitre se contente d'exploiter des instructions connues. C'est pourquoi il ne comporte pas de rubrique « Côté langages » ou « Exemples langages ».

1 Le comptage d'une manière générale

Nous avons déjà appris à utiliser un compteur de répétition (sous forme passive, active ou les deux). En fait, en programmation, on peut être amené à effectuer d'autres dénombrements que des tours de boucle : nombre de caractères d'un mot, nombre de voyelles trouvées dans un mot... D'une façon générale, on parle de comptage pour qualifier ces différentes activités ; ce comptage peut être systématique (on compte tout ce qui se présente : lettre, tour de boucle) ou sélectif (on ne compte que ce qui correspond à un certain critère : voyelle d'un mot).

Dans tous les cas, on fait appel, comme précédemment, à un compteur, c'est-à-dire à une variable entière, pour comptabiliser les événements souhaités, à l'aide d'une banale affectation de la forme $n := n + 1$ (n désignant ici le compteur).

Nous allons voir quelques exemples de programmes faisant appel à un ou plusieurs compteurs, systématiques ou sélectifs.

1.1 Compter le nombre de lettres e d'un texte

Voici un programme qui lit une suite de caractères que nous supposerons ici terminée par un point et qui comptabilise le nombre de lettres e qu'elle contient. Il nous suffit d'y prévoir un compteur dont la valeur augmente de 1 à chaque fois qu'on rencontre un e.

Comme à l'accoutumée, nous supposons que l'utilisateur peut fournir en une fois tous les caractères voulus (les espaces apparaissent comme un caractère particulier).

```
entier ne       // compteur du nombre de caractères e
caractère c     // pour lire un caractère de la ligne
écrire «donnez une suite de caractères terminée par un point :»
ne := 0
répéter
{ lire c   // lecture d'un caractère
  si (c = 'e') alors ne := ne + 1     // si e +1 sur compteur de e
}
jusqu'à c = '.'
écrire «votre texte comporte », ne, « caractères e»
```

```
donnez une suite de caractères terminée par un point :
je me figure ce zouave qui joue du xylophone en buvant du whisky.
votre texte comporte 8 caractères e
```

Comptage du nombre de lettres e d'un texte

1.2 Compter le pourcentage de lettres e d'un texte

Voici maintentant une adaptation du précédent programme, de manière qu'il fournisse le pourcentage de lettres e. On voit qu'il faut, cette fois, utiliser à la fois un compteur systématique pour connaître le nombre total de caractères et un compteur sélectif pour le nombre de e. Ici, nous avons placé deux exemples d'exécution.

```
entier ne         // compteur du nombre de caractères e
entier ncar       // compteur du nombre de caractères du texte
caractère c       // pour lire un caractère
réel pourcent     // pourcentage de lettres e
écrire «donnez une suite de caractères terminée par un point :»
ne := 0
ncar := 0
répéter
{ lire c            // lecture d'un caractère
  ncar := ncar + 1
  si c = 'e' alors ne := ne + 1
}
jusqu'à c = '.'
ncar := ncar - 1   // car le caractère de fin a été comptabilisé en trop
```

```
si ncar = 0 alors écrire «votre texte comporte 0 caractères»
    sinon { pourcent := (100.0 * ne) / ncar
          écrire «votre texte comporte », pourcent, « pour cent de lettres e»
        }
```

```
donnez une suite de caractères terminée par un point :
je me figure ce zouave qui joue du xylophone en buvant du whisksy.
votre texte comporte  12.50 pour cent de lettres e
```

```
donnez une suite de caractères terminée par un point :
C, C++, Java, PHP, C# = Langages de programmation.
votre texte comporte  4.16 pour cent de lettres e
```

Calcul du pourcentage de lettres e d'un texte

Notez que si l'utilisateur fournit simplement un point comme donnée, la variable `ncar` prendra la valeur 0 et le calcul de pourcentage conduira à une division par zéro. C'est pourquoi nous avons évité cette situation.

On notera que, dans la première exécution, nous avons fourni en données, une suite de caractères constituant une « phrase ». Dans ces conditions, on peut être gêné par le fait que les espaces soient comptabilisés dans le nombre total de caractères. Mais, il faut bien voir que notre programme a été écrit pour une « suite de caractères quelconques », comme le montre le deuxième exemple. Si l'on voulait qu'il considère simplement les lettres d'un texte, il faudrait pouvoir éliminer, non seulement les espaces, mais aussi les symboles de ponctuation, les symboles opératoires...

 **Remarque**

Dans notre calcul de pourcentage, l'expression :

```
(100.0 * ne) / ncar
```

est une expression mixte, dans laquelle la valeur de `ne` est convertie en réel, avant d'être multipliée par 100.0. Le résultat est divisé par la valeur de `ncar`, elle aussi convertie en réel. En revanche, nous n'aurions pas obtenu les résultats escomptés en écrivant :

```
pourcent = ne / ncar * 100.0 ;
```

En effet, dans ce cas, il y aurait tout d'abord division entière de `ne` par `ncar`, ce qui fournirait comme résultat 0 (sauf si `ne` est égal à `ncar`, auquel cas, on obtiendrait 1) ; ce n'est qu'ensuite que ce résultat serait converti en réel, conduisant à une valeur de `pourcent` égale à 0 ou 100 !

Exercice 6.1 Écrire un programme qui lit 20 notes entières et qui indique le pourcentage de notes supérieures à 10.

2 L'accumulation

Nous savons compter un nombre d'événements. Dans le langage courant, le mot compter a parfois un sens plus général comme dans compter sa monnaie. Dans ce cas, on calcule en fait la somme de plusieurs nombres (les valeurs indiquées sur les pièces). En programmation, nous nommerons cette situation accumulation, pour la distinguer du comptage déjà rencontré. Nous verrons que ce terme se justifie par la méthode employée pour obtenir le résultat.

2.1 Accumulation systématique

2.1.1 Un premier exemple

Pour introduire cette technique d'accumulation, nous allons commencer par un exemple simple : calculer la somme de 100 valeurs entières fournies au clavier. Comme on peut s'en douter, il ne serait pas judicieux d'utiliser 100 variables différentes (nommées, par exemple, val1, val2, val3...) puis d'en calculer la somme par une expression usuelle val1 + val2 + val3... Qui plus est, la démarche ne serait pas généralisable à un nombre quelconque de valeurs.

Nous allons donc utiliser une technique d'accumulation, à savoir :

- définir une variable somme, destinée à effectuer progressivement la somme de nos valeurs ; cette variable sera initialisée à zéro ;

- utiliser une répétition définie (ici, 100 tours), dans laquelle, à chaque tour de boucle, nous lirons une valeur (et une seule) dans une variale nommée, par exemple, val. Cette valeur sera cumulée à la valeur de somme par l'affectation :

```
somme = somme + val ;
```

Voici notre programme complet :

```
entier val          // pour les différentes valeurs fournies par l'utilisateur
entier i            // pour compter le nombre de valeurs fournies
entier somme        // pour accumuler la somme des valeurs
somme := 0          // initialisation de l'accumulateur des valeurs
répéter pour i := 1 à 100
{ écrire «donnez un entier : »
  lire val
   somme := somme + val
}
écrire «somme des valeurs fournies : », somme


donnez un entier : 4
donnez un entier : 7
donnez un entier : 11
    .....
donnez un entier : 3
somme des valeurs fournies : 487
```

Calcul de la somme de 100 entiers fournis en données

 **Remarque**

N'oubliez pas l'initialisation `somme := 0`, sinon la valeur de `somme` sera imprévisible.

2.1.2 Un second exemple

Voici un programme qui calcule la moyenne d'un nombre quelconque de valeurs réelles, fournies en données. On fait l'hypothèse qu'aucune de ces valeurs ne peut être nulle et que l'utilisateur introduira la valeur 0 pour signaler qu'il n'a plus de valeurs à fournir.

Ici, il faut accumuler les différentes valeurs, à l'intérieur d'une boucle conditionnelle. En plus, il est nécessaire de connaître le nombre de valeurs lues, d'où l'emploi d'un compteur de boucle.

Par ailleurs, il faut remarquer :

• que la valeur 0 servant de signal de fin ne doit pas intervenir dans le nombre de valeurs ;

• qu'il est souhaitable d'éviter un risque de division par zéro, autrement dit de traiter distinctement le cas où l'utilisateur n'a fourni aucune valeur (autre que le 0 de fin).

Voici le programme correspondant, accompagné de deux exemples d'exécution :

```
réel val            // pour les différentes valeurs fournies par l'utilisateur
entier nval         // pour compter le nombre de valeurs fournies
réel somme          // pour accumuler la somme des valeurs
somme := 0.         // initialisation de l'accumulateur des valeurs
nval := 0           // initialisation du nombre de valeurs fournies
répéter
{ écrire «donnez une valeur (0 pour terminer) : »
  lire val
  somme := somme + val
  nval := nval + 1
}
jusqu'à val = 0.    // on s'arrête quand l'utilisateur fournit 0
si nval <= 1 alors écrire «aucune valeur fournie - pas de moyenne possible »
           sinon écrire «moyenne des », nval-1, « valeurs», somme / (nval-1) )
```

```
donnez une valeur (0 pour terminer) : 4.6
donnez une valeur (0 pour terminer) : 5
donnez une valeur (0 pour terminer) : 10
donnez une valeur (0 pour terminer) : 4.4
donnez une valeur (0 pour terminer) : 0
moyenne des 4 valeurs : 6.250000e+00
```

```
donnez une valeur (0 pour terminer) : 0
aucune valeur fournie - pas de moyenne possible
```

Calcul de la moyenne d'un nombre quelconque de valeurs

Remarques

1 Nous avons beaucoup insisté sur la représentation approchée des nombres rééls, de sorte qu'ici, on peut se demander si le test d'arrêt n'est pas quelque peu incertain. En fait, il faut rappeler que la valeur 0 est toujours représentée de façon exacte dans le type réel (comme, d'ailleurs, toutes les valeurs entières pas trop grandes !).

2 La valeur 0, servant de « signal de fin » a été cumulée dans somme, mais elle n'en change pas la valeur.

2.2 Accumulation sélective

Voici un programme qui lit un nombre quelconque de valeurs entières en déterminant la somme des valeurs positives et la somme des valeurs négatives. Ici, encore, on fait l'hypothèse qu'aucune de ces valeurs ne peut être nulle et que l'utilisateur introduira la valeur 0 pour signaler qu'il n'a plus de valeurs à fournir.

```
entier val
entier sommePos         // pour accumuler la somme des valeurs positives
entier sommeNeg         // pour accumuler la somme des valeurs négatives
sommePos := 0           // initialisation somme des valeurs positives
sommeNeg := 0           // initialisation somme des valeurs négatives
répéter
{ écrire «donnez un entier : »
  lire val
  si val > 0 alors sommePos := sommePos + val
           sinon sommeNeg := sommeNeg + val
}
jusqu'à val = 0         // arrêt sur valeur nulle
écrire «somme des valeurs positives : », sommePos
écrire «somme des valeurs négatives : », sommeNeg


donnez un entier : 4
donnez un entier : -8
donnez un entier : 3
donnez un entier : 0
somme des valeurs positives : 7
somme des valeurs négatives : -8
```

Calcul séparé de la somme des valeurs positives et de la somme des valeurs négatives

 ### Remarque

Ici, le 0 de fin est ajouté à sommeNeg, mais il ne modifie pas sa valeur. En revanche, il faudrait prendre quelques précautions si l'on s'intéressait au nombre de valeurs négatives ou à leur moyenne.

Exercice 6.2 Adapter le programme précédent, de manière qu'il fournisse la moyenne des valeurs positives et la moyenne des valeurs négatives. On se protégera contre le risque de division par zéro.

3 Recherche de maximum

Nous allons vous présenter cette technique sur le problème suivant : déterminer la valeur maximale de 50 valeurs entières lues au clavier.

Par analogie avec la technique de l'accumulation, on peut songer à lire nos valeurs à l'intérieur d'une boucle, en employant toujours la même variable (par exemple val) et à utiliser une variable nommée par exemple max qui contiendra la valeur la plus grande rencontrée jusqu'alors. Dans ces conditions, on voit que pour chaque nouvelle valeur lue, il suffira de procéder ainsi :

```
si val > max alors max = val
```

Mais comment initialiser la valeur de max ? La valeur 0 ne convient pas nécessairement car rien ne nous dit que, dans les 50 valeurs à lire, il y en aura au moins une positive. La seule solution universelle consiste en fait à affecter à max la première valeur lue. Il faut donc traiter cette première valeur différemment des suivantes.

Voici ce que pourrait être notre programme :

```
entier val
entier max               // pour la plus grande valeur
entier i                 // compteur de boucle
lire val                 // la première valeur sert de maximum provisoire
max := val               // on pourrait aussi faire directement lire max
répéter pour i := 2 à 50     // attention, on commence ici à i := 2
{ lire val
   si val > max alors max := val
}
écrire «le maximum de vos 50 valeurs est », max
```

Calcul du maximum de 50 valeurs fournies en données

Remarque

Si l'on souhaitait adapter notre programme à un nombre de valeurs différent de 50, il faudrait penser à modifier cette valeur en deux endroits. Pour éviter cette difficulté, on pourrait modifier ainsi notre programme :

```
entier nbVal := 50    // on pourrait aussi utiliser : entier constant nbVal := 50
.....
répéter pour i := 2 à nbVal
.....
écrire «le maximum de vos », nbVal, « valeurs est », max
```

Pour modifier le nombre de valeurs, il suffirait alors de remplacer la valeur attribuée à `nbVal` lors de sa déclaration.

Exercice 6.3 Écrire un programme qui lit un nombre quelconque de valeurs entières non nulles suivies, conventionnellement, d'une valeur nulle, et qui fournit la plus grande valeur des valeurs positives et la plus petite des valeurs négatives.

---

4 Imbrication de répétitions

Nous avons déjà vu que toute instruction structurée peut être imbriquée dans une autre instruction structurée et nous avons déjà rencontré l'exemple d'un choix imbriqué dans un choix ou d'un choix imbriqué dans une répétition. Nous allons examiner ici des situations d'imbrications de répétitions.

4.1 Exemple de boucle avec compteur dans une boucle conditionnelle

Les instructions :

```
répéter pour i := 1 à 2
    écrire x
```

écrivent deux fois la valeur de x.

Plaçons-les à l'intérieur d'une répétition `jusqu'à` :

```
répéter
  { écrire «donnez un entier :»
    lire x
    répéter pour i := 1 à 2
       écrire «merci pour » x
  }
jusqu'à x = 0
```

Si nous exécutons ces instructions avec ces données 3, 5 et 0, nous obtenons ceci :

```
donnez un entier : 3
merci pour 3
merci pour 3
donnez un entier : 5
merci pour 5
merci pour 5
donnez un entier : 0
merci pour 0
merci pour 0
```

L'instruction :

```
        écrire «merci pour » x
```

a été exécutée deux fois pour chacune des trois valeurs de X, soit 6 fois en tout.

4.2 Exemple de boucle conditionnelle dans une boucle avec compteur

On souhaite écrire un programme qui calcule les moyennes de 25 élèves. Pour chaque élève, le programme lira ses notes (nombres réels) qui pourront être en nombre quelconque ; on conviendra que l'utilisateur fournira une valeur négative pour signaler qu'il n'y a plus de notes pour un élève. Commençons tout d'abord par un exemple d'exécution du programme souhaité :

```
donnez les notes de l'élève numéro 1 (<0 pour finir)
12 15 9 -1
moyenne des 3 notes :   12.00
donnez les notes de l'élève numéro 2 (<0 pour finir)
  .....
donnez les notes de l'élève numéro 25 (<0 pour finir)
10 -1
moyenne des 1 notes :   10.00
```

Compte tenu de la complexité du programme, nous pouvons chercher, dans un premier temps, à écrire les seules instructions de calcul de la moyenne d'un élève, en supposant que son « numéro » figure dans une variable nommée i :

```
écrire «donnez les notes de l'élève numéro », i, « (<0 pour finir)»
somme := 0
nb := 0
répéter
{ lire note
  si note >= 0. alors { somme := somme + note
                        nb := nb + 1
                      }
}
jusqu'à note <0.
si nb > 0 alors écrire «moyenne des », nb, « notes : », somme/nb
```

Pour obtenir le programme désiré, il nous suffit maintenant de répéter les instructions précédentes, en utilisant la variable i comme compteur, variant de 1 à 25 :. Voici le programme complet :

```
entier i        // compteur de répétition pour les 25 élèves
réel note       // pour une note quelconque
réel somme      // pour la somme des notes d'un élève quelconque
entier nb       // pour le nombre de notes d'un élève quelconque
```

```
répéter pour i := 1 à 25
  { écrire «donnez les notes de l'élève numéro », i, « (<0 pour finir)»
    somme := 0.
    nb := 0
    répéter
      { lire note
        si note >= 0. alors { somme := somme + note
                              nb := nb + 1
                            }
      }
    jusqu'à note < 0.
  }
si nb > 0 alors écrire «moyenne des », nb, « notes : », somme/nb
```

Calcul des moyennes de 25 élèves ayant un nombre variable de notes

 **Remarque**

Faites bien attention à la place des deux initialisations `somme:=0.` et `nb:=0.` Elles doivent figurer dans la boucle conditionnelle gouvernée par le compteur i et avant la boucle inconditionnelle de prise en compte des différentes notes.

4.3 Exemple de boucle inconditionnelle dans une autre boucle inconditionnelle

4.3.1 Premier exemple

Considérons ces instructions (i et j étant de type `entier`) :

```
répéter pour i := 1 à 3
  répéter pour j := 1 à 2
    écrire «i = », i, «, j = », j
```

L'instruction d'écriture se trouve exécutée deux fois pour chaque valeur de i, j prenant successivement les valeurs 1 et 2. Nous obtenons ces résultats :

```
i = 1, j = 1
i = 1, j = 2
i = 2, j = 1
i = 2, j = 2
i = 3, j = 1
i = 3, j = 2
```

4.3.2 Second exemple

On souhaite écrire un programme qui affiche les tables de multiplication des nombres de 1 à 9. Chaque table se présentera comme suit :

```
TABLE de 4
 4 x  1 =  4
 4 x  2 =  8
 4 x  3 = 12
 4 x  4 = 16
 4 x  5 = 20
 4 x  6 = 24
 4 x  7 = 28
 4 x  8 = 32
 4 x  9 = 36
 4 x 10 = 40
```

Ici encore, plutôt que d'essayer d'écrire directement le détail du programme, il peut être préférable de procéder par étape. Par exemple, nous pouvons dire que, globalement, notre programme doit écrire les 9 tables de multiplication de 1 à 9 et qu'il doit donc se présenter ainsi :

```
répéter pour i := 1 à 9
   // écrire la table numéro i
```

Le contenu de la répétition reste à préciser et, pour l'instant, nous l'avons simplement mentionné sous la forme d'un commentaire. Pour écrire la table de numéro i, nous pouvons procéder ainsi :

```
écrire «TABLE de », i
répéter pour j := 1 à 10
   // écrire la ligne j de la table i
```

D'où une ébauche plus élaborée de notre programme :

```
répéter pour i := 1 à 9
  { écrire «TABLE de », i
    répéter pour j := 1 à 10
      // écrire la ligne j de la table i
  }
```

Il ne nous reste plus qu'à préciser comment écrire une ligne d'une table, ce qui peut se formuler ainsi :

```
prod = i * j
écrire i, « x », j « = », prod
```

En ajoutant les déclarations nécessaires, nous aboutissons au programme complet :

```
entier i, j, prod
répéter pour i := 1 à 9
{ écrire «TABLE de », i
  répéter pour j := 1 à 10
  { prod = i * j
    écrire i, « x », j « = », prod
  }
}
```

Affichage des tables de multiplication de 1 à 9

 **Remarque**

Les démarches utilisées dans cet exemple et celui du paragraphe 4.2, page 109, sont assez différentes. Ici, nous avons utilisé ce que l'on nomme une démarche descendante : elle consiste à décomposer le problème posé en sous-problèmes plus faciles à résoudre, puis à décomposer à son tour chaque sous-problème... et ceci jusqu'à ce que l'on arrive à une solution entièrement formulée. Dans l'exercice précédent, en revanche, nous avions plutôt utilisé une démarche opposée qu'on nomme démarche ascendante. En pratique, la réalisation d'un programme combine souvent les deux démarches.

Exercice 6.4 Que se passe-t-il si, dans le programme précédent, on oublie les { } de la première boucle en écrivant :

```
entier i, j, prod
répéter pour i := 1 à 9
  écrire «TABLE de », i
  répéter pour j := 1 à 10
  { prod := i * j
    écrire i, « x », j « = », prod
  }
```

4.4 Une erreur à ne pas commettre

Lorsque l'on imbrique des répétitions inconditionnelles, il faut veiller à ne pas utiliser le même compteur pour chacune des instructions. Par exemple, supposez que, par mégarde, nous utilisions le même compteur pour nos deux instructions imbriquées du précédent exemple, en écrivant (nous ne nous intéressons pas ici au contenu détaillé des différentes boucles) :

```
répéter pour i := 1 à 9
{ .....                    // instructions niveau 1
  répéter pour i := 1 à 10
  { .....                  // instructions niveau 2
  }
}
```

Certes, ici, la deuxième répétition tente de modifier la valeur du compteur géré par la première. Comme nous l'avons dit, cela est théoriquement interdit mais beaucoup de traducteurs de langages sont assez laxistes sur ce point et, d'ailleurs, dans beaucoup de langages, la notion de compteur n'est même pas accessible au traducteur (revoyez la rubrique langages du chapitre consacré aux structures de contrôle). Ici, il est fort possible qu'à la fin du premier tour de la boucle interne, le compteur i vaille 10 ; on procède à son incrémentation après la fin du premier tour de la boucle externe et il prendra donc la valeur 11. Comme cette valeur est supérieure à 9, il y aura arrêt de la boucle externe qui n'aura ainsi été parcourue qu'une seule fois.

Bien entendu, si le nombre de tours prévu pour la boucle interne était inférieur à celui prévu pour la boucle externe (par exemple, si l'on inversait les valeurs 9 et 10), le comportement pourrait être différent : on pourrait répéter indéfiniment la boucle interne.

 **Remarque**

Ne confondez pas l'utilisation (anormale) du même compteur au sein de deux boucles imbriquées avec l'utilisation (normale) du même compteur dans deux boucles consécutives, comme dans :

```
répéter pour i := 1 à 10
  { .....     // première répétition : 10 tours
  }
répéter pour i := 1 à 5
  { .....     // deuxième répétition : 5 tours
  }
```

5 L'itération

Certaines des techniques que nous avons rencontrées (comptage, accumulation, évolution de capital) ont un point commun : elles répètent des instructions parmi lesquelles se trouve une affectation de la forme :

```
S := f(S)
```

dans laquelle $f(S)$ désigne une expression qui fait intervenir la variable S. On dit qu'on a affaire à une itération.

Voici un nouvel exemple d'itération à savoir le calcul de la factorielle d'un nombre entier positif. Rappelons que si n est un entier positif, sa factorielle notée n! est définie par :

```
n! = 1 x 2 x 3... x (n - 1) x n
```

```
entier n       // nombre dont on cherche la factorielle
entier fac     // pour la factorielle de n
entier i
écrire «donnez un entier supérieur à 1 : »
lire n
fac := 1
répéter pour i := 2 à n  // on commence à 2, mais on va jusqu'à n
   fac := fac * i
écrire n, « a pour factorielle : », fac


donnez un entier positif : 6
6 a pour factorielle : 720
```

Calcul de factorielle

Notez qu'ici, notre programme n'est pas protégé contre une réponse incorrecte de l'utilisateur (valeur négative, nulle, ou même égale à 1). Dans ce cas, il fournirait la valeur 2 !

D'une manière générale, on parle d'itération dès lors qu'à l'intérieur d'une répétition, les valeurs d'une ou de plusieurs variables évoluent d'une manière qui dépend de leurs valeurs courantes. On progresse ainsi d'un état initial (valeurs des variables avant l'entrée dans la répétition) vers un état final (valeurs des variables après la fin des répétitions), en passant par une succession d'états intermédiaires.

La recherche d'un maximum correspondait à cette définition plus générale de l'itération.

Il faut bien voir que la mise en œuvre d'une itération nécessite de « deviner » les bonnes instructions permettant de progresser d'un état intermédiaire au suivant, le bon état initial et le bon test d'arrêt. La difficulté peut être très variable suivant la nature du problème à résoudre.

Voici enfin, un dernier exemple d'itération, à savoir le calcul du PGCD de deux entiers par l'algorithme d'Euclide. Rappelons que si a et b sont deux entiers positifs, on a :

```
PGCD (a, b) = PGCD (b, a mod b)
```

ou `a mod b` désigne le reste de la division entière (euclidienne) de a par b.

L'algorithme d'Euclide consiste à répéter les étapes suivantes :

- calculer r, reste de la division de a par b,

- remplacer a par b et b par r,

jusqu'à ce que r soit nul. Alors, le PGCD cherché est l'actuelle valeur de a.

Voici le programme correspondant. Ici, nous avons supposé que nous ne disposions que de l'opérateur / de division entière. Pour obtenir le reste de la division de a par b, il faut utiliser l'expression `a - b * (a/b)` (certains langages disposent d'un opérateur de « modulo » qui fournirait directement ce résultat).

```
entier a, b       // on cherche le PGCD de a et b
entier  r         // pour le reste de division
écrire «donnez deux entiers positifs : »
lire a, b         // ici, on ne vérifie pas que a et b sont positifs
répéter
 { r := a - b * (a/b)     // reste de division entière de a par b
   a := b ;
   b := r ;
 }
jusqu'à r = 0
écrire «leur PGCD est : », a

donnez deux entiers positifs : 48 60
leur PGCG est : 12
```

Calcul du PGCD de deux entiers

7

Les tableaux

Les variables que nous avons utilisées jusqu'ici étaient ce que l'on nomme des variables simples (ou scalaires) : à un instant donné, une variable de ce type contenait une seule valeur.

Comme nous l'avons dit dans le premier chapitre, la notion de structure de données permet à un langage évolué de donner un nom, non plus à une seule valeur, mais à un ensemble de valeurs. La structure de données la plus répandue, et présente dans tous les langages, est le tableau. Nous distinguerons :

- le tableau à une dimension (on dit aussi « à un indice ») : il s'agit alors d'une liste ordonnée de valeurs de même type, désignée par un nom unique, chaque valeur de la liste étant repérée par un numéro d'ordre qu'on nomme indice ; le tableau à une dimension s'apparente, en fait, à la notion mathématique de vecteur ;

- le tableau à deux dimensions (à « deux indices ») : il est plus proche que le précédent de l'idée usuelle que l'on se fait du mot « tableau », à savoir un ensemble de lignes et de colonnes ; cette fois, chaque valeur du tableau est repérée par deux indices.

Nous allons tout naturellement commencer par présenter comment définir et utiliser un tableau à une dimension et nous introduirons la notion de variable indicée en montrant comment elle peut s'utiliser de la même manière qu'une variable simple. Nous montrerons ensuite comment les techniques classiques de somme et de recherche de maximum s'appliquent à un tel tableau. Nous introduirons également quelques techniques spécifiques aux tableaux : recherche en table et tri. Puis nous verrons comment définir et utiliser un tableau à deux dimensions. Enfin, nous ferons le point sur la façon dont peut être géré l'emplacement mémoire destiné à un tableau, ce qui nous amènera à distinguer l'allocation statique de l'allocation dynamique et à parler de tableau associatif.

1 Notion de tableau à une dimension

1.1 Quand la notion de variable ne suffit plus

Supposez que nous ayons besoin dans un programme de conserver les notes de vingt élèves. Jusqu'ici, nous n'avons pas rencontré de cas où cela était nécessaire car nous pouvions toujours utiliser une seule variable qui prenait successivement la valeur des différentes notes.

S'il nous faut disposer simultanément de ces vingt valeurs, nous pouvons toujours utiliser vingt variables différentes nommées par exemple :

```
A  B  C  D  E  etc...
```

ou encore :

```
noteA  noteB  noteC  noteD  noteE  etc...
```

ou :

```
N1  N2  N3  N4  N5 etc...
```

Mais cette façon de procéder présente des inconvénients :

- Il faut trouver un nom de variable par valeur. Passe encore avec vingt valeurs, mais cela risque de devenir plutôt fastidieux avec cent ou mille valeurs !

- Il n'existe aucun lien entre ces différentes variables. Or dans certains cas, on aura à appliquer un même « traitement » à l'ensemble (ou à une partie) de ces valeurs. Imaginez simplement comment calculer la somme ou la moyenne de ces notes.

1.2 La solution : le tableau

Dans la plupart des langages, on dispose de la notion de tableau qui permet :

- d'attribuer un seul nom à l'ensemble de nos vingt valeurs, par exemple `notes` ;

- à repérer chaque note par ce nom et par un numéro (ici entre 1 et 20).

Nous conviendrons que `notes[1]` désigne la première valeur du tableau `notes`, que `notes[3]` désigne la troisième, `notes[8]` la huitième, etc... Plus généralement si `i` est une variable entière dont la valeur est comprise entre 1 et 20, nous pourrons considérer `notes[i]`.

Voici un schéma illustrant la situation :

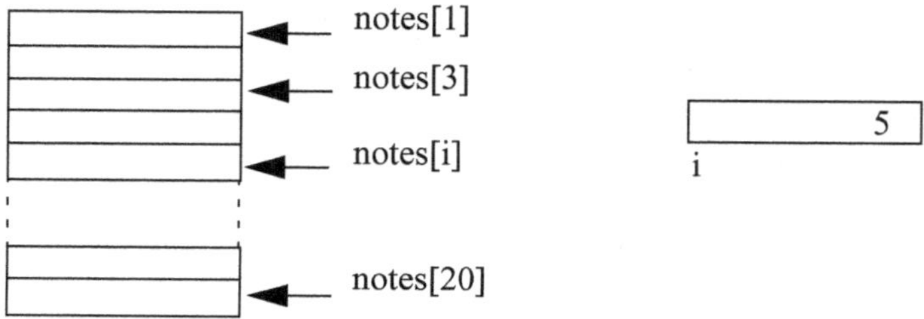

Bien entendu, cette représentation « verticale » est tout à fait arbitraire. Nous aurions pu tout aussi bien utiliser une représentation horizontale

Les notations telles que `notes[1]`, `notes[3]` ou `notes[i]` qui désignent un élément du tableau se nomment souvent des variables indicées et les valeurs entières servant de repère se nomment des indices. Le terme de « variable indicée » montre bien qu'un élément de tableau est assimilable à une variable et c'est précisément ce point qui donne son intérêt à la notion de tableau. Effectivement, comme n'importe quelle variable, une variable indicée prend, à un instant donné, une valeur et une seule et elle pourra faire l'objet d'affectations, de lectures ou d'écritures.

Les variables d'un type de base que nous avions utilisées jusqu'ici portent généralement le nom de variables simples. Par la suite, lorsque nous parlerons de variable, sans préciser, cela signifiera indifféremment variable simple ou indicée.

D'une manière générale, l'indice d'une variable indicée peut être n'importe quelle expression arithmétique entière. Ainsi, avec notre tableau `notes`, pourra-t-on parler des variables indicées suivantes :

```
notes [i + 2]
notes [2 * i - 1]
```

à condition cependant que les valeurs des expressions utilisées comme indice restent bien comprises (ici) entre 1 et 20.

 **Remarque**

On notera bien que chaque valeur du tableau est repérée par un nombre. Dans la vie courante, nous utilisons souvent d'autres façons de repérer une valeur. Ainsi, un enseignant préférera parler de la note de Thibault, plutôt que de la troisième note du tableau.

2 Utilisation d'un tableau à une dimension

Nous venons de décrire ce qu'était un tableau. Voyons maintenant comment le mettre en œuvre dans un programme.

2.1 Déclaration

Tout d'abord, nous conviendrons que tous les éléments d'un tableau sont d'un même type de base (`entier`, `réel`, `caractère`, `booléen`). Il en va ainsi dans la plupart des langages. Par exemple, dans le tableau `notes` précédent, tous les éléments pourraient être de type `réel`.

Par ailleurs, le traducteur du programme doit être en mesure de réserver les emplacements mémoire d'un tableau et il doit donc en connaître le nombre d'éléments (qu'on nomme souvent sa dimension ou sa taille) et le type.

Nous conviendrons de fournir cette information à l'aide d'une instruction de déclaration telle que :

```
tableau réel notes [20]     // notes est un tableau de 20 éléments de type réel
```

Nous admettrons qu'il est possible de déclarer plusieurs tableaux de même type, dans une même instruction :

```
tableau entier t[30], x[5]   // t est un tableau de 30 entiers,
                             // et x est un tableau de 5 entiers
```

2.2 Manipulation des éléments d'un tableau

Comme nous l'avons dit, une variable indicée s'utilise comme une variable simple. Elle peut donc :

- faire l'objet d'une affectation,
- figurer dans une expression arithmétique,
- figurer dans la liste d'une instruction de lecture ou d'écriture.

Les paragraphes suivants vous en donnent de nombreux exemples d'école, dont l'objectif essentiel est de vous familiariser avec ces nouvelles manipulations.

2.3 Affectation de valeurs à des éléments d'un tableau

Avec cette déclaration :

```
tableau entier x [4]
```

les instructions :

```
x[1] := 12
x[2] := 2
x[3] := 15
x[4] := 9
```

placent respectivement les valeurs 12, 2, 15 et 9 dans chacun des éléments du tableau x, ce que l'on peut schématiser ainsi (ici, nous avons utilisé une représentation horizontale) :

12	2	15	9

x

De même, ce petit programme

```
tableau caractère voyelle [6]
voyelle [1] := 'a'
voyelle [2] := 'e'
voyelle [3] := 'i'
voyelle [4] := 'o'
voyelle [5] := 'u'
voyelle [6] := 'y'
```

place dans le tableau nommé `voyelle` les six caractères corrrespondants aux 6 voyelles :

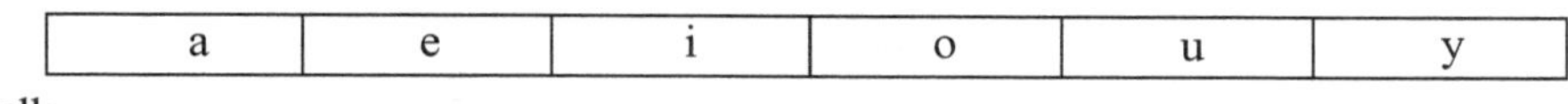

a	e	i	o	u	y

voyelle

Si l'on souhaite placer la même valeur, par exemple 1 dans chacun des éléments du tableau `x` précédent, il est inutile d'utiliser 4 instructions d'affectation différentes comme dans :

```
x[1] := 1
x[2] := 1
x[3] := 1
x[4] := 1
```

Il suffit, en effet, de faire appel à une répétition `pour` :

```
répéter pour i := 1 à 4
   x[i] := 1
```

 **Remarque**

Ici, nos affectations ont lieu en suivant l'ordre naturel des éléments du tableau. Mais, bien entendu, elles pourraient être réalisées dans n'importe quel ordre et à n'importe quel moment. Il faudra cependant prendre garde à ne pas chercher à utiliser un élément d'un tableau avant qu'il n'ait été défini.

2.4 Lecture des éléments d'un tableau

Si l'on a déclaré un tableau `x` par :

```
tableau entier x [4]
```

on pourra lire une valeur pour son premier élément par :

```
lire x[1]
```

De même :

```
lire x[1], x[3]
```

lira deux valeurs entières qui seront affectées respectivement au premier et au troisième élément du tableau `x`.

Bien entendu, il vous sera possible de lire des valeurs pour chacun des éléments de `x` en utilisant une répétition appropriée :

```
répéter pour i := 1 à 4
   lire x[i]
```

Notez qu'ici, compte tenu des conventions que nous nous sommes données pour la lecture des informations, l'utilisateur pourra présenter sa réponse comme il le souhaite : une seule valeur par ligne, deux valeurs par ligne, toutes sur une même ligne... En revanche, cette liberté n'existera plus si l'on souhaite guider l'utilisateur en lui indiquant, par exemple, un numéro pour chaque valeur, comme dans :

```
répéter pour i := 1 à 4
  { écrire «donnez la valeur numéro », i
    lire x [i]
  }
```

Plus précisément, dans ce cas, l'utilisateur pourra toujours fournir plus d'une valeur par ligne, mais le dialogue risque d'être un peu déconcertant, comme dans cet exemple où, par mégarde, l'utilisateur a fourni deux valeurs au lieu d'une en réponse à la première question (en définitive, on obtient les valeurs 5, 12, 25 et 8 dans le tableau x) :

```
donnez la valeur numéro 1
5 12
donnez la valeur numéro 2
donnez la valeur numéro 3
25
donnez la valeur numéro 4
8
```

2.5 Écriture des éléments d'un tableau

Là encore, il suffit d'appliquer à une variable indicée (élément de tableau), ce que l'on a appris avec une variable simple du même type. En voici un exemple d'école, accompagné du résultat fourni par son exécution :

```
tableau entier nombre [6]
entier i
nombre [1] := 0
répéter pour i := 2 à 5
   nombre [i] := 1
nombre [6] := 2
répéter pour i := 1 à 6
   écrire nombre [i]


0
1
1
1
1
2
```

Exemples d'affichage des valeurs d'un tableau

2.6 Utilisation de variables indicées dans des expressions

Une variable indicée peut apparaître dans une expression ou à gauche d'une affectation, au même titre qu'une variable simple. En voici un exemple d'école :

```
entier k
tableau entier a[6], b[6]
écrire «donnez 6 entiers : »
répéter pour k := 1 à 6
   lire a [k]
répéter pour k := 1 à 6
   b[k] := a [k] + 1
répéter pour k := 1 à 6
   écrire b [k]


donnez 6 entiers : 8 5 10 3 20 1
9
6
11
4
21
2
```

Exemples d'emploi de variables indicées dans des expressions

Ici, nous avons exécuté le programme en lui fournissant les valeurs 8, 5, 10, 3, 20 et 1. Celles-ci sont tout d'abord rangées dans le tableau a, grâce à la première répétition pour. Puis la répétition pour suivante place dans le tableau b, la valeur correspondante de a, augmentée de 1 ; ce tableau b contient donc les valeurs 9, 6, 11, 4, 21 et 2. Ce sont ces dernières qui sont affichées par la dernière boucle pour.

Exercice 7.1 Quels résultats fournira ce programme ?

```
tableau entier nombre [5]
entier i
répéter pour i := 1 à 5
   nombre [i] := i * i
répéter pour i := 1 à 5
   écrire nombre [i]
```

Exercice 7.2 Quels résultats fournira ce programme ?

```
tableau entier  c [6]
entier i
répéter pour i := 1 à 6
   lire c[i]
répéter pour i := 1 à 6
   c [i] := c [i] * c [i]
répéter pour i := 1 à 3
   écrire c [i]
répéter pour i := 4 à 6
   écrire 2*c[i]
```

lorsqu'on lui fournit en données les valeurs : 2, 5, 3, 10, 4 et 2

Exercice 7.3 Que fournit ce programme ?

```
tableau entier suite [8]
suite [1] := 1
suite [2] := 1
répéter pour i := 3 à 8
  suite [i] := suite [i-1] + suite [i-2]
répéter pour i := 1 à 8
  écrire suite [i]
```

2.7 Initialisation d'un tableau à une dimension

Nous avons déjà vu comment initialiser une variable au moment de sa déclaration, comme dans cet exemple :

```
réel x := 5.25   // x est «initialisée» avec la valeur 5.25
```

À l'instar de ce qui se passe dans la plupart des langages, nous admettrons qu'il est également possible d'initialiser les éléments d'un tableau au moment de sa déclaration. Nous « énumérerons » ses différentes valeurs, placées entre accolades ({ et }) et séparées par des virgules, comme dans cet exemple :

```
tableau entier t[5] := { 20, 30, 25, 15, 7}
```

Notez bien que, comme pour les variables, il ne s'agit que d'une initialisation. Rien n'empêche le programme de modifier ces valeurs par la suite.

Voici un autre exemple montrant comment créer un tableau des 6 voyelles :

```
tableau caractère voyelles[6] := {'a', 'e', 'i', 'o', 'u', 'y'}
```

On notera qu'ici, il est probable que l'on aura pas à modifier ces valeurs. Certains langages vous permettront de déclarer alors que votre tableau est « constant ».

3 Quelques techniques classiques appliquées aux tableaux à une dimension

3.1 Somme et maximum des éléments d'un tableau

Dans le précédent chapitre, nous avons appris à calculer la somme ou le maximum de plusieurs valeurs lues en données. Les techniques utilisées peuvent s'appliquer sans difficulté au cas où les valeurs en question sont les éléments d'un tableau.

Par exemple, si t est un tableau de 200 entiers, les instructions suivantes en calculent la somme dans la variable entière nommée som (i étant supposée entière) :

```
som := 0
répéter pour i := 1 à 200
  som := som + t [i]
```

De même, les instructions suivantes permettent d'obtenir, dans la variable nommée max, supposée de type entier, la plus grande valeur de ce même tableau t :

```
max := t [1]
répéter pour i := 2 à 200
   si t[i] > max alors max := t[i]
```

Exercice 7.4 À partir du tableau précédent t, écrire les instructions permettant de déteminer la « position » de son plus grand élément.

3.2 Test de présence d'une valeur dans un tableau

Un besoin qui apparaît fréquemment dans l'usage des tableaux est de déterminer si une valeur donnée est présente ou non dans un tableau. Par exemple, voici comment nous pourrions indiquer dans la variable booléenne nommée trouvé si la valeur entière n figure dans le tableau t :

```
entier i, n
booléen trouvé
tableau entier t[5]
    ..... // on suppose que la variable n a été convenablement définie
          // et on cherche si sa valeur figure dans le tableau t
trouvé := faux
répéter pour i := 1 à 5
   si t[i] = n alors trouvé := vrai
// ici trouvé vaut vrai si la valeur n figure dans le tableau t
// et faux dans le cas contraire
```

On peut remarquer que, lorsque la valeur cherchée a été trouvée dans le tableau, la recherche se poursuit inutilement avec les éléments suivants. Si l'on cherche à être plus efficace, on peut procéder ainsi :

```
trouvé := faux
i := 1
tant que (i <= 5) et (non trouvé) répéter
  { si t[i] = n alors trouvé := vrai
    i := i + 1
  }
// ici trouvé vaut vrai si la valeur de n figure dans t
//   et i désigne le premier emplacement correspondant
// sinon, trouvé vaut faux et la valeur de i n'a aucune signification
```

Voici une autre suite d'instructions recherchant la position de la valeur n dans t, sans utiliser de variable booléenne :

```
i := 1
tant que (t[i] <> n) et (i <= 5) répéter
   i := i + 1
// ici si i <6, i désigne la position du premier emplacement contenant n
// sinon, si i = 6, la valeur ne figure pas dans le tableau
```

Exercice 7.5 Écrire un programme qui lit un caractère et qui indique s'il s'agit d'une voyelle, en utilisant un tableau contenant les 6 voyelles de l'alphabet.

---

4 Exemple d'utilisation d'un tableau

Comme nous vous l'avions indiqué, l'emploi d'un tableau dans nos précédents exemples n'était justifié que par le souci de vous habituer à leur manipulation. Voici maintenant un problème où le tableau va se révéler indispensable, à savoir : lire 10 notes (réelles) et indiquer combien parmi celles-ci sont supérieures à la moyenne de ces 10 notes (attention, il s'agit bien de la moyenne de ces 10 notes, et non de la moyenne 10).

A priori, il faut d'abord calculer la moyenne de ces notes. Nous savons bien sûr effectuer cette opération sans tableau. Mais, il nous faut ensuite comparer chacune de ces notes à la moyenne ainsi obtenue. Si nous ne voulons pas relire à nouveau les mêmes notes, nous sommes obligés de les conserver en mémoire, après les avoir lues. Le moyen le plus simple pour y parvenir est alors d'utiliser un tableau.

Voici une ébauche de notre programme présentée sous forme de commentaires :

```
// lecture du tableau note
// calcul de la moyenne dans moy
// comptage dans nb du nombre de notes supérieures à moy
// affichage de moy et de nb
```

Voici ce que pourrait être le programme correspondant (ici, nous avons conservé les commentaires précédents, ce qui en pratique ne serait peut-être pas nécessaire) :

```
entier i, nb
tableau réel note [10]
réel somme, moy
    // lecture du tableau note
écrire «donnez vos 10 notes»
répéter pour i := 1 à 10
  lire note[i]
    // calcul de la moyenne dans moy
somme := 0.
répéter pour i := 1 à 10
  somme := somme + note[i]
moy := somme / 10.
    // comptage dans nb du nombre de notes supérieures à moy
nb := 0
répéter pour i := 1 à 10
  si note[i] > moy alors nb := nb + 1
    // affichage de moy et de n
écrire «moyenne : », moy
écrire «il y a », nb, « notes supérieures à cette moyenne»
```

```
donnez vos 10 notes
12.5 7 8.5 6 15.5 17 6.5 9 11.5 13
moyenne : 10.65
Il y a 5 notes supérieures à cette moyenne
```

Détermination du nombre de notes supérieures à leur moyenne

5 Tri d'un tableau à une dimension

L'utilisation d'un tableau permet de résoudre un problème assez fréquent, à savoir ordonner, par exemple de manière croissante, une suite de valeurs.

Dans tous les cas, on commence par placer les valeurs en question dans un tableau. Puis, on effectue ce que l'on nomme un « tri » des valeurs de ce tableau. Plusieurs techniques existent à cet effet ; la plus simple se nomme « tri par extraction simple » : elle se définit ainsi (t représentant le tableau et n son nombre d'éléments) :

- on compare le premier élément t[1] à tous ses suivants t[j], en procédant à un échange des valeurs de t[1] et de t[j], à chaque fois que ce premier élément t[1] est supérieur à t[j] ;

- le plus petit élément se trouve alors en première position. On peut alors appliquer l'opération précédente aux n-1 éléments restants, puis aux n-2... et cela jusqu'à ce qu'il ne reste plus qu'un seul élément (le dernier) qui est alors le plus grand.

Voici un programme complet appliquant cette technique à 15 valeurs entières lues en données :

```
tableau entier t[15]
entier i, j
entier temp  // pour procéder à l'échange de deux valeurs
    // lecture des valeurs à trier
écrire «donnez 15 valeurs entières : »
répéter pour i := 1 à 15
  lire t[i]
    // tri des valeurs de t
répéter pour i := 1 à 14        // notez bien la limite 14 (15-1)
  répéter pour j := i+1 à 15    // notez bien ici i+1
    si t[i] > t[j] alors
        { temp := t|i]
          t[i] := t[j]
          t[j] := temp
        }
    // affichage des valeurs triées
écrire «voici vos valeurs triées par ordre croissant»
répéter pour i := 1 à 15
  écrire t[i]
```

```
donnez 15 valeurs entières : 12 8 9 -5 0 15 3 21 8 8 4 -7 7 10 9
voici vos valeurs triées par ordre croissant :
-7 -5 0 3 4 7 8 8 8 9 9 10 12 15 21
```

Tri d'un tableau à une dimension

6 Contraintes sur la dimension d'un tableau

Il arrive souvent qu'après avoir réalisé et utilisé un programme travaillant sur un tableau de dimension donnée on ait besoin de l'adapter pour qu'il travaille avec un tableau de taille différente. La modification est alors possible mais elle nécessite parfois beaucoup d'attention. Par exemple, supposons qu'un programme utilise un tableau de 15 éléments :

```
taleau entier t [15]
```

et que vous souhaitiez maintenant qu'il fonctionne avec un tableau de 25 éléments. Il vous faudra, bien sûr, transformer 15 en 25 dans votre déclaration :

```
tableau entier t [25]
```

Mais il vous faudra également intervenir dans le programme au niveau de tout ce qui concerne le nombre d'éléments du tableau. Il est probable qu'il faudra modifier 15 en 25 en d'autres endroits mais, de plus :

- il n'est pas certain que cette modification doive être systématique, la valeur 15 pouvant apparaître, également, de façon indépendante du nombre d'éléments du tableau ;

- d'autres modifications, moins évidentes, peuvent être nécessaires : le nombre d'éléments peut très bien être « caché » dans une constante telle que 14, si elle représente le nombre d'éléments moins un (par exemple dans un tri du tableau, comme celui du paragraphe précédent)...

En fait, l'adaptation de notre programme serait manifestement facilitée si ce nombre d'éléments (15) n'apparaissait qu'en un seul endroit du programme. On pourrait penser à utiliser une variable déclarée ainsi :

```
entier nbElem := 15
```

et à déclarer ainsi notre tableau :

```
tableau réel t [nbElem]      // incorrect : nbElem est une variable
```

Mais, comme nous l'avons déjà indiqué, le traducteur du programme a généralement besoin de connaître la dimension du tableau pour en réserver l'emplacement. Cette démarche interdit alors l'utilisation d'une variable qui, par nature, voit sa valeur déterminée (et éventuellement modifiée) lors de l'exécution. En revanche, comme nous l'avons vu au paragraphe 6.2 du chapitre 2, page 32, la notion de « constante symbolique » permet de définir des valeurs connues du traducteur. Nous pourrons alors procéder ainsi :

```
entier constant nbElem := 15
tableau réel t [nbElem]      // correct : nbElem est une constante symbolique
```

D'une manière générale, la dimension d'un tableau pourra être fournie, non seulement sous forme d'une constante, mais aussi d'une expression constante. Rappelons qu'il s'agit d'une expression ne faisant intervenir que des constantes et des constantes symboliques et qui s'avère calculable par le traducteur.

 **Remarque**

Comme nous le verrons au paragraphe 11, page 134, il existe des langages dans lesquels la taille d'un tableau peut n'être définie qu'au moment de l'exécution. Dans ce cas, les contraintes évoquées ici n'existent plus.

Exercice 7.6 Réécrire le programme de tri du paragraphe précédent, de manière à ce que le nombre d'éléments du tableau soit défini par une constante symbolique, comme expliqué dans le présent paragraphe.

---

7 Débordement d'indice d'un tableau à une dimension

Supposons que nous ayons déclaré :

```
tableau entier t [15]
```

Que va-t-il se passer si nous cherchons à utiliser la valeur de `t[20]` ou, pire, à la modifier ?

A priori, on peut penser que le traducteur du programme doit être en mesure de détecter cette erreur puisqu'il dispose bien de l'information nécessaire (il lui suffirait de comparer 20 et 15 !). En pratique, cette erreur ne sera pas détectée dans tous les langages, notamment dans les langages compilés.

Quoi qu'il en soit, un problème analogue va se poser si l'on cherche à utiliser ou à modifier la valeur de `t[i]` avec une valeur de `i` incorrecte (c'est-à-dire négative, nulle ou supérieure à 15). Et là, on voit bien que la vérification ne peut pas être effectuée lors de la compilation[1], puisque la véritable valeur de `i` (ou les véritables valeurs de `i`, puisque, après tout, cette instruction peut très bien être exécutée plusieurs fois) ne sera connue que lors de l'exécution. Dans ces conditions, la seule chose que pourrait faire le compilateur serait d'ajouter des instructions supplémentaires qui, au moment de l'exécution, effectueraient les vérifications voulues. Là encore, ceci n'est pas mis en œuvre dans tous les langages (parfois pour des questions d'efficacité).

Les conséquences d'une telle maladresse peuvent être plus ou moins importantes, par exemple :

- valeur de `t[i]` imprévisible, dans le cas où l'on cherche simplement à utiliser cette valeur ;
- écrasement d'un emplacement quelconque de la mémoire lorsque l'on cherche à affecter une valeur à `t[i]`.

---

1. En revanche, elle est plus facile à mettre en œuvre dans les langages interprétés.

La plupart du temps, il vous faudra donc prévoir vous-même les contrôles nécessaires pour éviter ce genre de risque, y compris peut-être dans les langages « plus sécurisés » car il n'est pas certain que leur comportement dans ce cas vous satisfasse : par exemple un arrêt brutal de l'exécution ne sera guère agréable pour l'utilisateur !

 **Remarques**

1. Généralement, les éléments d'un tableau sont rangés dans des emplacements mémoire contigüs, ce qui facilite grandement le calcul de l'adresse d'un élément d'indice donné. Par exemple l'adresse de `t[i]` s'obtiendra en ajoutant `i` fois la taille d'un élément à l'adresse de début du tableau.

2. Les problèmes de débordement d'indice ne se présentent pas avec autant d'acuïté dans les langages interprétés qui gèrent généralement les tableaux de façon dynamique, technique dont nous parlerons au paragraphe 11, page 134.

8 Introduction aux tableaux à deux dimensions

Un tableau à une dimension correspond à une liste ordonnée de valeurs qu'on peut schématiser par une ligne ou une colonne de valeurs. Quoi qu'il en soit, il s'agit d'un schéma qu'on pourrait effectivement qualifier comme étant « à une dimension » et qui fait songer à la notion de vecteur en mathématiques.

Dans la vie courante, on a plutôt tendance à utiliser le mot tableau pour un ensemble de valeurs susceptibles d'être présentées sous forme d'un schéma à deux dimensions comportant à la fois des lignes et des colonnes. Ainsi, on peut faire un tableau donnant les notes de chaque élève d'une classe, dans chacune des différentes matières. Il pourrait se présenter ainsi (ici, par souci de simplicité, nous nous sommes limités à 4 élèves et à 5 matières) :

	Français	Maths	Physique	Histoire	Informatique
Thibault	12	17	13	12	17
Thomas	11	10	12	13	12
Maxime	15	12	9	7	11
Thifaine	11	9	6	12	8

Dans la plupart des langages, il est possible de placer ces différentes valeurs dans un tableau à deux dimensions. Cela consiste, comme dans le cas des tableaux à une dimension, à donner un nom, par exemple `notes` à l'ensemble de ces valeurs. Chaque note est alors repérée par les valeurs de deux indices qui en précisent la position. Nous conviendrons de les noter entre crochets, séparés par des virgules, le premier indice servant à repérer l'élève, le second la matière. Par exemple :

- notes [1, 2] représentera la note de Thibault en Maths ;
- notes [2, 4] représentera la note de Thomas en Histoire...

Voici un schéma illustrant la situation :

notes [1, 2]   notes [2, 4]

12	17	13	12	17
11	10	12	13	12
15	12	9	7	11
11	9	6	12	8

notes

Là encore, il faut bien noter que les indices servent à repérer les éléments du tableau ; ils ne précisent pas nécessairement leur signification. Autrement dit, si notes [1, 2] correspond à la note de Thibault en Maths, c'est parce que vous avez convenu que le premier élève est Thibault et que la deuxième matière est les Mathématiques.

Notez bien qu'ici, nous avons prévu que le premier indice correspondait aux élèves, le second aux matières, ce qui est important pour connaître la signification d'un élément d'indice donné. En revanche, dans notre dessin nous avons en outre convenu que le premier indice servait à repérer la ligne et nous avons disposé sur une même ligne les notes d'un élève donné. Nous aurions pu faire l'hypothèse inverse, à savoir qu'il représentait la colonne. Quoi qu'il en soit, ce choix n'a aucune incidence sur le programme lui-même et il n'intervient que :

- si nous souhaitons « faire un dessin » ;
- lorsque nous préférons parler de ligne ou de colonne, plutôt que de parler des « éléments correspondant à une valeur donnée du premier indice » ou des « éléments correspondant à une valeur donné du second indice » (ce qui serait quand même moins concis !).

Dans la suite, nous utiliserons souvent ces termes de ligne et de colonne, en utilisant la première hypothèse. Il en ira de même lorsque nous illustrerons notre propos par un dessin.

 **Remarque**

Nous avons indiqué que généralement les éléments d'un tableau à une dimension occupaient des emplacements mémoire contigüs. Il en ira de même pour les éléments d'un tableau à deux dimensions. Mais, cette fois, il ne faut pas oublier que la mémoire centrale ne possède en quelque sorte qu'une seule dimension (déterminée par la progression des adresses de ses octets). Aussi, les éléments d'un tableau à deux dimensions seront-ils rangés en mettant « bout à bout », soit les différentes lignes, soit les différentes colonnes (en pratique, on rencontre bien les deux possibilités, suivant les langages).

Bien entendu, comme pour les tableaux à une dimension, les risques de débordement d'indices devront être pris en compte. On notera que, cette fois, suivant les valeurs des indices et la manière dont le tableau est ordoné en mémoire, certains des débordements pourront correspondre encore à un élement du tableau (mais pas celui souhaité qui, de toute façon, n'existe pas !).

9 Utilisation d'un tableau à deux dimensions

Après avoir exposé ce qu'était un tableau à deux dimensions, expliquons maintenant comment le mettre en œuvre dans un programme, comme nous l'avons fait pour les tableaux à une dimension.

9.1 Déclaration

Là encore, nous conviendrons que tous les éléments d'un tableau à deux dimensions sont d'un même type.

Le traducteur du programme devra généralement connaître la taille du tableau, pour pouvoir en effectuer la réservation de l'emplacement mémoire. En outre, il devra connaître les valeurs maximales des indices pour chacune des deux dimensions. Cette information lui sera utile pour effectuer convenablement le calcul de l'adresse d'un élément défini par la valeur des deux indices.

Nous conviendrons de fournir cette information à l'aide d'une instruction de déclaration telle que :

```
tableau réel notes [4, 5]    // réservation d'un tableau de 20 valeurs (4 x 5)
                             // chaque élément sera repéré par deux indices :
                             // le premier variant entre 1 et 4
                             // le second entre 1 et 5
```

9.2 Affectation de valeurs

Considérons ces instructions :

```
tableau entier x [2, 3]

    .....
x [1, 1] := 5
x [1, 2] := 12
x [1, 3] := 2
x [2, 1] := 8
x [2, 2] := 9
x [2, 3] := 5
```

Leur exécution place les valeurs 5, 12, 2, 8, 9 et 5 dans les 6 éléments du tableau x. On peut éventuellement schématiser cela ainsi (en utilisant la convention évoquée précédemment, à savoir que le premier indice correspond à une ligne) :

5	12	2
8	9	5

Nous avons vu qu'il est facile de placer une même valeur dans les différents éléments d'un tableau à une dimension en faisant appel à une répétition inconditionnelle. La même possibilité s'applique bien sûr aux tableaux à deux dimensions, à condition, cette fois, de faire appel à deux répétitions imbriquées, comme dans cet exemple où nous plaçons la valeur 1 dans chacun des éléments de notre tableau x précédent :

```
entier i, j
    .....
répéter pour i := 1 à 2
  répéter pour j := 1 à 3
    x [i, j] := 1
```

9.3 Lecture des éléments

Si l'on a déclaré un tableau x par :

```
tableau entier x [2, 3]
```

on peut lire une valeur entière pour un de ses éléments par une instruction telle que :

```
lire x [1, 2]
```

Bien entendu, il vous sera possible de lire des valeurs pour tous les éléments de x en utilisant des répétitions imbriquées :

```
répéter pour i := 1 à 2
  répéter pour j := 1 à 3
    lire x[i, j]
```

Si, par exemple, nous exécutons ces instructions en fournissant les données suivantes :

```
10 20 30 40 50 60
```

nous obtiendrons ce résultat :

10	20	30
40	50	60

Notez bien que si nous inversons l'ordre des répétitions en écrivant :

```
répéter pour j := 1 à 3
  répéter pour i := 1 à 2
    lire x[i, j]
```

ou, de façon équivalente (nous avons permuté i et j) :

```
répéter pour i := 1 à 3
  répéter pour j := 1 à 2
    lire x[j, i]
```

nous obtiendrons, avec les mêmes données, un résultat différent :

10	30	50
20	40	60

 **Remarque**

Ici, nous avons lu en une seule fois tous les éléments du tableau x. Mais il ne s'agit nullement d'une obligation. Rien ne vous empêche d'effectuer une lecture ligne par ligne ou colonne par colonne ou, bien que cela soit d'un usage peu fréquent, d'une façon plus désordonnée...

9.4 Écriture des éléments

Aucun problème particulier ne se pose ici et nous allons en profiter pour vous donner un exemple complet de programme d'école (notez que l'usage d'un tableau n'y est nullement justifié, et encore moins celui d'un tableau à deux dimensions) :

```
tableau entier x[2, 3]
entier i, j, val
val := 1
    // on remplit le tableau x
répéter pour i:= 1 à 2
  répéter pour j := 1 à 3
    { x[i,j] := val
      val := 2 * val
    }
    // on affiche les valeurs du tableau x
répéter pour i := 1 à 2
  répéter pour j := 1 à 3
    écrire x [i, j]


1
2
4
8
16
32
```

Exemple d'affichage des valeurs d'un tableau à deux dimensions

 **Remarque**

La remarque précédente, formulée à propos de l'ordre de lecture des éléments d'un tableau, s'applique également ici à l'ordre dans lequel on les écrit.

Exercice 7.7

a) Quels seraient les résultats fournis par le programme précédent, si l'on remplaçait les instructions d'écriture par les suivantes ?

```
répéter pour j := 1 à 3
  répéter pour i := 1 à 2
    écrire x [i, j]
```

b) Même question avec ces instructions :

```
répéter pour j := 1 à 2
  répéter pour i := 1 à 3
    écrire x [j, i]
```

Exercice 7.8 Quels seront les résultats fournis par ce programme ?

```
tableau entier t[4, 2]
entier k, m
répéter pour k := 1 à 4
  répéter pour m := 1 à 2
    t [k, m] := k + m
répéter pour k := 1 à 4
  répéter pour m := 1 à 2
    écrire t [k, m]
```

Exercice 7.9 Soit la déclaration :

```
tableau entier x [2, 3]
```

Écrire un programme qui lit 6 valeurs pour le tableau x, en les demandant « ligne par ligne » et qui les réécrit, « colonne par colonne », comme dans :

```
donnez les valeurs de la ligne numéro 1
5 9 7
donnez les valeurs de la ligne numéro 2
8 10 3
voici la colonne numéro 1
5
8
voici la colonne numéro 2
9
10
voici la colonne numéro 3
7
3
```

10 Quelques techniques classiques appliquées aux tableaux à deux dimensions

Les techniques utilisées pour calculer la somme ou le maximum de plusieurs valeurs d'un tableau à une dimension peuvent s'appliquer sans difficultés au cas des tableaux à deux dimensions. Soit t un tableau de 1000 entiers réservé par la déclaration :

```
tableau entier t[20, 50]
```

Les instructions suivantes en calculent la somme dans la variable entière nommée som (les variables i et j sont supposées de type entier) :

```
som := 0 ;
répéter pour i := 1 à 20
  répéter pour j := 1 à 50
    som := som + t[i, j]
```

En ce qui concerne la détermination de la plus grande des valeurs d'un tableau à deux dimensions, la généralisation est un petit peu moins évidente. En effet, on pourrait penser initialiser une variable (par exemple max) avec l'élément repéré par les indices 1 et 1 :

```
max = t[1, 1] ;
```

Mais il nous faudrait alors comparer max avec chacun des éléments de t, excepté t[1, 1], ce qui serait peu facile à programmer. En fait, nous pouvons remarquer que nous ne modifierons pas la valeur du maximum en comparant à nouveau avec max l'élément t[1, 1]. D'où une solution simple :

```
max := t[1, 1]
répéter pour i := 1 à 20     // attention, on commence ici à 1
    répéter pour j := 1 à 50
      si t[i, j] > max alors max := t[i, j]
```

Exercice 7.10 Écrire les instructions permettant de déterminer la position du plus grand élément du tableau t précédent. Plus précisément, on s'arrangera pour obtenir, dans des variables entières nommées imax et jmax, les valeurs des deux indices permettant de repérer ce plus grand élément.

---

11 Gestion de l'emplacement mémoire d'un tableau

Jusqu'ici, nous avons raisonné comme si les adresses des variables et des tableaux étaient déterminées lors de la traduction du programme. C'est effectivement ce qui se produit dans bon nombre de langages compilés et l'on parle alors d'allocation statique de la mémoire.

Mais il nous faut commencer à nuancer cette affirmation dans la mesure où il existe d'autres façons d'attribuer un emplacement mémoire à une variable ou à un tableau. En effet, la plupart des langages compilés disposent, en plus de ces possibilités d'allocation statique, de possibilités dites d'allocation dynamique (ou de gestion dynamique ; on parle aussi de gestion d'un tas). L'emplacement demandé n'est alors défini que pendant l'exécution du programme[1]. Dans le cas d'un tableau, cela signifie que sa dimension n'a plus besoin d'être une expresion constante ; elle peut très bien figurer dans une variable dont on a lu la valeur en donnée ou résulter d'un calcul opéré par le programme lui-même.

Généralement, dans les langages où les tableaux sont statiques, leurs déclarations sont proches de celles que nous utilisons dans ce manuel. En revanche, dans les langages compilés où la gestion des tableaux est dynamique, les choses sont un peu différentes car il existe une instruction particulière de réservation de l'emplacement, instruction qui peut bien sûr être exécutée à n'importe quel moment et non plus seulement avant l'exécution du programme. Dans les langages interprétés, comme le besoin de mémoire n'apparaît qu'au fil de l'exécution, la gestion de la mémoire est généralement dynamique (aussi bien d'ailleurs pour les variables que pour les tableaux).

Quoi qu'il en soit, cette différence de gestion de la mémoire n'a pas d'incidence directe sur l'aspect algorithmique d'utilisation des tableaux, tel que nous l'avons exposé ici.

Par ailleurs, dans les langages où les tableaux sont gérés dynamiquement, les tableaux à deux dimensions apparaissent comme des tableaux de tableaux à une dimension et chacun de ces tableaux peut éventuellement posséder une dimension différente. Là encore, cela ne remet pas en question ce qui a été exposé ici puisqu'il ne s'agit en fait que d'une possibilité supplémentaire...

Enfin, la plupart des langages autorisent l'usage de tableaux à plus de deux dimensions. Ils sont rarement employés et plutôt destinés à des situations très spécifiques.

12 Notion de tableau associatif

On peut dire qu'un tableau usuel à une dimension associe un nombre entier (l'indice) à une valeur. Le tableau associatif possède un caractère plus général, en associant ce qu'on nomme une clé à une valeur. Cette fois, la clé peut être d'un type quelconque (caractère, chaîne, nombre...) et, de plus, leurs valeurs n'ont plus besoin d'être consécutives. Ainsi, on pourra associer :

- la note 14,25 à la chaîne «`Thibault`», au lieu, par exemple, de l'indice 1 ;

- la note 13,75 à la chaîne «`Thomas`», au lieu, par exemple, de l'indice 2 ;

- ...

Généralement, les tableaux associatifs n'ont pas de dimension fixe et leurs emplacements sont réservés dynamiquement au fur et à mesure des besoins.

---

1. Nous rencontrerons un mécanisme comparable dans le cas des objets et, cette fois, nous l'examinerons en détails.

 # Côté langages

La mise en œuvre des tableaux varie assez fortement d'un langage à un autre, ce qui ne remet bien entendu pas en cause toute la démarche algorithmique présentée dans ce chapitre.

Dans la plupart des langages actuels (C, C++, Java, C#, PHP, Python...), les indices commencent à zéro et non à un, comme nous l'avons choisi ici, pour plus de clarté. Cette particularité est la cause de nombreuses erreurs de programmation.

C/C++

On peut déclarer des tableaux statiques, dont la taille est connue lors de la compilation et fournie sous forme d'une expression constante (mais, en C, la notion de constante symbolique n'existe pas vraiment). Voici une déclaration correcte en C++ (mais pas en C) d'un tableau à une dimension.

```
const int nbElem = 20 ;     // en C++ (mais pas en C) nbElem est une
int t [nbElem] ;            // «constante symbolique» utilisable comme dimension
```

En C, on procédera ainsi :

```
#define NBELEM 20 // avant compilation, les symboles NBELEM seront remplacés par 20
.....
int t [NBELEM] ;  // le compilateur «trouvera» en fait l'instruction : int t[20]
```

Rien n'est prévu pour les situations de débordement d'indice. On peut donc obtenir des valeurs aléatoires ou écraser des emplacements quelconques.

Dans ces deux langages, il est possible de définir des tableaux statiques à deux dimensions (et même d'avantage), comme dans ces déclarations :

```
float t1 [3] [5]  ;       // tableau à 2 dimensions
float t2 [4] [5] [12]     // tableau à 3 dimensions
```

On peut également utiliser des tableaux dynamiques. En voici un exemple :

En C :

```
int nbElem ;     /* supposée contenir le nombre d'éléments souhaités */
  ...
float * adt ;    /* adt est un «pointeur» sur des éléments de type float */
adt = malloc (20 * sizeof (float)) ; /* on alloue un emplacement dont la */
                                 /* taille doit etre calculée en octets */
                                 /* sizeof (float) = taille d'un float */
  /* on peut ensuite utiliser adt[i] comme avec un tableau statique */
```

En C++ :

```
int nbElem ;       // supposée contenir le nombre d'éléments souhaités
   ...
float * adt ;    // adt est un «pointeur» sur des éléments de type float
adt = new float [nbElem] ;      // alloue un emplacement pour nbElem float
                                // et place son adresse dans adt
   // on peut ensuite utiliser adt[i] comme avec un tableau statique
```

En toute rigueur, les tableaux dynamiques à plus d'une dimension doivent être gérés manuellement en C. En revanche, en C++, on pourra allouer une tel tableau par une instruction telle que :

```
new float [nbElem1] [nbElem2]
```

Java, C#

Dans ces deux langages, les tableaux sont des objets particuliers qui, comme tous les objets, sont soumis à la gestion dynamique.

```
int nbElem ;       // supposée contenir le nombre d'éléments souhaités
   ...
float t [] ;       // t est la «référence» (adresse) d'un tableau
                   // pour l'instant, cette référence n'a pas reçu de valeur
   ...
t = new int [nbElem] ;   // alloue un emplacement pour nbElem entiers
                         // et place sa référence dans t (ici, nbElem n'a
                         //    pas besoin d'être une constante)
         //on peut maintenant utiliser t[i] comme si t était un tableau usuel
```

On notera bien que le tableau référencé par t pourra varier au fil de l'exécution (mais il ne pourra s'agir que d'un tableau d'entiers). Une « fonction » nommée length permet d'obtenir le nombre d'éléments d'un tableau à un moment donné. Ici, t.length vaudrait nbElem.

Le débordement d'indice provoque une « exception » qui, par défaut, conduit à l'arrêt du programme. Mais il est possible de prévoir un comportement personnalisé.

Il est possible de définir des tableaux à plusieurs dimensions, comme dans cet exemple :

```
int tab [] [] ;   // un élément de tab se notera tab[i][j]
```

En fait, tab est la référence d'un tableau de références sur des tableaux d'entiers. Une conséquence est qu'il n'est plus nécessaire que tous ces tableaux aient la même taille (avec notre image des lignes et des colonnes, cela reviendrait à dire que, dans un tableau à deux dimensions, les lignes pourraient avoir des longueurs différentes).

Le processus se généralise à des tableaux à plus de deux dimensions.

PHP

En PHP, existent en apparence des tableaux usuels (repérés par un indice) et des tableaux associatifs. En fait, les deux sont traités comme des tableaux associatifs. Leur gestion est totalement dynamique et l'allocation de mémoire est effectuée, non pas globalement comme dans beaucoup d'autres langages, mais au fur et à mesure des besoins, c'est-à-dire à chaque fois qu'on attribue une valeur à un élément. N'oubliez pas que PHP n'ayant pas de déclarations, les tableaux n'ont ni dimension, ni type. Les éléments d'un même tableau pourront avoir des types différents.

```
$tab [3] = 12 ;     // associe l'entier 12 à l'indice 3
                    // aucun autre emplacement n'est réservé
$tab [10] = «bonjour» // associe la chaîne «bonjour» à l'indice 10
                    // $tab comporte maintenant seulement 2 éléments
```

Pour parcourir les éléments d'un tableau, on dispose d'une structure de répétition particulière nommée `foreach` :

```
foreach ($tab as $elem)
  { // ici $elem représentera tour à tour chacun des élément du tableau $tab
    // on peut utiliser $elem, mais aussi le modifierᵃ
  }
```

On notera qu'une répétition classique (`for (i=1 ; i<t ; i++)`) n'est utilisable en PHP que si l'on a bien créé un tableau d'éléments consécutifs.

Les éléments d'un tableau peuvent être eux-mêmes des tableaux.

La notion de débordement d'indice n'existe plus. Il est possible de tester l'existence ou l'inexistence d'un élément à l'aide de la fonction `isset` : `isset($tab[$i])` est vrai si l'élément de rang `$i` existe. Avec l'expression `count ($t)`, on obtient le nombre d'éléments existant dans `$t`, à un moment donné.

Python

En Python, on trouve également deux sortes de tableaux : les listes et les dictionnaires.

Les listes correspondent aux tableaux usuels, dans lesquels un élément est repéré par un indice entier. Contrairement à bon nombre de langages, mais comme en PHP, les éléments peuvent être de types différents. Il est nécessaire de « déclarer » une liste en attribuant une valeur à ses éléments, comme dans :

```
tab = [ 2, 5, "bonjour", 3.5 ]  # liste de 4 éléments nommée tab
                                # tab[0] vaut 2, tab[2] vaut "bonjour"...
```

On peut modifier classiquement les valeurs d'un tel tableau :

```
tab[0] = 5.25
tab[3] = "bonjour"
```

---

a. Ce qui n'est pas le cas de la répétition *for* de Java 5 appliquée aux collections (et nommée souvent *for... each,* bien que le mot *each* ne figure pas dans sa syntaxe).

On peut également « étendre » ce tableau, à l'aide de la fonction `append` :

```
tab.append ("salut")   # tab[4] vaut "salut" et maintenant tab comporte 5 éléments
```

Le parcours d'un tableau se fait classiquement avec une instruction `for` (la fonction `len` donne le nombre d'éléments d'un tableau) :

```
for i in range(len(tab)) :
    # traitement de tab[i]
```

Le débordement d'indice conduit à une erreur d'exécution.

Comme les éléments d'une liste sont d'un type quelconque, on peut facilement définir des tableaux à deux dimensions comme un cas particulier de listes dont les éléments sont eux-mêmes des listes.

Quant aux dictionnaires, ce sont des « tableaux associatifs » dont la gestion, cette fois, est totalement dynamique. Il faut cependant, là encore, « déclarer » un tel tableau en fournissant des valeurs initiales, mais on peut aussi le créer vide :

```
tabass = {}                # {} est un dictionnaire vide
tabass ["rouge"] = 3       # associe la valeur 3 à la clé "rouge"
print (tabass["rouge"])    # affiche 3
```

Notez que c'est la façon d'initialiser le tableau (`[]` pour une liste et `{}` pour un dictionnaire) qui en définit le type exact (`<class 'list'>` ou `<class 'dict'>`).

 ## Exemples langages

Voici, écrit en C++, C, Java, C# et PHP, l'exemple de programme du paragraphe 4, page 124.

C++

Ici, nous avons placé le nombre de notes (10) dans une constante symbolique, afin d'en faciliter la modification éventuelle.

```
#include <iostream>
using namespace std ;
int main()
{ const int nbNotes = 10 ;
  int i, nb ;
  float note [nbNotes] ;
  float somme, moy ;
    // lecture du tableau note
  cout << "donnez vos " << nbNotes << " notes : " ;
```

```
      for ( i = 0 ; i<nbNotes ; i++)
        cin >> note [i] ;
        // calcul de la moyenne dans moy
      somme = 0. ;
      for (i = 0 ; i<nbNotes ; i++)
        somme = somme + note[i] ;
      moy = somme / nbNotes ;      // on suppose nbNotes non nul
        // comptage dans nb du nombre de notes supérieures à moy
      nb = 0 ;
      for (i = 0 ; i<nbNotes ; i++)
        if (note[i] > moy) nb++ ;
        // affichage de moy et de n
      cout << "moyenne = " << moy << "\n" ;
      cout << "il y a " << nb << " notes supérieures à cette moyenne" ;
    }
```

```
donnez vos 10 notes : 12.5 7 8.5 6 15.5 17 6.5 9 11.5 13
moyenne = 10.65
il y a 5 notes supérieures à cette moyenne
```

C

Nous avons également fait en sorte que le nombre de notes soit facile à modifier mais comme les constantes symboliques du C ne sont pas utilisables dans des expressions constantes, nous avons dû utiliser une instruction #define.

```
#include <stdio.h>
#define NBNOTES 10
int main()
{ int i, nb ;
  float note [NBNOTES] ;
  float somme, moy ;
    /* lecture du tableau note */
  printf ("donnez vos %d notes : ", NBNOTES) ;
  for ( i = 0 ; i<NBNOTES ; i++)
    scanf ("%f", &note[i]) ;
    /* calcul de la moyenne dans moy */
  somme = 0. ;
  for (i = 0 ; i<NBNOTES ; i++)
    somme = somme + note[i] ;
  moy = somme / NBNOTES ;      // on suppose nbNotes non nul
    /* comptage dans nb du nombre de notes supérieures à moy */
  nb = 0 ;
  for (i = 0 ; i<NBNOTES ; i++)
    if (note[i] > moy) nb++ ;
    /* affichage de moy et de n */
  printf ("moyenne = %7.2f\n", moy) ;
  printf ("il y a %d notes supérieures à cette moyenne", nb) ;
}
```

C#

```
using System;
class Moyennes
{ static void Main()
 { int nbNotes = 10 ;     // ici, const pas nécessaire car gestion dynamique
   int i, nb ;
   float [] note = new float [nbNotes] ;     // tableau créé dynamiquement lors
                                       // de l'exécution
   float somme, moy ;
   String ligne ;
   // lecture du tableau note
   Console.WriteLine ("Donnez vos " + nbNotes + " notes : ") ;
   for ( i = 0 ; i<nbNotes ; i++)
   {ligne = Console.ReadLine() ;        // on lit une «ligne» de texte qu'on
    note[i] = Single.Parse (ligne) ;    // «convertit» ensuite en réel (Single)
   }
     // calcul de la moyenne dans moy
   somme = 0 ;
   for (i = 0 ; i<nbNotes ; i++)
     somme = somme + note[i] ;
   moy = somme / nbNotes ;     // on suppose nbNotes non nul
     // comptage dans nb du nombre de notes supérieures à moy
   nb = 0 ;
   for (i = 0 ; i<nbNotes ; i++)
     if (note[i] > moy) nb++ ;
     // affichage de moy et de n
   Console.WriteLine ("Moyenne = " + moy) ;
   Console.Write ("Il y a " + nb + " notes supérieures à cette moyenne") ;
 }
}
```

```
Donnez vos 10 notes
12,5
7
8,5
6
15,5
17
6,5
9
11,5
13
Moyenne = 10,65
Il y a 5 notes supérieures à cette moyenne
```

Notez que, par défaut, C# utilise une virgule et non un point dans l'écriture des nombres réels.

En outre, rappelons que la lecture en mode console est réalisée en lisant préalablement une ligne de texte dans une chaîne de caractères, à laquelle on applique ensuite une opération de conversion dans le type voulu. Ici, par souci de simplification du programme, nous avons prévu de lire séparemment chaque note.

Java

```java
import java.io.* ;
public class Moyennes
{ public static void main (String args[])
  {  int nbNotes = 10 ;
   int i, nb ;
     float [] note = new float [nbNotes];
     float somme, moy ;
         // lecture du tableau note
     System.out.println ("Donnez vos " + nbNotes + " notes : ") ;
     for ( i = 0 ; i<nbNotes ; i++)
       note[i] = Clavier.lireFloat() ;
         // calcul de la moyenne dans moy
     somme = 0 ;
     for (i = 0 ; i<nbNotes ; i++)
        somme = somme + note[i] ;
     moy = somme / nbNotes ;      // on suppose nbNotes non nul
         // comptage dans nb du nombre de notes supérieures à moy
     nb = 0 ;
     for (i = 0 ; i<nbNotes ; i++)
       if (note[i] > moy) nb++ ;
         // affichage de moy et de n
     System.out.println("Moyenne = " + moy) ;
     System.out.println ("Il y a " + nb + " notes supérieures à cette moyenne") ;
  }
}
  Donnez vos 10 notes :
12.5
14.5
7
8.5
5.5
11.5
9
8
7.5
8.5
Moyenne = 9.25
Il y a 3 notes supérieures à cette moyenne
```

Comme nous l'avons déjà indiqué, Java ne dispose pas d'instructions de lecture en mode console et il faut réaliser ses propres outils. Ici, `Clavier.lireFloat` désigne en fait une fonction que nous devrons écrire (plus précisément une méthode particulière d'une classe nommée `Clavier`) dont le but est de lire une valeur flottante au clavier. Là encore, par souci de simplification du programme, nous avons préféré lire une seule valeur par ligne.

Python

```python
nbNotes = 10 :
        #### lecture du tableau note
note = nbNotes * [0]    # tableau (liste) de 10 valeurs initialisées à 0
print ("Donnez vos ", nbNotes, " notes : ")
for  i in range (nbNotes) :   # ou range (0, nbNotes)
   note[i] = float (input())
        ####  calcul de la moyenne dans moy
somme = 0
for  i in range (nbNotes) :    # ou range (0, nbNotes)
   somme = somme + note[i]
moy = somme / nbNotes       ### on suppose nbNotes non nul
        #### comptage dans nb du nombre de notes supérieures à moy
nb = 0 :
for  i in range (nbNotes) :    # ou range (0, nbNotes)
   if note[i] > moy :
      nb = nb + 1
        #### affichage de moy et de n
print ("Moyenne = ", moy)
print ("Il y a ", nb, " notes supérieures à cette moyenne")


Donnez vos  10  notes :
12.5
7
8.5
6
15.5
17
6.5
9
11.5
13
Moyenne =  10.65
Il y a  5  notes supérieures à cette moyenne
```

Comme en C#, la lecture en mode console est réalisée en lisant préalablement une ligne de texte dans une chaîne de caractères que l'on exploite ensuite en fonction des besoins. Ici, par souci de simplification du programme, nous avons prévu de lire séparément chaque note.

PHP

Rappelons que PHP ne dispose pas d'instructions de lecture en mode console. En général, les informations voulues proviendront d'un formulaire. Ici, nous avons placé directement les 10 notes dans le programme lui-même.

```php
<?php
    // création en mémoire du tableau $note
$note = array (12.5, 7, 8.5, 6, 15.5, 17, 6.5, 9, 11.5, 13) ;
    // calcul de la moyenne dans moy
$somme = 0. ;
$nbNotes = count ($note) ;
foreach ($note as $noteCour)         // on pourrait utiliser également :
   $somme = $somme + $noteCour ;     // for ($i=0 ; $i<$nbNotes ; $i++)
                                     //    $somme = $somme + $note[$i] ;
$moy = $somme / $nbNotes ;     // on suppose que $note contient au moins une note
    // comptage dans nb du nombre de notes supérieures à moy
$nb = 0 ;
foreach ($note as $noteCour)         // on pourrait utiliser également :
   if ($noteCour > $moy) $nb++ ;     // for ($i=0 ; $i<$nbNotes ; $i++ )
                                     //    if ($note[$i] > $moy) $nb++ ;
    // affichage de moy et de n
echo "Moyenne = " , $moy, "<br>";
echo "Il y a ", $nb, " notes supérieures à cette moyenne" ;
?>
```

```
Moyenne = 10.65
Il y a 5 notes supérieures à cette moyenne
```

8

Les fonctions

Dès qu'un programme dépasse une ou deux pages de texte, il est pratique de pouvoir le décomposer en des parties relativement indépendantes dont on pourra comprendre facilement le rôle, sans avoir à examiner l'ensemble du programme. Par ailleurs, même dans un petit programme, il est fréquent que l'on ait à réaliser en plusieurs endroits un travail comparable (par exemple, le tri d'un tableau d'entiers). Dans ces conditions, il serait regrettable d'avoir à introduire, à diverses reprises, des instructions identiques ou presque.

En fait, comme nous l'avons précisé dans le premier chapitre, la plupart des langages permettent de réaliser ce que l'on nomme des fonctions. Il s'agit d'instructions qu'on écrit une seule fois en leur attribuant un nom. Toute fonction peut ensuite être utilisée en tout point d'un programme en se contentant d'en écrire le nom. Cela permet, en quelque sorte, de travailler avec des éléments préfabriqués au lieu d'être réduit, chaque fois, à assembler les briques de base que sont les instructions du langage. De surcroît, la fonction peut être « paramétrée », de façon que son travail puisse s'adapter à des situations semblables, mais non identiques ; par exemple, une fonction de tri d'un tableau pourra travailler avec différents tableaux, éventuellement de tailles différentes... Qui plus est, nous verrons que la fonction pourra être utilisée par des programmes différents.

On notera bien que ce terme de fonction a une signification plus générale qu'en mathématiques, où une fonction ne fait que calculer une valeur à partir des valeurs d'un ou plusieurs paramètres. La « fonction informatique » peut se contenter de réaliser un calcul et de fournir le résultat, comme une fonction mathématique ; mais elle peut aussi effectuer une action n'ayant plus rien à voir avec un calcul (par exemple, lecture ou écriture d'informations) et, éventuellement, ne fournir aucun résultat.

Dans ce chapitre, nous allons progressivement apprendre à mettre en œuvre une fonction. Nous commencerons par introduire les notions de paramètres, de variables locales et de résultat (valeur de retour). Nous préciserons ensuite la manière dont les paramètres sont fournis à une fonction, ce qui nous amènera à distinguer la transmission par valeur de la transmission par référence, avant d'aborder le cas des tableaux transmis en paramètre. Nous apporterons ensuite quelques précisions sur les propriétés des variables locales, leur initialisation, leur durée de vie, ainsi que sur ce l'on nomme la surdéfinition des fonctions. Nous vous donnerons quelques indications sur les différentes façon de gérer la mémoire puis nous distinguerons la notion de programme principal, avant d'étudier ce qu'est la récursivité.

1 Notion de fonction

1.1 Premier exemple

Supposons qu'un programme comporte ces instructions ;

```
// un exemple de programme sans fonction
   .....
écrire «Nombre de points obtenus»
écrire «au cours de cette partie»
   .....
écrire «Nombre de points obtenus»
écrire «au cours de cette partie»
   .....
```

Nous constatons qu'il renferme deux fois la même suite d'instructions :

```
écrire «Nombre de points obtenus»
écrire «au cours de cette partie»
```

La notion de fonction nous permet de regrouper ces deux instructions sous un nom unique, par exemple `message`. Ici, nous conviendrons de les placer dans un bloc (nommé corps de la fonction) précédé d'une ligne (nommée en-tête de la fonction) précisant le nom choisi :

```
fonction message     // en-tête
{ écrire «Nombre de points obtenus»
  écrire «au cours de cette partie»
}
```

Il suffira alors d'une simple instruction dite d'appel de cette fonction, telle que :

```
message
```

pour provoquer l'exécution des instructions qu'elle contient. Ainsi, notre programme précédent pourra-t'il se simplifier comme suit (ici, nous avons reproduit les instructions de la fonction, pour plus de clarté) ;

```
// le programme précédent utilisant la fonction message
   .....
message
   .....
message
   .....
```

```
   // la fonction message
fonction message     // en-tête
{ écrire «Nombre de points obtenus»
  écrire «au cours de cette partie»
}
```

Un premier exemple de fonction nommée message

On peut dire que, à la rencontre de l'instruction message, on se « branche » à la première instruction de la fonction ; à la fin de l'exécution des instructions de la fonction, on revient dans le programme, à l'instruction suivant celle qui avait provoqué l'appel de la fonction. Le même mécanisme se répète avec l'instruction message suivante.

1.2 Notion de paramètre

Dans notre précédent exemple, les instructions exécutées par la fonction étaient toujours exactement les mêmes. Considérons maintenant un programme contenant ces instructions :

```
// un exemple de programme sans fonction
entier n := 20, p := 25
écrire «Nombre de points obtenus : »
écrire n
   .....
écrire «Nombre de points obtenus : »
écrire p
   .....
```

Il renferme cette fois, non plus exactement la même suite d'instructions, mais deux suites d'instructions très semblables, d'une part :

```
écrire «Nombre de points obtenus : »
écrire n
```

d'autre part :

```
écrire «Nombre de points obtenus : »
écrire p
```

On voit que les instructions ne diffèrent que par la valeur affichée (celle de n, puis celle de p).

Là encore, nous allons pouvoir en faire une fonction, nommée par exemple affiche, mais cette fois, celle-ci devra disposer de ce que l'on nomme un paramètre : il s'agit d'une valeur qu'on transmet à la fonction au moment de son appel. Nous conviendrons que cet appel se présentera ainsi :

```
affiche (x)     // x : valeur entière à fournir à la fonction
```

de sorte que nos instructions précédentes pourront alors être remplacées par celles-ci :

```
// le programme précédent utilisant la fonction affiche
entier n := 20, p := 25
affiche (n)    // appel de la fonction affiche, avec en paramètre la valeur de n
   .....
affiche (p)    // appel de la fonction affiche, avec en paramètre la valeur de p
   .....
```

Voyons maintenant comment écrire notre fonction affiche. Cette fois, elle va contenir deux instructions d'affichage telles que :

```
écrire «Nombre de points obtenus : »
écrire nb
```

Mais nous voyons qu'il va falloir attribuer à ce que nous avons nommé nb, la valeur reçue en paramètre : il faudra que nb vaille 20 au premier appel, 25 au second... Nous conviendrons de procéder ainsi :

```
fonction affiche (entier nb)    // ici  nb représente la valeur entière qui
                                // sera fournie en paramètre lors de l'appel
{ écrire «Nombre de points obtenus : »
  écrire nb

}
```

L'en-tête précise que la fonction s'attend à recevoir un paramètre de type entier et que sa valeur sera désignée par le symbole nb dans les instructions de la fonction. Ce symbole s'utilisera alors comme un nom de variable usuel.

En définitive, voici notre nouveau programme, accompagné de sa fonction affiche et d'un exemple d'exécution (nous supposons que les instructions matérialisées par des ..... ne contiennent pas d'instructions d'affichage) :

```
      // le programme précédent utilisant la fonction affiche
entier n := 20, p := 25
affiche (n)    // appel de la fonction affiche, avec en paramètre la valeur de n
   .....
affiche (p)    // appel de la fonction affiche, avec en paramètre la valeur de p
   .....
      // définition de la fonction affiche
fonction affiche (entier nb)    // ici  nb représente la valeur entière qui
                                // sera fournie en paramètre lors de l'appel
{ écrire «Nombre de points obtenus : »
  écrire nb
}


Nombre de points obtenus :
20
Nombre de points obtenus :
25
```

Exemple de fonction disposant d'un paramètre

On peut dire que, à la rencontre de l'instruction affiche(n), on se « branche » à la première instruction de la fonction, en lui transmettant le paramètre 20 ; à la fin de l'exécution des instructions de la fonction, on revient dans le programme, à l'instruction suivant celle qui avait provoqué l'appel de la fonction. Le même mécanisme se répète avec l'instruction affiche(p).

1.3 Paramètres formels ou effectifs

Les paramètres (on dit aussi arguments) figurant dans l'en-tête d'une fonction se nomment des paramètres formels (ou muets). Ceux fournis lors de l'appel de la fonction se nomment paramètres effectifs. Dans l'exemple du paragraphe précédent, le paramètre effectif était une variable (n, puis p), mais on pourrait très bien utiliser une constante ou une expression, comme dans :

```
affiche (5)
affiche (2*n + 3)
```

En effet, c'est bien la valeur de cette constante ou de cette expression qui sera transmise à la fonction. Une telle liberté (variable, constante, expression) n'aurait aucun sens pour les paramètres formels. Ainsi, on ne pourrait pas écrire l'en-tête de affiche, sous l'une de ces formes :

```
affiche (entier nb +5)     // en-tête incorrrect
affiche (entier 3)         // en-tête incorrrect
```

pas plus qu'en mathématiques, on ne peut définir une fonction f par f(nb+5)=8 ou f(5)=12 !

1.4 Notion de variable locale

Voyons maintenant comment réaliser une fonction, que nous nommerons salut, permettant d'afficher plusieurs fois le libellé «bonjour», le nombre de fois demandé étant fourni en paramètre. Par exemple, nous souhaitons que l'appel :

```
salut (3)
```

affiche :

```
bonjour à tous
bonjour à tous
bonjour à tous
```

Nous savons déjà écrire l'en-tête de la fonction, par exemple :

```
fonction salut (entier n)
```

Nous savons également que, dans le corps de notre fonction, nous trouverons des instructions telles que :

```
répéter pour i := 1 à n
    écrire «bonjour à tous»
```

Mais nous voyons que nous avons besoin en outre d'une variable entière i destinée à jouer le rôle de compteur dans notre boucle pour. Nous conviendrons qu'il est possible de la déclarer dans les instructions de la fonction et nous dirons qu'il s'agit d'une variable locale à la fonction. Notre fonction salut se définira ainsi :

```
fonction salut (entier nb)
{ entier i
  répéter pour i := 1 à n
      écrire «bonjour à tous»
}
```

Voici un exemple complet d'utilisation de cette nouvelle fonction :

```
    // programme utilisant la fonction salut
écrire «Utilisons une première fois la fonction salut»
salut (3)
écrire «Utilisons une seconde fois la fonction salut»
salut (2)
    // la fonction salut
fonction salut (entier n)
{ entier i
  répéter pour i := 1 à n
      écrire «bonjour à tous»
}


Utilisons une première fois la fonction salut
bonjour à tous
bonjour à tous
bonjour à tous
Utilisons une seconde fois la fonction salut
bonjour à tous
bonjour à tous
```

Exemple de fonction disposant d'une variable locale

1.5 Notion de résultat

Dans tous les langages, une fonction peut fournir un résultat (on dit aussi « valeur de retour »), ce qui n'était pas le cas de nos précédents exemples. Mais, supposons que nous ayons besoin de disposer d'une fonction lisant une valeur entière positive, inférieure à une certaine limite qu'on lui fournit en paramètre. Son appel se déroulera comme nous avons déjà appris à le faire, en écrivant par exemple :

```
lireNombre (10)
```

ce qui devra demander la lecture d'un entier compris entre 1 et 10.

Mais, cette fois, notre fonction doit fournir un résultat (la valeur lue). Nous considérerons, comme le font tous les langages, que cette notation `lireNombre(10)` est en fait une expression numérique dont la valeur est précisément le résultat fourni par la fonction. Cette fois, il ne s'agit plus d'une instruction (comme dans les deux exemples précédents), mais d'une expression dont il faut utiliser la valeur d'une manière ou d'une autre, par exemple :

```
entier n
n := lireNombre(10)
```

ou, encore :

```
entier n
n := 2 * lireNombre(10) + 3
```

Nous allons bien sûr retrouver le même mécanisme de communication par le biais de paramètre entre le programme et la fonction. Si nous choisissons de nommer ce paramètre `limite`, les instructions de lecture de notre fonction pourraient se présenter ainsi :

```
répéter
  { écrire «donnez un entier positif inférieur à  », limite
    lire n
  }
juqu'à n > 0 et n <= limite
```

Ici encore, nous voyons que nous aurons besoin d'une variable locale n que nous déclarerons dans la fonction. Mais, de plus, nous voyons qu'il nous faut disposer d'un mécanisme permettant de préciser quel résultat doit fournir la fonction. Nous conviendrons (par analogie à ce qui se passe dans les langages) qu'il existe une instruction particulière `retourne` dans laquelle on mentionne le résultat voulu. Ici, il s'agira donc de :

```
retourne n
```

Enfin, nous conviendrons de déclarer le type du résultat dans l'en-tête qui se présentera alors ainsi :

```
entier fonction lireNombre (entier limite)
```

Elle précise que la fonction `lireNombre` reçoit un paramètre entier nommé `limite` et qu'elle fournit un résultat de type `entier`. En définitive, voici ce que pourrait être notre fonction, accompagnée d'un petit exemple d'utilisation :

```
    // programme utilisant la fonction lireNombre
entier n, p
n := lireNombre (10)
écrire «merci pour », n
p := lireNombre (50)
écrire «merci pour », p
    // fonction lireNombre
entier fonction lireNombre (entier limite)
{ entier n
  répéter
    { écrire «donnez un entier positif inférieur à  », limite
      lire n
    }
  juqu'à n > 0 et n < limite
  retourne n
}


donnez un entier positif inférieur à 10
-5
donnez un entier positif inférieur à 10
5
merci pour 5
donnez un entier positif inférieur à 50
125
donnez un entier positif inférieur à 50
29
merci pour 29
```

Exemple de fonction fournissant un résultat

 **Remarques**

1 Puisqu'une notation telle que `lireNombre (10)`, n'est rien d'autre qu'une expression (ici, de type `entier`), il est possible d'utiliser cette instruction :

```
écrire lireNombre(10)
```

2 Pour la transmission du résultat d'une fonction, nous avons utilisé la démarche la plus répandue. Certains langages en utilisent d'autres. C'est ainsi que Fortran et Pascal utilisaient conventionnellement le nom de la fonction comme une sorte de variable, à laquelle il suffisait d'affecter une valeur dans les instructions de la fonction.

3 Tous les langages ne demandent pas de déclarer les types des paramètres ou du résultat. Là encore, nous avons adopté la démarche la plus répandue, laquelle permet, entre autres, de détecter certaines erreurs de programmation lors de la traduction.

4 Dans notre exemple, l'instruction `retourne` mentionnait une variable. La plupart des langages vous permettront d'utiliser une expression comme dans :

```
retourne 2*n + 5
```

5 Ici, nous avons placé une seule instruction `retourne` à la fin de notre fonction. Beaucoup de langages vous permettront d'en utiliser plusieurs, comme dans :

```
si  n >0 alors retourne n
           sinon retourne -n
```

Mais il faut alors savoir que, dans ce cas, l'instruction `retourne` joue un double rôle :

— définir la valeur du résultat ;

— mettre fin à l'exécution de la fonction.

Le texte de la fonction est alors moins facile à lire et, ici, nous continuerons à n'utiliser qu'une seule instruction `retourne` placée à la fin de la fonction.

1.6 Exemple de fonctions à plusieurs paramètres

Les fonctions de nos derniers exemples ne disposaient que d'un seul paramètre. Mais une fonction peut posséder plusieurs paramètres qu'il suffit alors de préciser dans l'en-tête. Voici un exemple d'une fonction nommé `max` qui fournit comme résultat la plus grande des trois valeurs entières reçues en paramètres :

```
entier fonction max (entier a, entier b, entier c)
{ entier m
  m := a
  si b > m alors m := b
  si c > m alors m := c
  retourne m
}
```

Cette fois, l'en-tête mentionne trois paramètres de type `entier`. Nous conviendrons que la première valeur fournie lors de l'appel sera attribuée à `a`, la seconde à `b` et la troisième à `c`. Ici encore, notre fonction comporte une variable locale nommée m qui sert à déterminer progressivement la valeur maximale recherchée.

Voici un exemple complet de programme utilisant cette fonction, accompagné d'un exemple d'exécution :

```
     // programme utilisant la fonction max
entier n, p, q, m
n := 3
p := 5
q := 2
m := max (n, p, q)
écrire «maximum de », n, p, «et », q, « = » , m
m := max (2*n, p, q+2)
écrire «maximum de », 2*n, p, «et », q+2, « = », m
     // la fonction max
entier fonction max (entier a, entier b, entier c)
{ entier m
  m := a
  si b > m alors m := b
  si c > m alors m := c
  retourne m
}


maximum de 3 5 et 2 = 5
maximum de 6 5 et 4 = 6
```

Exemple de fonction à plusieurs paramètres

 **Remarque**

Aucun langage ne permet à une fonction de disposer de plus d'une valeur de retour. Nous verrons bientôt que cette lacune peut être comblée par la possibilité de transmettre, non plus les valeurs des paramètres, mais leurs adressses, afin d'en permettre la modification. Par ailleurs, nous verrons plus tard qu'une fonction peut fournir en résultat un « objet », lequel pourra regrouper en fait plusieurs valeurs...

1.7 Indépendance entre fonction et programme

Pour l'instant, nous avons considéré séparément la fonction et le programme l'utilisant, sans nous préoccuper de la manière dont les deux éléments allaient interragir.

En pratique, il va falloir faire en sorte que le programme et la fonction soient convenablement réunis au moment de l'exécution du programme. La démarche pour y parvenir dépendra étroitement du langage et de l'environnement utilisés, ainsi que du mode de traduction (compilation, interprétation...). Mais, la plupart du temps, plusieurs programmes différents pourront utiliser une même fonction qu'il suffira d'avoir écrite et mise au point une seule fois et c'est cette hypothèse que nous ferons dans la suite de l'ouvrage.

Dans ces conditions, on comprend que les instructions de la fonction n'auront aucune connaissance des variables définies dans le programme (ou des programmes) susceptible de l'appeler. On dit que la « portée » de ces variables (c'est-à-dire l'ensemble des instructions où elle sont utilisables) est limitée à ce programme.

De même, le programme n'aura aucune connaissance des variables (locales) définies dans la fonction. La portée des variables locales est limitée à la fonction où elles sont définies.

En définitive, la seule voie de communication entre le programme et la fonction sera l'utilisation de paramètres et d'un résultat (en toute rigueur, une exception aura lieu dans le cas des langages disposant de ce que l'on nomme des « variables globales », que nous évoquerons un peu en fin de chapitre).

C'est cette indépendance qui permet de développer des « bibliothèques de fonctions » d'intérêt général, utilisables par de nombreux programmes. Nous verrons que cette indépendance se généralisera au cas des objets...

 ### Remarques

1   En pratique, cette indépendance entre programme et fonction s'exprime de la façon suivante :

    – avec les langages compilés, vous pourrez compiler la fonction une fois pour toutes, indépendamment de la traduction du programme ;

    – avec les langages interprétés, vous pourez utiliser dans un fichier contenant un programme, une fonction située dans un autre fichier.

2   Certains anciens langages, comme le Basic des années 1980, ne disposaient que d'une notion de fonction très rudimentaire dans laquelle n'apparaissait ni paramètres, ni valeur de retour, ni indépendance par rapport au programme. Son seul avantage était d'éviter la duplication d'instructions identiques...

Exercice 8.1 Soit la fonction suivante :

```
fonction faitCalculs (entier x, entier y)
{ écrire «somme : », x+y
  écrire «produit : », x*y
}
```

Que fourniront ces instructions ?

```
entier n := 4, p := 5, q := 8
faitCalculs (n, p+2)
faitCalculs (2*n, q)
```

Exercice 8.2 Écrire une fonction nommée `prixTTC` fournissant en résultat le prix TTC correspondant à un prix hors taxe et un taux de TVA fournis en paramètres.

Exercice 8.3 Écrire une fonction nommée `estVoyelle` examinant si un caractère fourni en paramètre est une voyelle et fournissant un résultat de type `booléen`. Écrire un petit programme l'utilisant.

2 Mode de transmission des paramètres

2.1 Introduction

Jusqu'ici, nous avons simplement indiqué que dans un appel tel que :

```
salut (n)
```

la valeur de n était transmise à la fonction `salut`. Mais, nous ne nous sommes pas préoccupés de savoir ce que se passerait si la fonction cherchait à modifier la valeur du paramètre muet correspondant, comme dans cet exemple :

```
fonction salut (entier nb)
{ .....
  nb := nb + 1
  .....
}
```

Certes, une telle opération est réalisable dans tous les langages. Mais, il faut bien comprendre que, lors de l'appel de `salut`, la valeur fournie en paramètre (ici, celle de n) a été recopiée dans un emplacement local à `salut`, nommé nb. Tout se passe comme si nb était une variable locale à la fonction, initialisée avec la valeur fournie lors de l'appel. Dans notre exemple, l'augmentation de 1 de la valeur de nb n'aura aucune incidence sur la valeur de la variable n du programme ayant appelé la fonction `salut`.

Ce mode de transmission des paramètres se nomme tout naturellement transmision par valeur. C'est celui que nous avons utilisé implicitement jusqu'ici. Il s'applique à tous les types de base (`entier`, `réel`, `caractère`, `booléen`).

Mais, la plupart des langages disposent d'un autre mode de transmission nommé transmission par référence (ou par adresse) dans lequel on transmet à la fonction, non plus la valeur, mais l'adresse du paramètre effectif. Ici, nous allons supposer que nous pouvons également disposer d'un tel mode de transmission et nous définirons des conventions pour le mettre en œuvre. Mais, auparavant, pour mieux vous faire sentir l'intérêt de cette transmission par référence, nous commencerons par vous présenter un exemple qui montre l'insuffisance du seul mode de transmission par valeur.

2.2 Conséquences de la transmission par valeur

Supposez que nous souhaitions écrire une fonction nommée échange chargée d'échanger les valeurs de deux variables qu'on lui fournirait en paramètres. Nous pourrions être tentés de procéder ainsi :

```
fonction échange (entier a, entier b)
{ entier c
  c := a
  a := b
  b := c
}
```

Mais, comme la transmission des paramètres a lieu par valeur, on constate que les échanges vont s'opérer localement à la fonction et qu'ils ne concerneront pas les paramètres fournis lors de l'appel. Pour illustrer cela, ajoutons quelques instructions d'écriture dans notre fonction et dans un programme l'utilisant :

```
entier n := 10, p := 20
écrire «avant appel : », n, p
echange (n, p)
écrire «après appel : », n, p

fonction échange (entier a, entier b)
{ entier c
  écrire «début échange : », a, b
  c := a
  a := b
  b := c
  écrire «fin échange : », a, b
}


avant appel : 10 20
début échange : 10 20
fin échange : 20 10
après appel : 10 20
```

Conséquences de la transmission par valeur

Les valeurs de n et p ont été recopiées dans les emplacements locaux a et b de la fonction. Localement, l'échange des valeurs de a et b a bien eu lieu. En revanche, les variables n et p du programme n'ont pas été modifiées.

2.3 La transmission par référence

Comme nous l'avons exposé, la transmission par référence consiste à fournir à la fonction, non plus les valeurs des paramètres effectifs, mais leurs adresses. Nous conviendrons que le choix d'un tel mode de transmission se fait individuellement pour chaque paramètre concerné, lors de l'écriture de l'en-tête de la fonction. Ainsi, en utilisant pour échange l'entête suivant :

```
échange (référence entier a, référence entier b)
```

nous indiquerons que les deux paramètres muets a et b seront soumis à ce mode de transmission par référence.

Lors de l'appel (dont l'écriture restera inchangée) :

```
echange (n, p)
```

ce seront les adresses de n et p (et non plus leurs valeurs) qui seront communiquées à la fonction. Lors de l'exécution de la fonction, les symboles a et n désigneront en fait le même emplacement ; il en ira de même pour b et p.

Voici une adaptation du programme précédent utilisant cette nouvelle fonction échange :

```
entier n := 10, p := 20
écrire «avant appel : », n, p
echange (n, p)
écrire «après appel : », n, p

fonction echange (référence entier a, référence entier b)
{ entier c
  écrire «début échange : », a, b
  c := a  // ici, a désigne le premier paramètre effectif, non une valeur locale
  a := b  // ici, b désigne le second paramètre effectif, non une valeur locale
  b := c
  écrire «fin échange : », a, b
}
```

```
avant appel : 10 20
début échange : 10 20
fin échange : 20 10
après appel : 20 10
```

Conséquences de la transmission par référence

Cette fois, on voit clairement que les valeurs des paramètres effectifs n et p ont bien été échangées.

 **Remarque**

Avec nos conventions, ce n'est que dans l'en-tête de la fonction qu'on détermine quel est le mode de transmission d'un paramètre. Dans le corps de la fonction, les instructions restent les mêmes avec des conséquences différentes. Il en va de même dans l'appel de la fonction où rien ne précise alors quel sera le mode de transmission utilisé. Cette difficulté de « perception » du rôle exact d'une fonction se retrouve dans la plupart des langages disposant de la transmission par référence.

2.4 Nature des paramètres effectifs

Nous avions déjà vu qu'avec la transmission par valeur (utilisée par défaut), les paramètres effectifs pouvaient prendre la forme de n'importe quelle expression. Ainsi, dans l'exemple du paragraphe 1.2, page 147, nous appelions la fonction sous cette forme :

```
affiche (n)     // transmet la valeur de n
```

mais nous aurions pu également l'appeler ainsi :

```
affiche (3)     // transmet la valeur 3
```

ou encore ainsi :

```
affiche (2*n + 5)     // transmet la valeur de l'expression 2*n + 5
```

En revanche, cette « liberté » n'existe plus lorsqu'un paramètre est transmis par référence. En effet, vouloir transmettre l'adresse d'une constante ou celle d'une expression, en vue d'en modifier éventuellement la valeur n'a pas sens ! D'où la règle :

> Les paramètres effectifs transmis par référence ne peuvent pas être des constantes ou des expressions. Il ne peut s'agir que de variables.

 **Remarque**

Certains langages font une entorse à cette règle, notamment dans le cas des constantes. En fait, ces langages se contentent d'effectuer une copie de la constante dans un emplacement temporaire dont ils fournissent l'adresse à la fonction. Les modifications éventuelles sont alors effectuées sur cette copie et elles n'ont, heureusement, aucune incidence sur la constante d'origine. La même démarche peut être employée pour des valeurs d'expression.

2.5 Un autre exemple de transmission par référence

Au paragraphe 1.6, page 152, nous vous avons présenté un programme déterminant le maximum de deux valeurs. Voici un autre programme effectuant une tâche similaire mais, cette fois, la valeur du maximum est placée dans une variable fournie (par référence) lors de l'appel au lieu d'être fournie en résultat.

```
entier n := 5, p := 9
entier m          // pour recevoir le maximum de n et p
max (n, p, m)     // place dans m le maximum de n et p
fonction max (entier a, entier b, référence entier m)
{ si a > b alors m := a
         sinon m := b
}
```

On notera bien qu'ici seul le troisième paramètre est soumis à la transmission par référence.

 **Remarque**

Dans cet exemple, l'utilisation de la transmission par référence n'est pas indispensable puisqu'on pourrait demander à la fonction de founir en résultat la valeur du maximum. En revanche, l'exercice 8.5 vous montrera une situation où il serait impossible de s'en passer.

Exercice 8.4 Que se passserait-il, dans l'exemple du paragraphe 2.3, page 156, si nous avions, par mégarde, utilisé l'en-tête suivante pour la fonction échange :

```
échange (entier a, référence entier b)
```

3 Tableaux en paramètres

Nous avons vu que, par défaut, les paramètres d'un type de base (entier, réel, caractère, booléen) sont transmis par valeur, mais qu'il est possible d'en prévoir une transmission par référence. Il en va naturellement de même pour les variables indicées (éléments d'un tableau).

En revanche, en ce qui concerne les tableaux eux-mêmes, c'est-à-dire l'ensemble des éléments qui les constituent), on pourrait théoriquement envisager les deux possibilités :

- transmission par valeur, donc recopie de tous les éléments du tableau dans un emplacement local à la fonction ; toutes les modifications opérées sur ce tableau seraient alors locales à la fonction et non répercutées sur le tableau d'origine ;

- transmission par référence : la fonction travaille directement sur le tableau d'origine, dont elle peut utiliser et modifier les éléments.

Actuellement, souvent pour des questions d'efficacité, la plupart des langages utilisent uniquement le second mode et c'est ce que nous conviendrons ici :

> La transmission d'un tableau en paramètre d'une fonction se fait toujours par réfé-rence.

Voyons cela plus en détail, en commençant par le cas où la taille du tableau fourni en para-mètre est toujours la même.

3.1 Cas des tableaux de taille déterminée

Supposons que nous souhaitions écrire une fonction nommée raz qui « met à zéro » les trois éléments d'un tableau de type réel. Par exemple, si nous avons déclaré ce tableau :

```
tableau réel tab [3]
```

nous appellerons notre fonction de cette manière :

```
raz (tab)
```

Nous conviendrons d'écrire ainsi l'en-tête de `raz` :

```
fonction raz (tableau réel t[3])    // paramètre t : tableau de 3 éléments
                                    // de type réel
```

Nous n'utiliserons pas le mot `référence` puisque nous avons convenu que la transmission par référence est automatiquement utilisée pour les tableaux. En revanche, nous avons indiqué la dimension du tableau, comme nous l'aurions fait dans une déclaration usuelle. Nous reviendrons un peu plus loin sur ce point.

Le corps de la fonction `raz` est classique :

```
fonction raz (tableau réel t[3])
{ entier i
  répéter pour i := 1 à 3
    t[i] := 0.
}
```

Voici un exemple de son utilisation :

```
tableau réel tab [3]
tableau réel x[3]
 .....
raz (tab)      // place la valeur 0. dans les 3 éléments de tab
raz (x)        // place la valeur 0. dans les 3 éléments de x
```

3.2 Cas des tableaux de taille indéterminée

Dans l'exemple précédent, la fonction travaille toujours sur des tableaux de 3 éléments. Souvent, on aimera pouvoir disposer d'une fonction capable de travailler sur un tableau dont le nombre d'éléments peut varier d'un appel à un autre. Ainsi, on pourrait vouloir disposer d'une fonction de « remise à zéro » utilisable pour les tableaux `t1` et `t2` suivants :

```
tableau réel t1[3]
tableau réel t2[10]
```

Cela est possible dans la plupart des langages, mais les démarches employées peuvent différer sensiblement. On peut les classer en deux catégories :

- celles où la fonction doit recevoir un paramètre supplémentaire lui indiquant la dimension du tableau concerné ;

- celles où la fonction n'a pas besoin de cette information de dimension, car elle est en mesure de la « retrouver » à partir de la connaissance de l'adresse du tableau.

Ici, pour ne pas trop alourdir notre propos, nous nous limiterons à la première démarche, ce qui signifie que nous devrons prévoir un paramètre supplémentaire de type `entier`, correspondant au nombre d'éléments du tableau. Nous supposerons que notre fonction se nomme `razv` et nous utiliserons donc des appels de cette forme :

```
razv (t1, 3)
razv (t2, 10)
```

Notre nouvelle fonction se présentera ainsi :

```
fonction razv (tableau réel t[], entier nElem)     // pas de dimension pour t
{ entier i
  répéter pour i := 1 à nElem
    t[i] := 0.0
}
```

Nous conviendrons qu'il est possible de ne pas préciser de dimension pour t dans l'en-tête de la fonction. Nous conservons cependant les crochets ([]) pour indiquer que l'on a affaire à un tableau à une dimension.

 **Remarques**

1   Dans la traduction des instructions de la fonction, le traducteur n'a plus connaissance de la dimension exacte du tableau. Les contrôles de débordement d'indice sont donc cruciaux.

2   On notera bien que les tableaux traités par la fonction, c'est-à-dire ceux qui sont fournis en paramètres effectifs, ont chacun une taille parfaitement définie. On fait parfois un abus de langage qui consiste à dire que la fonction travaille sur des tableaux de taille variable. En fait, ici, il n'y a aucune notion de gestion dynamique telle que nous l'avons exposée au paragraphe 11 du chapitre 7, page 134 ; bien entendu, rien n'empêcherait qu'un tableau transmis à la fonction ait été alloué dynamiquement si le langage le permet.

3   Il faut bien voir que nbElem est un paramètre comme un autre dont nous avons convenu qu'il représentait la dimension du tableau. Rien n'empêche (hormis le bon sens du programmeur) :

– d'appeler la fonction razv en lui fournissant une autre valeur :

```
razv (t1, 2)     // placerait 0. dans les deux premiers éléments de t1
razv (t1, 5)     // placerait 0. dans les trois éléments de t1
                 //  et «ailleurs» (débordement d'indice)
```

– de ne pas traiter tous les éléments du tableau dans la fonction razv, en écrivant par exemple :

```
répéter pour i := 1 à nbElem-1
```

3.3 Exemple

Voici un exemple de programme utilisant une fonction fournissant comme résultat la somme des éléments d'un tableau d'entiers, dont la dimension est fournie en paramètre.

```
entier t1 [4] := { 1, 2, 3, 4 }
entier t2 [6] := { 2, 8, 12, 5, 3, 9 }
écrire «somme de t1 = », somme(t1, 4)
écrire «somme de t2 = », somme(t2, 6)
```

```
entier somme (entier t[], entier nbElem)
{ entier i, somme := 0
  répéter pour i := 1 à nbElem
     somme := somme + t[i]
  retourne somme
}


somme de t1 = 10
somme de t2 = 39
```

Fonction de calcul de la somme des éléments d'un tableau d'entiers de taille quelconque

Exercice 8.5 Écrire une fonction déterminant le maximum et le minimum des éléments d'un tableau d'entiers.

Exercice 8.6 Écrire une fonction effectuant le tri d'un tableau d'entiers fourni en paramètre.

 **Remarque**

Nous nous sommes limités aux tableaux à une dimension pour lesquels la démarche proposée est utilisable dans la plupart des langages. Dans certains cas, comme nous l'avons dit, on pourra même s'affranchir de fournir la dimension du tableau en paramètre. La fonction pourra l'obtenir à partir du nom (adressse) du tableau, de sorte que ses instructions seront très proches de celles présentées ici. En revanche, pour les tableaux à plusieurs dimensions, les choses deviennent trop dépendantes du langage pour que nous puissions exposer une démarche générale.

4 Les fonctions en général

Nous apportons ici quelques précisions concernant les propriétés des variables locales et du résultat, ainsi que sur la possibilité pour une fonction d'en appeler une autre. Nous présenterons également sommairement ce que sont les variables globales, existant dans certains langages.

4.1 Propriétés des variables locales

4.1.1 Les variables locales ne sont pas rémanentes

Considérons cette fonction :

```
fonction bizarre (booléen nouveau)
{ entier n     // variable locale à bizarre
  si nouveau alors lire n
  écrire n
}
```

Et supposons qu'on l'appelle deux fois dans un programme, de cette manière :

```
bizarre (vrai)
  .....
bizarre (faux)
```

Le premier appel provoque la lecture d'une valeur et l'affiche. Le second appel, en revanche, ne provoque pas de lecture et se contente d'afficher « la valeur de la variable locale n ». Qu'allons-nous obtenir comme valeur ? Pour répondre, il faut savoir si la valeur de la variable locale n est conservée ou non d'un appel au suivant. Dans la plupart des langages actuels, la réponse est non, ce qu'on traduit souvent en disant :

> Les variables locales ne sont pas rémanentes

Ici, la valeur de n lors du deuxième appel est donc indéfinie.

 **Remarques**

1   Cette propriété de « non rémanence » s'appliquera à tout ce qui est local à une fonction, c'est-à-dire non seulement aux variables, mais aussi aux tableaux et aux objets.

2   Dans certains anciens langages (Fortran IV par exemple), les variables locales étaient rémanentes. De nombreux programmes se basaient sur cette propriété pour obtenir d'une fonction un comportement particulier lors de son premier appel...

3   Nous verrons, au paragraphe 5, page 168, que la manière dont sont gérées les variables locales dans la plupart des langages actuels, interdit leur rémanence.

4   Dans un langage où les variables locales sont rémanentes, il n'est pas possible d'écrire une fonction récursive.

4.1.2 Initialisation des variables locales

Les variables locales peuvent être initialisées lors de leur déclaration, comme dans cet exemple :

```
fonction exemple
{ entier n := 5     // variable locale initialisée avec la valeur 5
    .....
}
```

Bien entendu, ici, on pourrait éviter une telle initialisation en écrivant simplement :

```
fonction exemple
{ entier n
   n := 5
    .....
}
```

On ne perdra pas de vue que cette initialisation est effectuée à chaque appel de la fonction (et non pas une fois pour toutes). C'est pourquoi la plupart des langages autorisent alors que l'on utilise comme expression d'initialisation, non seulement des expressions constantes, mais aussi des expressions utilisant les paramètres muets, comme dans cet exemple :

```
fonction f (réel valeur, entier nb)
{ réel limite := nb * valeur + 2.5  // limite pourra différer d'un appel à l'autre
    .....
}
```

On notera bien que si les variables locales étaient rémanentes, il ne serait plus possible de les initialiser ainsi à chaque appel.

4.1.3 Tableaux locaux

On peut déclarer des tableaux locaux à une fonction.

```
fonction f (...)
{ tableau réel t[5]     // tableau local à f formé de 5 éléments de type réel
    .....
}
```

La plupart des langages imposent que leur dimension soit une constante ou une expression constante :

```
fonction f (entier n)
{ constant entier p := 12
  tableau réel t1[p]      // tableau local à h formé de 12 éléments de type réel
  tableau entier t2 [n]   // refusé par la plupart des langages, bien qu'il n'y
    .....                 // ait pas d'impossibilité, ni théorique, ni technique
}
```

En revanche, les tableaux locaux peuvent, comme les variables locales, être initialisés avec des expressions constantes ou utilisant les paramètres effectifs, comme dans :

```
fonction f(entier n)
{ tableau entier limites[3] := { n-2, n, n+3 }
    .....
}
```

Voici comment exploiter cette propriété pour écrire une fonction examinant si un caractère donné est une voyelle :

```
boolen estVoyelle (caractère c)
{ tableau caractère voy[6] = { 'a', 'e', 'i', 'o', 'u', 'y' }
  entier i
  booléen rep := faux
  répéter pour i := 1 à 6
    si c = voy[i] alors rep := vrai
  retourne rep
}
```

Fonction déterminant si un caractère reçu en paramètre est une voyelle

4.1.4 Imposer à une variable locale d'être rémanente

Dans certains cas, on souhaitera qu'une variable locale soit rémanente, c'est-à-dire qu'elle conserve sa valeur de la fin d'un appel de la fonction au début du suivant. Cela est possible dans la plupart des langages. Nous conviendrons que la déclaration :

```
entier rémanent n
```

demande que la variable n soit rémanente. Utilisons cette possibilité dans notre fonction bizarre du paragraphe 4.1.1, page 162 :

```
bizarre (vrai)
   .....
bizarre (faux)

fonction bizarre (booléenn nouveau)
{ entier rémanent n
  si nouveau alors lire n
  écrire n
}
```

Cette fois, le second appel de bizarre affiche la même valeur que le premier.

On peut initialiser une variable locale rémanente au moment de sa déclaration mais il faut bien voir que cette initialisation n'a lieu qu'une seule fois, avant le premier appel de la fonction (sinon, la variable ne serait plus rémanente !).

Voici un exemple de fonction qui comptabilise ses appels en utilisant une variable rémanente initialisée (une seule fois) à 0 :

```
fonction compte
{ entier rémanent nbAppels := 0
  n := n + 1
  écrire «appel numéro » , n
}
```

Fonction comptabilisant ses appels

Exercice 8.7 Écrire une fonction nommée cumul qui lit un nombre réel et qui fournit en résultat la moyenne de tous les nombres lus depuis son premier appel.

4.2 Propriétés du résultat

Comme on s'y attend, le résultat d'une fonction peut être d'un type de base quelconque (entier, réel, caractère, booléen). On pourrait envisager un résultat qui soit un tableau. Mais, dans ce cas, il faudrait alors s'interroger sur la nature de l'emplacement mémoire correspondant.

Plus précisément, s'il s'agit d'un tableau local à la fonction, la seule façon de le fournir en résultat serait d'en recopier les valeurs. En effet, la solution qui consisterait à n'en renvoyer que la référence n'est pas utilisable puisque l'on a supposé que les tableaux locaux, pas plus que les variables locales, ne sont pas rémanents. Cela signifie qu'après l'exécution de la fonction, on aura aucune garantie ni sur l'emplacement mémoire correspondant (qui peut très bien être « récupéré » pour autre chose) et encore moins sur les valeurs.

En toute rigueur, dans les langages qui disposent de la gestion dynamique, on peut envisager qu'une fonction alloue dynamiquement un emplacement pour un tableau et qu'elle en renvoie la référence. Nous n'examinerons pas ce point dans le cas des tableaux puisque nous n'avons pas prévu de « formalisme » concernant cette allocation dynamique de mémoire. Sachez que, de toute façon, il s'agit de mécanismes analogues à ceux qui seront utilisés pour les objets et qui, quant à eux, seront étudiés en détail. Nous verrons d'ailleurs qu'une fonction peut renvoyer la référence à un objet.

Enfin, pour être complet, signalons que certains langages permettent également à une fonction de renvoyer une référence sur une valeur d'un type de base. Là encore, les choses sont rendues délicates par le fait qu'on ne peut pas renvoyer de référence à quelque chose de local, donc de non rémanent...

4.3 Appels imbriqués

Jusqu'ici, nous avons appelé une fonction depuis un programme. Mais, comme on peut s'y attendre, une fonction peut, à son tour, appeler une autre fonction, comme dans ce schéma :

```
Programme              fonction f (....)      fonction g (.....)
.....                  .....                  .....
 f(...)                 g(.....)              .....
.....                  .....
```

Une telle situation ne présente aucune difficulté, hormis le cas particulier où une fonction s'appelle elle-même et que nous traiterons au paragraphe 7, page 170.

Voici un exemple utilisant cette possibilité pour réaliser une fonction de tri d'un tableau d'entiers qui utilise elle-même une fonction d'échange de deux valeurs. Il s'agit d'une adaptation du programme du paragraphe 5 du chapitre 7, page 125, utilisant la fonction échange présentée au paragraphe 2.3, page 156 :

```
fonction tri (entier t[], nbElem) // rappel : t est transmis par référence
{ entier i, j
  répéter pour i:=1 à nbElem-1
    répéter pour j:=i+1 à nbElem
      si (t[i] > t[j]) alors échange (t[i], t[j])
}

fonction échange (référence entier a, référence entier b)
{ entier c
  c := a
  a := b
  b := c
}
```

Fonction de tri d'un tableau, utilisant une autre fonction échange

4.4 Variables globales

Nous avons vu que la communication entre programme et fonction se limitait à l'échange de paramètres et d'un éventuel résultat. En particulier, les variables du programme et les variables locales à une fonction sont totalement indépendantes.

Dans certains langages, il est possible de prévoir que certaines variables du programme soient directement accessibles à la fonction. On les qualifie alors de variables globales.

Cette communication par l'intermédiaire de variables globales est très déconseillée car elle comporte des risques évidents : une variable globale peut se voir modifier par n'importe quelle fonction, peut-être à juste titre, peut-être par mégarde... Lorsque nous aborderons la programmation orientée objet, nous verrons que cette dernière correspond à une démarche visant à isoler au maximum les différentes données manipulées, ce qui va nettement à l'encontre de la notion de variable globale.

Ici, nous ne vous proposerons pas de mécanisme permettant d'utiliser de telles variables.

4.5 Concordance de type

Supposons que l'on dispose de cette fonction :

```
réel fonction carré (réel x)
{ retourne x * x
}
```

et qu'on l'utilise ainsi :

```
entier n
réel y
 .....
y := carré (n)
```

On voit qu'on a fourni un paramètre de type `entier`, là où la fonction attendait une valeur de type `réel`. Le comportement du programme dans une telle situation dépendra étroitement du langage utilisé. On peut aboutir à :

- une erreur de compilation ;

- la mise en place par le traducteur de la conversion de la valeur de `n` en `réel` ;

- une erreur de calcul due à ce que la fonction aura interprété le motif binaire reçu suivant un autre codage ;

- ...

Ici, nous conviendrons que le type du paramètre effectif et celui du paramètre formel doivent être exactement les mêmes.

Des remarques comparables s'appliquent au résultat.

4.6 Surdéfinition des fonctions

La plupart des langages permettent de définir plusieurs fonctions ayant le même nom et se distinguant par le nombre et le type de leurs paramètres. On parle alors de surdéfinition (ou encore de surcharge). Par exemple, nous pourrons définir ces deux fonctions `sosie` :

```
fonction sosie (entier n)    // fonction 1
{ .....
}
fonction sosie (réel x)      // fonction 2
{ .....
}
```

Voici quelques exemples d'appels avec leurs conséquences :

```
entier n
réel y
    .....
sosie (n)      // appelle la fonction 1
sosie (y)      // appelle la fonction 2
sosie (2*y-5)  // appelle la fonction 2
sosie (n, y)   // erreur
```

D'une manière générale, les règles de « recherche de la bonne fonction » peuvent être différentes d'un langage à un autre. Elles peuvent devenir complexes dans les langages qui autorisent des conversions des paramètres effectifs de l'appel d'une fonction. Cependant, dans tous les cas, elles se basent uniquement sur ce que l'on nomme la signature de la fonction (nom de la fonction et type des paramètres).

Nous conviendrons qu'une telle surdéfinition est possible mais, en fait, nous ne l'utiliserons que pour les constructeurs de classes.

Notez que, dans le choix de la bonne fonction, le type du résultat n'intervient généralement pas ; en effet, il n'est pas toujours « visible » dans un appel, dès lors qu'il existe des conversions implicites par affectation (rappelons que nous ne les avons pas prévues dans notre pseudo-code). Dans ce cas, une instruction telle que :

```
y = f(n)
```

sera correcte dès lors que `f` fournit un résultat d'un type compatible avec celui de `y`.

5 Gestion de la mémoire des variables locales : notion de pile

À propos des tableaux, nous avons été amenés à évoquer deux modes de gestion de la mémoire et nous avions distingué :

- l'allocation statique, où les emplacements mémoire sont définis à la traduction du programme (généralement la compilation) ;

- l'allocation dynamique où les emplacements mémoire sont « alloués » pendant l'exécution du programme.

En fait, à partir du moment où existent des variables locales, il faut également prévoir la gestion des emplacements mémoire correspondants.

Bien entendu, on pourrait leur attribuer des emplacements fixes pour toute la durée de l'exécution du programme. Mais cette démarche ne serait guère économique puisque ces variables n'ont besoin d'exister que pendant l'exécution d'une fonction. Qui plus est, comme nous le comprendrons plus loin, elle ne permettrait pas la récursivité des appels.

On pourrait également soumettre ces variables locales à la gestion dynamique. Toutefois, pour des questions de rapidité d'accès à ces emplacements, on utilise généralement un mécanisme dit de pile qui consiste à utiliser un bloc de mémoire unique dans lequel on « empile » et « dépile » les emplacements nécessaires au fur et à mesure des besoins. Plus précisément, à chaque appel d'une fonction, on réserve sur le « haut » de cette pile (dont l'adresse figure dans un « pointeur de pile ») l'emplacement nécessaire à toutes les variables locales de la fonction[1] et on met à jour le pointeur, en « l'incrémentant » de façon appropriée. Lors de la sortie de la fonction, on « décrémente » le pointeur de la même quantité. Ce mécanisme très simple (on a juste un pointeur de pile à gérer) permet de faire partager le même espace à des variables locales qui n'ont pas à coexister. Il n'utilise que l'espace nécessaire (toute la partie sous le pointeur de pile correspond à des variables locales existantes). Il fonctionne (heureusement) avec les appels imbriqués de fonction et il permet la récursivité.

6 Programme principal et fonctions

Jusqu'ici, nous avons distingué le « programme » et les « fonctions » qu'il pouvait appeler. En fait, dans la plupart des langages procéduraux, ce programme est lui-même considéré comme une fonction, nommée souvent fonction principale. Celle-ci possède alors un en-tête et un corps (voyez éventuellement certains exemples de programmes de la rubrique « Exemples langages »). Elle peut aussi fournir un résultat qui se touve alors exploité par l'environnement qui a « lancé » le programme.

Dans ces conditions, ce que nous avons nommé « les variables du programme » deviennent alors des variables locales à cette fonction principale.

En revanche, les variables globales (lorsqu'elles existent) sont alors définies en dehors de toute fonction, y compris la fonction principale et, en toute rigueur, ce sont les seuls éléments soumis à une allocation statique. Les variables locales à la fonction principale sont en effet allouées comme les autres variables locales. Toutefois, elles se voient allouées en premier et elles existent pendant toute la durée du programme. Par exemple, si l'on a affaire à un mécanisme de pile, les variables de la fonction principale occupent en permanence le dessous de la pile. En définitive, on voit qu'il ne s'agit là que de différences « technologiques » qui n'ont pas d'incidence sur les concepts fondamentaux tels que nous les avons exposés ici.

---

1. Ainsi que, en toute rigueur, à la valeur de retour et à l'adresse de retour dans le programme appelant.

Par ailleurs, certains langages objet ne disposent théoriquement pas de fonctions indépendantes, ni d'ailleurs de programme isolé, contrairement à ce qui se passe en programmation procédurale. On n'y trouve que des classes, disposant de méthodes. Cependant, il faut généralement que l'exécution commence quelque part (voir remarque ci-après). C'est pourquoi il existe, dans une classe donnée, une méthode de nom précis, ayant en plus la particularité d'être une « méthode de classe », c'est-à-dire utilisable sans avoir besoin d'être appliquée à un objet particulier. En définitive, sous un formalisme différent et quelque peu trompeur, on retrouve quand même la notion de fonction principale. On trouvera des illustrations de cet aspect dans la rubrique « Côté langages ».

 **Remarque**

Même dans un programme « piloté » par les événements, il faudra bien « initialiser quelque chose » : une première fenêtre offerte à l'utilisateur, un menu... Il faudra donc bien, là encore, disposer de l'équivalent d'une fonction principale, même si, dans ce cas, celle-ci ne joue plus un rôle de coordination des autres fonctions aussi évident que dans le cas d'un programme procédural.

7 La récursivité

On parle de récursivité ou d'appels récursifs lorsqu'une fonction comporte un appel à elle-même, comme dans :

```
fonction f (...)
{  ....
   f(...)
   .....
}
```

Cette technique, utilisable dans la plupart des langages actuels, requiert que les variables locales soient rémanentes. Considérons cet exemple de fonction de calcul de factorielle :

```
      // programme utilisant la fonction fac
entier n
écrire «donnez un entier positif : »
lire n
écrire «Voici sa factorielle : », fac(n)
      // la fonction fac
entier fonction fac (entier n)
  { si n>1 alors retourne fac(n-1) * n
         sinon retourne 1
  }


donnez un entier positif : 8
Voici sa factorielle : 40320
```

Exemple d'utilisation d'une fonction récursive de calcul de factorielle

Il faut bien voir qu'un appel de la méthode `fac` entraîne une allocation d'espace pour les éventuelles variables locales (ici, il n'y en a aucune), le paramètre n et le résultat. Or chaque nouvel appel de `fac`, à l'intérieur de `fac`, provoque une telle allocation, sans que les emplacements précédents n'aient été libérés.

Il y a donc une sorte d'empilement des espaces alloués aux informations gérées par la méthode, parallèlement à un empilement des appels de la méthode. Ce n'est que lors de l'exécution de la première instruction `retourne` que l'on commencera à « dépiler » les appels et les emplacements, donc à libérer de l'espace mémoire sur la pile.

Voici comment vous pourriez modifier la méthode `fac` pour qu'elle vous permette de suivre ses différents empilements et dépilements :

```
    // programme utilisant la fonction fac
entier n
écrire «donnez un entier positif : »
lire n
écrire «Voici sa factorielle : », fac(n)
    // la fonction fac
entier fonction fac (entier n)
{ entier res
  écrire «** entree dans fac : n = », n
  si n<=1 alors res := 1
          sinon res := fac(n-1) * n
  écrire «** sortie de fac :   res = », res
  retourne res
}


donnez un entier positif : 5
** entree dans fac : n = 5
** entree dans fac : n = 4
** entree dans fac : n = 3
** entree dans fac : n = 2
** entree dans fac : n = 1
** sortie de fac :   res = 1
** sortie de fac :   res = 2
** sortie de fac :   res = 6
** sortie de fac :   res = 24
** sortie de fac :   res = 120
Voici sa factorielle : 120
```

Suivi des empilements et dépilements des appels d'une fonction récursive

Notez bien que nous n'avons programmé la fonction `fac` sous forme récursive que pour l'exemple. Il est clair qu'elle pourrait être écrite de manière « itérative » classique, comme nous l'avions fait au paragraphe 5 du chapitre 6, page 113 :

```
entier fonction fac (entier n)
{ entier res := 1
  répéter pour i := 1 à n
    res := res * i
  retourne res
}
```

Une méthode récursive est généralement moins efficace (en temps et en espace mémoire) qu'une méthode itérative. Il est conseillé de ne recourir à une démarche récursive que lorsqu'on ne trouve pas de solution itérative évidente.

D'une manière générale, la démarche récursive ressemble à ce que l'on nomme le « raisonnement par récurrence » en mathématiques. Comme on s'y attend, il est nécessaire que le processus ne soit pas infini.

 **Remarque**

Il existe une autre situation de récursivité, moins courante, nommée souvent récursivité croisée. Dans ce cas, l'appel d'une fonction f entraîne l'appel d'une fonction g qui, à son tour, appelle f. Le cycle peut d'ailleurs faire intervenir plus de deux fonctions. Bien entendu, les langages permettant la récursivité directe, étudiée précédemment, permettent également la récursivité croisée.

8 Bibliothèques de fonctions

Lorsque nous avons étudié la notion d'expression, nous avons indiqué que tous les langages disposaient de fonctions mathématiques prédéfinies directement utilisables.

D'une manière générale, tous les langages disposent de ce que l'on nomme souvent une bibliothèque standard. Elle renferme de nombreuses fonctions permettant de traiter des problèmes rencontrés fréquemment en programmation et évitant ainsi d'avoir à « réinventer la roue » à chaque fois.

De plus, bon nombre de langages utilisent de telles fonctions pour réaliser les opérations de lecture et d'écriture, de sorte que ce que l'on prend parfois pour une instruction est en fait un appel de fonction (vous en avez de nombreux exemples dans la rubrique « Exemples langages ». Il en va de même pour les opérations relatives aux « fichiers », ainsi que pour tout ce qui concerne la programmation par événements (affichage de fenêtres, de composants tels que les boîtes de dialogue, les boutons radio, les formulaires...), de gestion des déplacements et des clics de la souris...

Dans les langages objet, on trouvera souvent, à la place ou en plus d'une bibliothèque de fonctions, une bibliothèque de classes, ayant la même vocation.

9 Une autre présentation de la notion de fonction

A priori, on peut présenter la notion de fonction sous une forme théorique, indépendamment de sa mise en œuvre dans les langages. En particulier, on peut dire qu'on cherche à réaliser des « unités indépendantes » (nommées souvent procédures ou modules) disposant de possibilités de transmission d'informations par le biais de paramètres. Ces paramètres peuvent théoriquement se classer en trois catégories :

- ceux dont la procédure peut exploiter la valeur, sans la modifier ; on les nomme « paramètres d'entrée » ;
- ceux pour lesquels la procédure doit fournir une valeur ; on les nomme « paramètres de sortie » ou « résultats » ;
- ceux dont la valeur peut être à la fois utilisée et modifiée par la procédure ; on les nomme « paramètres d'entrée et de sortie ».

À ce niveau, on n'a pas encore introduit la notion de résultat (valeur de retour) et une procédure s'appelle en lui fournissant simplement la liste de tous ses paramètres (entrée, sortie, entrée-sortie). Mais on peut alors distinguer, parmi toutes ces procédures, celles qui ne possèdent qu'un seul paramètre de sortie et en faire une catégorie à part qu'on nomme alors fonctions. Ces dernières peuvent alors être utilisées avec une formulation de type mathématique : le nom de la fonction avec ses paramètres (autres que le résultat) désigne alors la valeur de retour.

Mais, au-delà de cette classification théorique, il faut ensuite mettre en œuvre ces concepts dans un langage donné et recourir aux deux seules possibilités de transmission effectivement utilisables : par valeur ou par référence. C'est pourquoi, historiquement parlant, cette mise en œuvre s'est alors effectuée en ne conservant que deux classes de paramètres :

- paramètres d'entrée transmis par valeur ;
- paramètres de sortie ou d'entrée-sortie, transmis par référence.

D'autre part, les langages se sont mis à ne conserver que la seule notion de fonction (les premiers langages distinguaient les procédure des fonctions), en considérant que :

- une fonction pouvait ne fournir aucun résultat ;
- une fonction, même fournissant un résultat, pouvait voir certains de ses paramètres modifiés.

La notion de fonction s'est donc vue totalement généralisée et détournée de sa signification d'origine (proche de la fonction mathématique), au point de devenir l'unique procédure des langages actuels. C'est pour « coller au mieux » aux concepts utilisés maintenant dans ces langages, que nous l'avons présentée ainsi dans cet ouvrage.

 **Côté langages**

Structure d'une fonction

C, C++, Python et PHP disposent de véritables fonctions indépendantes, analogues à celles étudiées ici. Java et C# ne disposent théoriquement que de méthodes au sein d'une classe, aspect qui ne sera étudié que dans les chapitres suivants. Cependant, il existe ce que l'on nomme des « méthodes de classes » utilisables en dehors du contexte objet, qui s'apparentent finalement aux fonctions ordinaires décrites ici.

C/C++

Voici un exemple de fonction recevant deux paramètres de type `float` et `char` et fournissant un résultat de type `int` :

```
int f (float x, char c)
{ .....
}
```

En cas d'absence de valeur de retour, on la mentionne à l'aide du mot `void` :

```
void f (int n)    // f ne fournit pas de résultat
{ .....
}
```

PHP

Comme les variables usuelles, les paramètres ne font pas l'objet de déclaration de type, mais leur nom doit être précédé de `$`. La fonction `f` précédente s'écrirait simplement :

```
f($x, $c)
{ .....
}
```

Python

Comme les variables usuelles, les paramètres ne font pas l'objet de déclaration de type. La fonction `f` précédente s'écrirait :

```
def f(x, c) :
    .....            # attention aux indentations
    .....
```

Java, C#

Dans une classe, une méthode déclarée `static` joue le rôle d'une fonction ordinaire. Voici comment définir la même fonction `f` que ci-dessus ; en dehors des mots `static` et `public` (qui permet l'appel de la fonction depuis l'extérieur de la classe X), l'en-tête se présente de la même manière :

```
    class X                             // définition d'une classe nommée X
    { public static int f(float x, char c)  // dont f est une méthode «de classe»
      { .....                           //  donc, utilisable en dehors du
      }                                 //   «contexte objet»

      .....

}
```

Cependant, pour appeler cette fonction, il faudra la « préfixer » par le nom de classe X, comme dans :

```
    y = X.f (5.35, 'z') ;    // affecte à y le résultat fourni par l'appel de X.f
```

Mode de transmission des paramètres

C ne dispose théoriquement que de la transmission par valeur. Mais il existe des variables de type
« pointeur » destinées à contenir des adresses. En transmettant la valeur d'un pointeur, on peut alors
« simuler » une transmission par référence. En outre, dans un appel de fonction, un nom de tableau est
considéré comme un pointeur sur ce tableau, de sorte qu'en définitive, on retrouve l'équivalent de notre
transmission par référence pour les tableaux.

C++ dispose des mêmes possibilités que C, avec en plus la possibilité d'une transmission par référence
explicitée dans l'en-tête de la fonction, voisine de celle présentée ici (on utilise le symbole & à la place du
mot référence) :

```
    void echange (int & a, int & b)  // a et b sont transmis par référence
    { .....
    }
```

Java et C# transmettent par valeur les paramètres d'un type de base (C# dispose en outre d'une possibilité
de transmission explicite par référence). Les tableaux sont des objets particuliers et, à ce titre, ils sont
repérés par une variable contenant une référence vers les valeurs du tableau. Leur transmission en paramètre entraîne la recopie de cette référence, de sorte que tout se passe comme si l'on avait affaire à une
transmission par référence.

Python transmet par valeur les paramètres d'un type de base et par référence tous les autres (donc les
tableaux particuliers que sont les listes et les dictionnaires).

PHP transmet, par défaut, tous les paramètres d'un type de base ou tableau, par valeur. On peut utiliser la
transmission par référence d'un paramètre, soit de façon permanente en le précisant dans l'en-tête de la
fonction, soit de façon occasionnelle, en le précisant lors de l'appel.

Par ailleurs, C++, Python et PHP permettent de définir, dans l'en-tête d'une fonction, des « valeurs par
défaut » des paramètres. Celles-ci seront utilisées en cas d'appel avec le paramètre effectif correspondant
absent.

Programme principal

Python et PHP disposent d'un programme principal, analogue à ce que nous avons utilisé jusqu'ici.

C et C++ disposent d'une « fonction principale » nommée `main`, pouvant posséder un résultat (de type `int`) susceptible d'être exploité par l'environnement. Son en-tête se présente ainsi :

```
int main ()   // fonction principale
{ .....
}
```

En Java, une méthode de classe (`static`) joue le même rôle qu'une fonction usuelle. Il existe une méthode de classe particulière, nommée `main` qui joue le rôle de fonction principale : elle doit obligatoirement disposer d'un paramètre (nommé ici `args`) qui est un tableau de chaînes de caractères (`String`) et ne renvoyer aucune valeur (`void`). Le mot `public` est obligatoire.

```
class X                                  // définition d'une classe nommée X
{ public static void main(String[] args) // comportant une méthode « de classe »
  { .....                                // nommée main
  }
  .....
}
```

En C#, on trouve un mécanisme comparable à celui de Java, mais la méthode se nomme `Main` et elle ne dispose pas de paramètre :

```
class X                       // définition d'une classe nommée X
{ public static void Main()   // comportant une méthode « de classe » nommée Main
  { .....
  }
  .....
}
```

Séparation entre fonction et programme

C et C++ réalisent une « compilation séparée » des différentes fonctions, ce qui fournit des « modules objets » (contenant des instructions en langage machine). On peut placer une ou plusieurs fonctions dans un même fichier source. Pour utiliser une fonction dans une autre fonction (ou dans la fonction principale), le compilateur doit en connaître l'en-tête qu'on lui fournit sous forme d'une « déclaration de fonction » (cette déclaration n'est pas obligatoire si les instructions de la fonction ont été fournies auparavant, dans le même fichier source). Il faut ensuite assembler les différents modules objets nécessaires, afin de former un « programme exécutable ». C'est le rôle d'un programme nommé « éditeur de liens ».

Java réalise une précompilation des classes dans un code intermédiaire, qu'il range dans des fichiers de type `.class`. Ces fichiers objets sont directement accessibles à l'interpréteur dit « machine virtuelle ». Le mécanisme ressemble à celui de la compilation séparée, avec cette différence qu'il n'impose pas de déclarations supplémentaires pour pouvoir utiliser une fonction (en fait une classe).

C# réalise également une précompilation dans un code intermédiaire commun à l'architecture NET, nommé MSIL (Microsoft Intermediate Language). Là encore ces fichiers sont accessibles à l'interpréteur (qui est en fait un compilateur de type Just In Time).

En Python et PHP, où l'on dispose d'un programme principal, on peut placer une ou plusieurs fonctions avec le programme principal dans un même fichier source. Mais on peut aussi incorporer une fonction dans un autre fichier, à l'aide de l'instruction `import` pour Python ou `require` pour PHP.

Résultat

C et C++ autorisent des résultats d'un type de base ou structure (assemblage de plusieurs variables de types quelconques), mais pas de type tableau. Par défaut, la transmission est effectuée par valeur. On peut transmettre la valeur d'un pointeur (qui peut alors être un pointeur sur un tableau alloué dynamiquement). Enfin, C++ permet la transmission d'un résultat par référence.

Java et C# autorisent des résultats d'un type de base dont la transmission est réalisée par valeur. On peut aussi renvoyer la référence à un tableau (lequel est un cas particulier d'objet).

Python et PHP autorisent des résultats d'un type de base, tableau ou chaîne de caractères dont la transmission est faite par valeur.

Variables globales

C et C++ disposent de variables globales qui sont alors « externes » à toutes les fonctions, y compris à la fonction `main`. Le caractère « global » est choisi lors de la déclaration de la variable qui sera alors potentiellement accessible à toute fonction.

Python et PHP disposent également de variables globales, mais cette fois le caractère « global » est choisi dans la fonction concernée : toutes les variables du programme principal sont potentiellement globales. En outre, PHP possède des « super globales » utilisées pour la communication entre un formulaire et un programme, auxquelles il est alors indispensable de recourir.

Java et C# ne disposent pas de variables globales. En théorie, on peut retrouver une notion voisine en utilisant des « attributs de classe », publics, qui peuvent alors être « partagés ». En pratique, cela n'a pas de raison d'être employé.

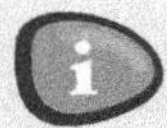 **Exemples langages**

Fonction somme des éléments d'un tableau

Voici tout d'abord, écrit en C++, Java, C# et Python, l'exemple du paragraphe 3.3, page 161. Pour faciliter la comparaison entre ces 4 langages, nous nous plaçons toujours dans la situation où la fonction doit recevoir la taille du tableau en argument, bien que ce ne soit pas indispensable en Java, C# ou Python.

C++

Ici, le programme et la fonction figurent dans un même fichier, mais nous aurions pu les placer dans deux fichiers différents.

```cpp
#include <iostream>
using namespace std ;
      // fonction principale
int main()
{ int somme (int [], int) ;    // déclaration de la fonction somme
  int t1 [4] = { 1, 2, 3, 4} ;
  int t2 [6] = { 2, 8, 12, 5, 3, 9} ;
  cout << "somme de t1 = " << somme(t1, 4) << "\n" ;
  cout << "somme de t2 = " << somme(t2, 6) << "\n" ;
}
    // fonction somme
int somme (int t[], int nbElem)  // paramètres : adresse d'un tableau d'entiers
                                 // et son nombre d'éléments
{ int i, somme = 0 ;
  for (i=0 ; i<nbElem ; i++)
    somme += t[i] ;    // équivalent à somme = somme + t[i]
  return somme ;
}
```

```
somme de t1 = 10
somme de t2 = 39
```

Notez, dans la méthode `main`, la déclaration de la fonction `somme`. On pourrait théoriquement s'en passer si sa définition était placée avant celle de la méhtode principale, mais dans le même fichier source.

Java

```java
class SommeTab
{ public static void main(String[] args)    // fonction principale
  { int t1 [] = { 1, 2, 3, 4 } ;    // crée dynamiquement le tableau t1
                                    // en l'initialisant avec les valeurs fournies
                                    // la dimension est déduite du nombre de valeurs
    int t2 [] = { 2, 8, 12, 5, 3, 9 } ;    // idem pour t2
    System.out.println ("somme de t1 = " + somme (t1, t1.length) ) ;
    System.out.println ("somme de t2 = " + somme (t2, t2.length) ) ;
  }
    // fonction somme (de classe pour être utilisable hors contexte objet)
  static int somme (int t[], int nbElem)
  { int i, somme = 0 ;
    for (i=0 ; i<nbElem ; i++)
      somme += t[i] ;    // équivalent à somme = somme + t[i]
    return somme ;
  }
}
```

```
somme de t1 = 10
somme de t2 = 39
```

Notez qu'ici, l'appel de la fonction somme se présente comme dans un vrai langage procédural. En théorie, comme nous l'avons expliqué précédemment, il devrait s'écrire sous la forme SommeTab.somme, en précisant le nom de la classe dans laquelle figure cette méthode de classe somme. Mais, comme, ici, cette méthode figure dans la même classe que la fonction principale, cette précision n'est pas nécessaire. Mais on voit qu'elle le deviendra si l'on veut pouvoir utiliser cette même méthode dans différents programmes...

C#

```
using System;
class SommeTab
{ static void Main()        // fonction principale
  { int [] t1 = new int [] { 1, 2, 3, 4 } ;   // crée dynamiquement le tableau t1
                            // en l'initialisant avec les valeurs fournies
                            // la dimension est déduite du nombre de valeurs
    int [] t2 = new int [] { 2, 8, 12, 5, 3, 9 } ;   // idem pour t2
    System.Console.WriteLine ("somme de t1 " + somme (t1, t1.Length) ) ;
    System.Console.WriteLine ("somme de t2 " + somme (t2, t2.Length) ) ;
  }
      // fonction somme (de classe pour être utilisable hors contexte objet)
static int somme (int [] t , int nbElem)
  { int i, somme = 0 ;
    for (i=0 ; i<nbElem ; i++)
      somme += t[i] ;   // équivalent à somme = somme + t[i]
    return somme ;
  }
}

somme de t1 = 10
somme de t2 = 39
```

Notez qu'ici, comme en Java, l'appel de la fonction somme se présente comme dans un vrai langage procédural. En théorie, comme nous l'avons expliqué précédemment, il devrait s'écrire sous la forme SommeTab.somme, en précisant le nom de la classe dans laquelle figure cette méthode de classe somme. Mais, comme, ici, cette méthode figure dans la même classe que la fonction principale, cette précision n'est pas nécessaire. Mais on voit qu'elle le deviendra si l'on veut pouvoir utiliser la même méhtode dans différents programmes...

Python

```
      # fonction somme
def somme (t , nbElem) :
   somme = 0
   for i in range (nbElem) :
       somme += t[i]     # équivalent à somme = somme + t[i]
   return somme

      # programme principal
t1 = [ 1, 2, 3, 4 ]
t2 = [ 2, 8, 12, 5, 3, 9 ]
print ("somme de t1 ", somme (t1, len(t1)))
print ("somme de t2 ", somme (t2, len(t2)))


somme de t1  10
somme de t2  39
```

Notez qu'il est nécessaire de fournir la fonction avant de l'utiliser.

Fonction estVoyelle

Voici maintenant, écrit en C++, Python et PHP, un exemple utilisant la fonction `estVoyelle` présentée au paragraphe 4.1.3, page 164.

C++

Ici encore, la définition de la fonction et celle de la fonction principale appartiennent au même fichier source.

```cpp
#include <iostream>
using namespace std ;
    // fonction principale
int main()
{ bool estVoyelle (char) ;        // déclaration fonction estVoyelle
  const int nbCarMax = 30 ;       // nombre maximal de caractères lus
  char c ;                        // caractère courant
  int i ;                         // compteur de caractères lus
  i = 0 ;
  cout << "donnez un mot écrit en minuscules, terminé par un espace\n" ;
  do
   { cin >> noskipws >> c ;       // noskipws pour pouvoir lire les «espaces»
     if (estVoyelle(c) ) cout << c ;
     i++ ;
   }
  while ( ( c != ' ') && (i < nbCarMax) ) ;
}
```

```
      // fonction estVoyelle
bool estVoyelle (char c)
{ char voy[6] = { 'a', 'e', 'i', 'o', 'u', 'y' } ;
  int i = 0 ;
  bool trouve = false ;
  while ( (i < 6) && (! trouve) )
    { if (voy[i] == c) trouve = true ;
      i++ ;
    }
    return trouve ;
}
```

donnez un mot écrit en minuscules, terminé par un espace
azerty
aey

Python

```python
      #### fonction estVoyelle
def estVoyelle (c) :
  voy = [ "a", "e", "i", "o", "u", "y" ]
  i = 0
  trouve = False
  while i < 6 and not trouve :
    if voy[i] == c :
      trouve = True
    i = i + 1
  return trouve

    #### program principal
nbCarMax = 30      # nombre maximal de caractères lus
fini = False
i = 0
print ("donnez un mot écrit en minuscules, terminé par un espace")
mot = input()
while not fini :
  c = mot[i]
  if (estVoyelle(c) ) : print(c)
  if c==" " or i>=nbCarMax-1 :
    fini = True
  i = i + 1
```

donnez un mot écrit en minuscules, terminé par un espace
azerty
a
e
y

PHP

Comme nous l'avons déjà fait dans nos précédents exemples en PHP, pour éviter d'avoir à lire les informations voulues dans un formulaire, nous les avons placées directement dans un tableau de caractères (en toute rigueur, il s'agit d'une chaîne de caractères mais, en PHP, celle-ci peut s'utiliser comme un tableau).

```php
<?php
      // programme principal
$nbCarMax = 30 ;       // nombre maximum de caractères
$mot = "anticonstitutionnellement " ;       // ne pas oublier l'espace final
$i = 0 ;
do
{ $c = $mot[$i] ;
  if (estVoyelle($c)) echo $c :
  $i++ ;
}
while ( ($c != ' ') && ($i < $nbCarMax) ) ;
      // définition de la fonction voyelle
function estVoyelle ($c)    // pas de déclaration de type
{ $voy = array ( 'a', 'e', 'i', 'o', 'u', 'y' ) ;
  $i = 0 ;
  $trouve = false ;
  while ( (!$trouve) && ($i < 6))
  { if ($c == $voy[$i]) $trouve = true ;
    $i++ ;
  }
  return $trouve ;
}
?>
a i o i u i o e e e
```

Ici, la fonction a été placée dans le même fichier (texte) que le programme principal. Nous aurions pu en faire un fichier séparé, à condition d'introduire dans le programme, une instruction `require` pour incorporer le fichier contenant le texte de la fonction `estVoyelle`.

Fonction tri d'un tableau avec fonction échange

Voici enfin, écrit en C et PHP, un exemple d'une fonction de tri d'un tableau, exploitant les possibilités d'appels imbriqués pour utiliser une fonction d'échange de deux valeurs, présentée au paragraphe 4.3, page 166. Notez qu'il n'est pas possible de traduire directement ce code en Java ou en Python, car il n'est pas possible de réaliser la transmission par référence nécessitée par la fonction `echange`.

C

```c
#include <stdio.h>
#define NVAL 6
int main()
{ int valeurs [NVAL] = {2, 5, 1, 9, 4, 8} ;
  int i ;
  void tri (int[], int) ;      /* déclaration fonction tri */
  printf ("valeurs avant tri : ") ;
 for (i=0 ; i<NVAL ; i++)
    printf ("%d ", valeurs[i]) ;
  printf ("\n") ;
  tri (valeurs, NVAL) ;
  printf ("valeurs après tri : ") ;
  for (i=0 ; i<NVAL ; i++)
    printf ("%d ", valeurs[i]) ;
}
void tri (int t[], int nbElem)
{ int i, j ;
  void echange (int *, int *) ;        /* déclaration de la fonction echange */
  { for (i=0 ; i<nbElem-1 ; i++)
      for (j=i+1 ; j<nbElem ; j++)
        if (t[i] > t[j])                    /* on fournit explicitement à echange */
          echange (&t[i], &t[j]) ;      /* les adresses des éléments concernés */
  }
}
void echange (int * a, int * b) /* ici a et b sont des pointeurs sur des entiers */
{ int c ;
  c = *a ;    /* place dans c la valeur pointée par a */
  *a = *b ;  /* place dans l'emplacement pointé par a la valeur pointée par b */
  *b = c ;    /* place dans l'emplacement pointé par b la vaeur de c */
}
```

```
valeurs avant tri : 2 5 1 9 4 8
valeurs après tri : 1 2 4 5 8 9
```

PHP

```php
<?php
      // programme principal
$valeurs = array (2, 5, 1, 9, 4, 8) ;
echo "valeurs avant tri : " ;
foreach ($valeurs as $v) echo $v, ' ' ;
echo "<br>" ;
tri ($valeurs) ;
echo "valeurs après tri : " ;
foreach ($valeurs as $v) echo $v, ' ' ;
```

```
        // définition de la fonction de tri
function tri (&$val)
{ $nb = count($val) ;
  for ($i=0 ; $i<$nb-1 ; $i++)
    for ($j=$i+1 ; $j<$nb ; $j++)
      if ($val[$i]>$val[$j]) echange ($val[$i], $val[$j]) ;
 }
 // définition de la fonction echange
function echange (&$a, &$b)  // $a et $b sont transmis par référence
{ $c = $a ;
  $a = $b ;
  $b = $c ;
 }

?>
```

```
valeurs avant tri : 2 5 1 9 4 8
valeurs après tri : 1 2 4 5 8 9
```

9

Classes et objets

Dans le premier chapitre, nous avons fait une distinction entre :

- Les langages procéduraux, disposant de la notion de fonction, outil qui permet de structurer un programme en le décomposant en des parties relativement indépendantes.
- Les langages objet, disposant en plus des notions de classe et d'objet ; comme nous le verrons, les classes permettent également de structurer un programme en le décomposant en des parties autonomes.

Dans ce chapitre, nous allons introduire ces notions de classes et d'objets. Nous serons amenés à distinguer la définition des classes, la création des objets et leur utilisation. Nous verrons ensuite ce qu'est précisément ce que l'on nomme l'encapsulation des données et quelles en sont les conséquences. Puis, nous introduirons l'importante notion de constructeur. Enfin, nous donnerons quelques éléments concernant les deux modes possibles de gestion des objets, à savoir par référence ou par valeur.

1 Introduction

Le concept d'objet consiste à regrouper dans une même entité des données qu'on nomme des attributs (ou encore des champs) et des fonctions qu'on nomme méthodes (ou, parfois, fonctions membres). Seules les méthodes sont habilitées à manipuler ces données, qu'il s'agisse de les modifier ou plus simplement d'en utiliser la valeur. On traduit souvent cette propriété en disant que les données sont encapsulées dans l'objet, autrement dit qu'elles ne sont plus visibles « de l'extérieur » de l'objet. La seule façon d'exploiter les possibilités offertes par l'objet sera de faire appel à ses méthodes.

La notion de classe généralise aux objets la notion de type : une classe n'est rien d'autre qu'une description (unique) pouvant donner naissance à différents objets disposant de la même structure de données (mêmes noms et types d'attributs) et des mêmes méthodes. Différents objets d'une même classe se distinguent par les valeurs de leurs attributs ; en revanche, ils partagent les mêmes méthodes. On trouvait une situation comparable avec deux variables d'un type `réel` qui pouvaient différer par leur valeur ; leur structure de données (réduite ici à une valeur de type `réel`) et leurs « fonctionnalités » (addition, soustraction...) étaient communes.

Généralement, en programmation orientée objet, soit on définit une classe que l'on pourra utiliser ensuite pour créer un ou plusieurs objets de cette classe, soit on utilise des classes existantes (fournies avec le langage ou créées par vous-même ou par d'autres programmeurs). On retrouve là encore quelque chose de comparable à ce qui se passait avec les fonctions.

2 Un premier exemple : une classe Point

Pour introduire ces nouvelles possibilités de classe, objet et encapsulation, nous vous proposons de voir à la fois comment définir et utiliser une nouvelle classe nommée `Point`, permettant de manipuler des points d'un plan. Nous souhaitons qu'elle dispose des trois méthodes suivantes :

- `initialise` pour attribuer des valeurs aux coordonnées d'un point (ici, nous utiliserons le système le plus courant de « coordonnées cartésiennes ») ;

- `deplace` pour modifier les coordonnées d'un point ;

- `affiche` pour afficher un point ; par souci de simplicité, nous nous contenterons ici d'afficher les coordonnées du point.

En ce qui concerne ses attributs, nous choisirons d'utiliser deux entiers[1] représentant les coordonnées d'un point ; déjà à ce niveau, signalons que rien ne nous empêcherait d'utiliser d'autres informations (coordonnées polaires, par exemple), dans la mesure où ces informations ne seront pas exploitées directement à l'extérieur de la classe.

Dans un premier temps, nous supposerons que notre classe a été convenablement définie et nous allons voir comment l'exploiter pour donner naissance à des objets représentant des points et comment les manipuler. Il nous sera ensuite plus facile de revenir sur la « définition » de la classe elle-même.

---

1. En toute rigueur, suivant l'usage que l'on sera amené à faire de ces «points », le type réel pourra parfois s'avérer plus adapté.

2.1 Utilisation de notre classe Point

2.1.1 Le mécanisme déclaration, instanciation

A priori, nous pourrions supposer que, de même qu'une déclaration telle que :

```
entier n
```

réserve un emplacement pour une variable de type `entier`,

une déclaration telle que :

```
Point p
```

réserve un emplacement pour un « objet de type `Point` », c'est-à-dire en fait un emplacement pour chacun de ses attributs (les méthodes, communes à tous les objets du type `Point`, n'ayant, quant à elles pas besoin d'être dupliquées pour chaque objet).

Cependant, pour des questions de souplesse d'exploitation des possibilités de programmation orientée objet, tous les langages objet permettent de fonctionner en deux étapes :

- D'une part, la déclaration précédente :

```
Point p
```

réserve simplement un emplacement pour une variable nommée p, destinée à recevoir la référence (adresse) d'un objet de type `Point`. Pour l'instant, la valeur de cette variable n'est pas encore définie.

- D'autre part, il existe un mécanisme permettant de réserver l'emplacement mémoire pour un objet, analogue à ce que nous avons appelé « gestion dynamique » dans le cas des tableaux (paragraphe 11 du chapitre 7, page 134). Dans le cas des objets, on parle d'instanciation ou de création pour désigner ce mécanisme). Ici, nous conviendrons que cette instanciation est réalisée par l'expression suivante :

```
Création Point
```

En affectant cette valeur, par exemple à la variable p précédente :

```
p := Création Point
```

nous aboutissons à une situation que l'on peut schématiser ainsi (les deux cases vides représentent les attributs d'un objet de type `Point`) :

On notera bien qu'une telle démarche fait intervenir :

- Une déclaration classique (ici d'une référence à un objet de type `Point`) ; elle sera exploitée lors de la traduction du programme pour réserver l'emplacement mémoire correspondant.

- Une instruction d'instanciation qui donnera effectivement naissance à l'objet en réservant son emplacement uniquement au moment de l'exécution de l'instruction correspondante.

Comme nous le verrons par la suite, la valeur de p pourra très bien évoluer pendant l'exécution, par le biais d'instructions d'affectation.

 **Remarques**

1   Notez bien le vocabulaire que nous avons convenu d'utiliser : nous disons que p est une variable de type `Point`, tandis que l'objet référencé par p est un objet de type `Point`. En revanche, il nous arrivera souvent de commettre l'abus de langage consistant à parler d'un point pour un « objet de type `Point` », voire même parfois de l'objet p au lieu de l'objet référencé par p.

En ce qui concerne le terme instanciation, nous l'appliquerons indifféremment à une classe (il désignera la création d'un objet de cette classe) ou à un objet (il désignera la création de cet objet).

2   Certains langages disposent, en plus de ce mécanisme d'instanciation à l'exécution, de la possibilité de réserver l'emplacement d'un objet par une déclaration. Nous reviendrons plus loin sur cette « dualité » concernant la gestion des objets.

2.1.2 Utilisation d'objets de type Point

Supposons donc que notre variable p contienne la référence d'un objet de type `Point` et voyons maintenant comment utiliser cet objet.

Tout d'abord, rappelons que les attributs de nos objets sont encapsulés dans l'objet et qu'il n'est pas possible d'y accéder directement ; d'ailleurs, pour l'instant, nous ne savons même pas comment ils se nomment ! Nous devons obligatoirement utiliser les méthodes de la classe `Point`. Ici, nous avons prévu que la méthode `initialise` fournisse des valeurs aux coordonnées d'un point. Pour l'appeler, nous devrons naturellement préciser :

* les valeurs des paramètres requis : ici, deux entiers représentant les deux coordonnées cartésiennes, par exemple 5 et 8 ;

* l'objet auquel la méthode doit s'appliquer : ici celui référencé par p.

Nous utiliserons pour cela une notation très répandue :

```
p.initialise (5, 8) // appelle la méthode initialise de l'objet référencé par p
```

 **Remarque**

On dit parfois que l'instruction :

```
p.initialise (5, 8)
```
« envoie le message » `initialise (5, 8)` à l'objet p.

2.2 Définition de la classe Point

Jusqu'ici, nous avions supposé que la classe `Point` existait déjà. Voyons maintenant comment la définir.

Nous conviendrons que la définition d'une classe se fait suivant ce canevas :

```
classe Point
{  // déclaration des attributs
   // définition des méthodes
}
```

En ce qui concerne les attributs, nous choisirons d'utiliser deux entiers représentant les coordonnées cartésiennes d'un point (mais nous verrons que d'autres choix seraient possibles, indépendamment des coordonnées utilisées dans les méthodes). Nous les déclarerons de façon classique, comme on le ferait pour les variables d'un programme ou les variables locales à une fonction :

```
entier abs     // abscisse d'un point
entier ord     // ordonnée d'un point
```

ou, encore :

```
entier abs, ord     // abscisse et ordonnée d'un point
```

Quant à la définition des méthodes, elle se composera, comme celle d'une fonction d'un entête en précisant les paramètres (nom de paramètre « muet » et type) ainsi que le type du résultat (ici, aucune de nos méthodes n'en fournit). Si l'on considère par exemple la méthode `initialise` dont on a vu qu'elle serait appelée par une instruction de la forme :

```
p.initialise (5, 8)
```

on constate qu'elle devra disposer de deux paramètres correspondant aux coordonnées à attribuer au point concerné. Nous conviendrons d'écrire son en-tête de cette façon (en utilisant le mot `méthode` à la place du mot `fonction`) :

```
méthode initialise (entier x, entier y)
```

Dans le corps de cette méthode, nous allons devoir affecter la valeur du paramètre muet `x` à l'attribut `abs` de l'objet ayant appelé la méthode. Nous nous contenterons d'écrire cela tout simplement de la manière suivante, sans préciser de quel objet il s'agit :

```
abs := x  // affecte la valeur de x à l'attribut abs de l'objet concerné
```

En effet, nous conviendrons que, dans une méthode, un nom d'attribut désigne l'attribut correspondant de l'objet ayant effectué l'appel. Notez qu'un tel objet est parfaitement connu lors de l'appel ; nous convenons seulement que l'information corrrespondante sera bien transmise à la méthode par des instructions appropriées mises en place par le traducteur du programme (en toute rigueur, tout se passe comme si une méthode disposait d'un paramètre supplémentaire représentant l'objet l'ayant appelé).

2.3 En définitive

Finalement, voici la définition complète de notre classe `Point` :

```
classe Point
{ methode initialise (entier x, entier y)
  { abs := x
    ord := y
  }
  méthode deplace (entier dx, entier dy)
  { abs := abs + dx
    ord := ord + dy
  }
  méthode affiche
  { écrire «Je suis un point de coordonnées », abs, « », ord
  }
  entier abs    // abscisse
  entier ord    // ordonnée
}
```

Définition d'une classe Point

Voici un petit programme utilisant cette classe `Point` :

```
Point p, r              // deux variables de type Point
p := Création Point     // création d'un objet de type Point
p.initialise(3, 5)      // appel de la méthode initialise sur l'objet référencé par p
p.affiche()             // appel de la méthode affiche sur l'objet référencé par p
p.deplace(2, 0)
p.affiche()
r := Création Point     // création d'un autre objet de type Point
r.initialise (6, 8)     // appel de la méhtode initialise sur l'objet référencé par r
r.affiche()


Je suis un point de coordonnées 3 5
Je suis un point de coordonnées 5 5
Je suis un point de coordonnées 6 8
```

Utilisation de la classe Point

2.4 Indépendance entre classe et programme

Pour l'instant, nous avons considéré séparément la classe et le programme l'utilisant, sans nous préoccuper de la manière dont ces deux éléments allaient interagir.

En pratique, il va falloir faire en sorte que le programme et la classe soient convenablement réunis pour l'exécution du programme. La démarche utilisée dépendra étroitement du langage et de l'environnement concernés, ainsi que du mode de traduction (compilation, interprétation, code intermédiaire). Dans tous les cas, comme on peut l'espérer, plusieurs programmes pourront utiliser une même classe qu'il suffira d'avoir écrite et mise au point une fois pour toutes. On retrouve simplement ici une généralisation de ce que nous avions indiqué à propos des fonctions.

Exercice 9.1 Ajouter à la définition de la classe `Point` précédente, une méthode `premQuad` fournissant la valeur `vrai` si le point concerné appartient au « premier quadrant », c'est-à-dire si ses coordonnées sont toutes deux positives ou nulles, et la valeur `faux` dans le cas contraire. Écrire un petit programme utilisant cette nouvelle classe `Point`.

---

3 L'encapsulation et ses conséquences

3.1 Méthodes d'accès et d'altération

Nous avons vu que les attributs sont encapsulés dans l'objet et qu'il n'est pas possible d'y accéder en dehors des méthodes elles-mêmes. Ainsi, avec notre classe `Point` précédente, nous ne pouvons pas connaître ou modifier l'abscisse d'un point en nous référant directement à l'attribut `abs` correspondant :

```
Point p
p := Création Point

    .....
écrire p.abs        // interdit
p.abs := 9          // interdit
```

Cette contrainte pourra sembler draconienne dans certains cas. Mais, il faut bien comprendre qu'il reste toujours possible de doter une classe de méthodes appropriées permettant :

- d'obtenir la valeur d'un attribut donné ; nous parlerons de « méthodes d'accès » ;

- de modifier la valeur d'un ou de plusieurs attributs ; nous parlerons de « méthodes d'altération »[1].

Par exemple, en plus de la méthode initialise, nous pourrions doter notre classe Point de deux méthodes d'altération `fixeAbs` et `fixeOrd` :

```
méthode fixeAbs (entier x)
{ abs := x
}
méthode fixeOrd (entier y)
{ ord := y
}
```

---

1. La dénomination de ces méthodes est loin d'être universelle. Parfois, on rencontre le terme « méthode d'accès » pour qualifier les deux types de méthodes.

De même, nous pourrions la doter de deux méthodes d'accès `valeurAbs` et `valeurOrd` :

```
entier méthode valeurAbs
{ retourne abs
}
entier méthode valeurOrd
{ retourne ord
}
```

On peut alors légitimement se poser la question de l'intérêt d'encapsuler les attributs si on peut les connaître ou les modifier à volonté à l'aide de méthodes d'accès ou d'altération. Pourquoi ne pas en autoriser l'accès direct ? En fait, la réponse réside dans la distinction entre ce que l'on nomme l'interface d'une classe et son implémentation et dont nous allons parler maintenant.

3.2 Notions d'interface, de contrat et d'implémentation

L'interface d'une classe corresond aux informations dont on doit pouvoir disposer pour pouvoir l'utiliser. Il s'agit :

- du nom de la classe ;
- de la signature (nom de la fonction et type des paramètres) et du type du résultat éventuel de chacune de ses méthodes.

Dans le cas de notre classe `Point`, ces informations pourraient se résumer ainsi :

```
classe Point
{ méthode initialise (entier, entier)
  méthode déplace (entier, entier)
  méthode affiche
}
```

Le contrat d'une classe correspond à son interface et à la définition du rôle de ses méthodes.

Enfin, l'implémentation d'une classe correspond à l'ensemble des instructions de la classe, écrites en vue de réaliser le contrat voulu.

L'un des éléments majeurs de la programmation orientée objet est qu'une classe peut tout à fait modifier son implémentation, sans que ceci n'ait de conséquences sur son utilisation (à condition, bien sûr de respecter le contrat !). Par exemple, nous pourrions très bien décider que nos points seront représentés, non plus par leurs coordonnées cartésiennes, mais par leurs coordonnées « polaires »[1]. Bien entendu, il faudrait adapter en conséquences le corps des méthodes, lesquelles devraient conserver leur signature et leur signification : autrement dit, `initialise` devrait continuer à recevoir des coordonnées cartésiennes. Il va de soi qu'ici, une telle modification paraîtrait fortement fantaisiste puisqu'elle entraînerait des complications inutiles. Mais, imaginez une classe `Point` plus riche dotée de méthodes travaillant, les unes en coordonnées cartésiennes, les autres en coordonnées polaires. Dans ces conditions, il

---

1. En coordonnées polaires, un point est caractérisé par sa distance à l'origine (rayon vecteur) et l'angle que fait le segment joignant l'origine au point avec l'axe des abscisses.

faudrait bien sûr trancher dans le choix des attributs entre coordonnées cartésiennes ou coordonnées polaires. Mais ceci n'aura pas de répercussion sur l'interface de la classe. Si celle-ci est dotée de méthodes telles que `fixeAbs`, on ne saura pas si celle-ci fixe la valeur d'un attribut (`abs`) ou si elle modifie en conséquences les coordonnées polaires.

Exercice 9.2 Écrire une classe `Point` ne disposant que des 4 méthodes `fixeAbs`, `fixeOrd`, `valeurAbs` et `valeurOrd`. Réécrire le programme du paragraphe 2.3, page 190, en utilisant cette nouvelle classe.

3.3 Dérogations au principe d'encapsulation

Nous avons indiqué que, en programmation orientée objet, les attributs étaient encapsulés dans la classe et nous avions donc supposé qu'il en allait ainsi des attributs `abs` et `ord` de notre classe `Point`.

Cependant, la plupart des langages offrent une certaine latitude sur ce point, en autorisant que certains attributs restent accessibles à un programme utilisant la classe. On est alors amené à parler du statut d'accès (ou plus simplement de l'accès) d'un attribut qui peut alors être :

- privé : c'est le cas usuel que nous avons considéré jusqu'ici ;
- public : dans ce cas, l'attribut est directement lisible ou modifiable.

Si nous souhaitions déclarer qu'un attribut tel que `abs` est public, nous procéderions ainsi

```
public entier abs  // l'attribut abs n'est plus encapsulé
```

Dans ce cas, ayant instancié un objet de type `Point`, référencé par exemple par la variable `p`, nous pourrions utiliser directement cet attribut :

```
écrire p.abs
```

ou, pire :

```
p.abs := 15
```

Mais, nous n'exploiterons de telles possibilités que de manière exceptionnelle, éventuellement à titre de contre-exemple.

Par ailleurs, il est généralement possible de prévoir un accès privé à une méthode, de sorte qu'elle ne soit plus accessible en dehors de la classe elle-même. Une telle démarche peut s'avérer intéressante lorsqu'il s'agit d'introduire dans l'implémentation de la classe une « méthode de service », utilisée par exemple par plusieurs autres méthodes, mais n'ayant rien à voir avec le contrat de la classe puisque non prévue dans son interface.

D'une manière générale, nous conviendrons que :

> Par défaut, les attributs d'une classe sont privés et les méthodes sont publiques.

On peut modifier explicitement ce statut en ajoutant le mot `public` dans la déclaration de l'attribut ou le mot `privé` dans l'en-tête de la méthode.

 **Remarques**

1   On notera que le statut d'un attribut porte en bloc sur l'accès ou l'altération de cet attribut. Peu de langages permettent de différencier les deux actions, en les dotant d'autorisations différentes.

2   Nous verrons qu'il existe d'autres statuts d'accès, liés à la notion d'héritage.

3   On rencontre parfois le terme « rétention d'information », à la place d'encapsulation.

4 Méthode appelant une autre méthode

Jusqu'ici, nous avons appelé une méthode d'une classe en l'appliquant à un objet. Mais, de même qu'une fonction pouvait en appeler une autre, une méthode peut en appeler une autre.

Pour l'instant, nous n'envisagerons pas le cas où une méthode d'une classe appelle une méthode d'une autre classe, car il fait souvent intervenir la notion de composition d'objets dont nous parlerons plus tard. En revanche, nous pouvons considérer le cas où une méthode d'une classe appelle une autre méthode de la même classe. Considérons cette situation :

```
classe Point
{ méthode afficheAbs { ..... }   // affiche l'abscisse
  méthode afficheOrd { ..... }   // affiche l'ordonnée
  méthode affiche    { ..... }   // affiche l'abscisse et l'ordonnée
}
```

La méthode `affiche` peut chercher à utiliser les méthodes `afficheAbs` et `afficheOrd`. Cela est tout à fait possible en procédant ainsi :

```
méthode affiche
  { afficheAbs
    afficheOrd
  }
```

On notera bien que, là encore, il n'est pas besoin de préciser l'objet auxquels s'appliquent les appels `afficheAbs` et `afficheOrd`. Il s'agit par convention de l'objet (unique à un moment donné) ayant appelé `affiche`.

5 Les constructeurs

5.1 Introduction

Considérons à nouveau notre classe `Point` du paragraphe 2.3, page 190, dotée de ses méthodes `initialise`, `déplace` et `affiche`. On constate que, lorsque l'on a instancié un objet de ce type, il est nécessaire de faire appel à la méthode `initialise` pour donner des valeurs à ses attributs. Si, par mégarde, on procède ainsi :

```
Point p
p := Création Point
p.déplace (3, 5)
```

les valeurs des attributs de l'objet référencé par p ne seront pas définis au moment de l'appel de déplace (certains langages peuvent réaliser des initialisations par défaut mais, même dans ce cas, il n'est pas sûr qu'elles nous conviennent).

Autrement dit, jusqu'ici, il nous fallait compter sur l'utilisateur de l'objet (sous-entendu tout programme utilisant cet objet) pour effectuer l'appel voulu de la méthode initialise. La notion de constructeur va permettre de mettre en place un mécanisme d'initialisation automatique, mécanisme qui pourra éventuellement aller au-delà d'une simple attribution de valeurs initiales aux attributs.

D'une manière générale, dans tous les langages objet :

- Un constructeur se présente comme une méthode particulière de la classe, portant un nom conventionnel ; ici, nous conviendrons (comme le font beaucoup de langages) qu'il s'agit du nom de la classe elle-même.

- Un constructeur peut disposer de paramètres.

- Ce constructeur sera appelé au moment de la création de l'objet et il sera possible, le cas échéant, de lui fournir les paramètres souhaités.

5.2 Exemple d'adaptation de notre classe Point

À titre d'exemple, examinons comment faire pour que le travail de la méthode initialise de notre classe Point du paragraphe 2.3, page 190, soit maintenant réalisé par un constructeur à deux paramètres. Il nous suffira de définir notre nouvelle classe de cette manière :

```
classe Point
{ méthode Point (entier x, entier y)     // constructeur (même nom que la classe)
  { abs := x
    ord := y
  }
  méthode déplace (entier dx, entier dy)
  { abs := abs + dx
    ord := ord + dy
  }
  méthode affiche
  { écrire «Je suis un point de coordonnées », abs, « », ord
  }
}
```

Une nouvelle classe Point, *dotée d'un constructeur*

Lors de la création d'un objet, nous devrons prévoir les paramètres pour ce constructeur. Nous conviendrons de procéder ainsi :

```
p := Création Point (3, 5)      // Allocation de l'emplacement pour un point
                                // et appel du constructeur auquel on fournit
                                // les paramètres 3 et 5
```

Voici comment nous pourrions adapter notre exemple du paragraphe 2.3, page 190 pour qu'il utilise cette nouvelle classe :

```
Point p, r
p := Création Point (3, 5)
p.affiche()
p.deplace(2, 0)
p.affiche()
r := Création Point (6, 8)
r.affiche()


Je suis un point de coordonnées 3 5
Je suis un point de coordonnées 5 5
Je suis un point de coordonnées 6 8
```

Exemple d'utilisation de notre nouvelle classe Point

 **Remarques**

1 Il est très important de noter que l'instanciation d'un objet, réalisée par un appel tel que :

```
Création Point (3,5)
```

réalise deux opérations :

- allocation d'un emplacement mémoire pour un objet de type `Point` ;

- appel éventuel du constructeur pour cet objet.

Ces deux opérations sont indissociables. Le constructeur ne peut pas être appelé directement (sur un objet existant), en court-circuitant la première opération :

```
Point p
p := Création Point (...)
  .....
p.Point (...)   // interdit
```

2 Dans nos exemples, le constructeur servait à donner des valeurs initiales aux attributs d'un objet. Il en ira souvent ainsi mais, il faut bien comprendre qu'un constructeur peut très bien réaliser d'autres actions, par exemple : allocation d'emplacements dynamiques, vérification d'existence de fichier, ouverture d'une connexion Internet...

5.3 Surdéfinition du constructeur

Nous avons vu paragraphe 4.6 du chapitre 8, page 168, qu'il est possible de surdéfinir des fonctions. Cette possibilité s'applique également aux méthodes d'une classe, ainsi qu'à son constructeur. Nous pourrons donc définir plusieurs constructeurs se distinguant par le nombre et le type de leurs paramètres. Voici un exemple de définition d'une classe comportant trois constructeurs, accompagné d'un petit exemple d'utilisation :

```
point p, q, r
p := Création Point                  // appel constructeur 1
p.affiche
q := Création Point(5)               // appel constructeur 2
q.affiche
r := Création Point(3, 12)           // appel constructeur 3
c.affiche
classe Point
{  méthode Point                     // constructeur 1 (pas de paramètre)
   { abs := 0
     ord := 0
   }
   méthode Point (entier x)          // constructeur 2 (un paramètre)
   { abs := x
     ord := 0
   }
   méthode Point (entier x, entier y)    // constructeur 3 (deux paramètres)
   { abs := x
     ord := y
   }
   méthode affiche
   { écrire «Je suis un point de coordonnées », abs, « », ord
   }
   entier abs
   entier ord

Je suis un point de coordonnées 0 0
Je suis un point de coordonnées 5 0
Je suis un point de coordonnées 3 12
```

Exemple de surdéfinition d'un constructeur

5.4 Appel automatique du constructeur

À partir du moment où l'on dote une classe d'un ou plusieurs constructeurs, on peut raisonnablement penser que l'on souhaite qu'un objet ne puisse plus être instancié sans que l'un de ces constructeurs ne soit appelé. C'est bien ce qui est prévu dans la plupart des langages objet. Considérons alors cette classe :

```
classe Point
{ Point (entier x, entier y)  // unique constructeur à 2 paramètres
  { ..... }
```

et cette déclaration :

```
Point p
```

Alors l'instruction suivante sera interdite :

```
p := Creation Point    // interdit
```

En revanche, si la classe `Point` disposait d'un constructeur sans paramètres, l'instruction précédente serait correcte et elle appellerait bien ce constructeur.

Autrement dit, cette instruction d'instanciation est acceptable :

- soit lorsque la classe ne dispose d'aucun constructeur (c'est ce qui se produisait dans les premiers exemples de ce chapitre) ;

- soit lorsque la classe dispose d'un constructeur sans paramètres (elle peut, bien sûr, en posséder d'autres...).

> Lorsqu'une classe dispose d'au moins un constucteur, il n'est plus possible d'instancier un objet, sans qu'il y ait appel de l'un des constructeurs.

 **Remarques**

1   À l'instar de ce qui se passe dans la plupart des langages, nous n'avons pas prévu de mécanisme permettant à un constructeur de fournir un résultat.

2   Nous avons vu qu'il était possible d'initialiser des variables locales lors de leur déclaration. Il en va de même pour les variables locales des méthodes. En revanche, nous ne prévoierons aucun mécanisme permettant d'initialiser les attributs d'un objet ; par exemple, nous conviendrons que ceci est interdit :

```
class X
{ entier n := 5 ;     // interdit
  .....
}
```

Certains langages autorisent cette possibilité. Il faut alors bien réaliser qu'elle interfère avec le travail du constructeur (qui risque, lui aussi, d'attribuer une valeur à l'attribut n). Il est donc nécessaire de savoir dans quel ordre sont effectuées, ces initialisations d'une part, l'appel du constructeur d'autre part.

5.5 Exemple : une classe Carré

Nous vous proposons un exemple exploitant à la fois :

- la surdéfinition du constructeur ;

- la possibilité de modifier l'implémentation d'une classe en conservant son contrat.

Il s'agit de deux implémentations différentes d'une classe `Carré`, dont l'interface serait la suivante :

```
Carré (entier)            // constructeur à un paramètre : le côté du carré
Carré                     // constructeur sans paramètre ; côté 10 par défaut
```

```
entier méthode taille          // fournit la valeur du côté
entier méthode surface         // fournit la surface du carré
entier méthode périmètre       // fournit le périmètre du carré
méthode changeCôté (entier)    // modifie la valeur du côté du carré
```

Voici une première implémentation qui prévoit tout naturellement un attribut nommé `côté`, destiné à contenir la valeur du côté du carré :

```
classe Carré
{ méthode Carré (entier n)
  { côté := n
  }
  méthode Carré
  { côté := 10
  }
  entier méthode taille
  { retourne côté
  }
  méthode changeCôté (entier n)
  { côté := n
  }
  entier méthode surface
  { entier s
    s := côté * côté
    retourne s
  }
  entier méthode périmètre
  { entier p
    p : = 4 * côté
    retourne p
  }
  entier côté
}
```

Une implémentation naturelle de la classe Carré

Mais, voici maintenant une seconde implémentation qui prévoit d'autres attributs, à savoir le périmètre et la surface. Cette fois, on voit que les méthodes `périmètre` et `surface` deviennent de simple méthodes d'accès et qu'elles n'ont plus à effectuer de calcul à chaque appel. En revanche, ces calculs sont effectués par les méthodes qui sont susceptibles de modifier la valeur du côté, soit ici les constructeurs et `changeCôté` ; pour simplifier un peu l'écriture, nous avons prévu deux méthodes privées (`calculPérimètre` et `calculSurface`) dont l'usage est réservé aux méthodes de la classe :

```
classe Carré
{ méthode carré (entier n)
  { côté := n
    calculPérimètre
    calculSurface
  }
```

```
méthode Carré
{ côté := 10
  calculPérimètre
  calculSurface
}
entier méthode taille
{ retourne côté
}
méthode changecôté (entier n)
{ côté := n
  calculPérimètre
  calculSurface
}
entier méthode surface
{ retourne surface
}
entier méthode périmètre
{ retourne périmètre
}
privé méthode calculSurface
{ surface := côté * côté
}
privé méthode calculpérimètre
{ périmètre := 4 * côté
}
entier côté
entier surface
entier périmètre
}
```

Une autre implémentation de la même classe Carré

Cet exemple, certes quelque peu artificiel, montre que, tant qu'on en respecte l'interface, on peut modifier à volonté l'implémentation d'une classe.

Exercice 9.3 Écrire une classe nommée `Carac`, permettant de conserver un caractère, Elle disposera :

- d'un constructeur à un paramètre fournissant le caractère voulu ;

- d'un constructeur sans paramètre qui attribuera par défaut la valeur « espace » au caractère ;

- d'une méthode nommée `estVoyelle` fournissant la valeur `vrai` lorsque le caractère concerné est une voyelle et la valeur `faux` dans le cas contraire.

Écrire un petit programme utilisant cette classe.

Exercice 9.4 Écrire une classe `Rectangle` disposant :

- de trois constructeurs : le premier sans paramètre créera un rectangle dont les deux dimensions sont égales à 1 ; le second à un paramètre sera utilisé à la fois pour les deux dimensions, considérées comme égales ; le troisième à deux paramètres correspondant aux deux dimensions du rectangle. Les dimensions seront de type `réel` ;

- d'une méthode `périmètre` fournissant en résultat le périmètre du rectangle ;

- d'une méthode `surface` fournissant en résultat la surface du rectangle ;

- d'une méthode `agrandit` disposant d'un paramètre de type `réel` correspondant à la valeur par laquelle il faut multiplier les dimensions du rectangle.

Écrire un petit programme d'utilisation.

Exercice 9.5 Écrire une classe nommée `Réservoir`, implémentant l'interface et le « contrat » suivants :

```
méthode Réservoir (entier n)       // crée un réservoir de capacité maximale n
entier méthode verse (entier q)    // ajoute la quantité q au réservoir si possible
                                   // sinon, on ne verse que ce qui est possible
                          // fournit en résultat la quantité réellement ajoutée
entier méthode puise (entier q)    // puise la quantité q si possible
                                   // sinon, on puise le reste
                          // fournit en résultat la quantité réellement puisée
entier méthode jauge               // fournit le «niveau» du réservoir
```

6   Mode des gestion des objets

Au paragraphe 2.1, nous vous avons présenté la démarche la plus répandue et la plus souple de «gestion des objets». Nous avons vu qu'elle revient à dissocier ce que nous avons appelé la « variable de type objet » (destinée à contenir une référence à un objet) de l'objet lui-même. Cette variable s'apparente aux variables que nous avions rencontrées jusqu'ici et son emplacement est géré de la même manière (mémoire statique pour les variables du programme principal, pile pour les variables locales aux fonctions ou méthodes). En revanche, l'objet voit son emplacement alloué dynamiquement au moment de l'exécution de l'appel de `Création`. Nous parlerons dorénavant de gestion par référence (on rencontre parfois « sémantique référence ») pour qualifier ce mode de gestion des objets que nous continuerons à privilégier dans les prochains chapitres.

Certains langages objet offrent un autre mode de gestion des objets, que nous nommerons gestion par valeur (on rencontre aussi « sémantique valeur ») qui, en général, cohabite avec le mode précédent. Il consiste à considérer que la seule déclaration d'un objet entraîne la réservation de l'emplacement mémoire correspondant[1]. Si la classe comporte un constructeur, la déclaration de l'objet doit alors préciser des paramètres pour ce constructeur. Ces déclarations se présentent alors sous une forme voisine de :

```
Point p (3, 5)          // réserve l'emplacement pour un objet de type Point
                // et appelle un constructeur, en lui fournissant les paramètres 3 et 5
```

Dans ces conditions, la notation p désigne directement l'objet lui-même, ce qu'on peut schématiser ainsi :

3
5

p

À ce niveau, la différence entre les deux modes de gestion des objets peut vous paraître assez minime, la première semblant introduire simplement une variable intermédiaire supplémentaire. En fait, jusqu'ici, nous nous sommes contentés d'utilisations simples. Mais, dans les chapitres suivants, tout en continuant à privilégier la gestion par référence, nous aurons l'occasion de comparer ces deux modes de gestion dans des situations plus complexes.

Pour l'instant, retenez simplement que, dans le premier mode de gestion, on manipule des références à des objets, alors que dans le second, on manipule directement ces objets, c'est-à-dire leur valeur, autrement dit les valeurs de leurs attributs.

 **Côté langages**

Définition d'une classe

Comme vous le verrez dans les exemples de programmes ci-après, la syntaxe de définition d'une classe en C++, C#, Java ou PHP[a] est très proche de celle que nous avons introduite. Dans ces quatre langages :

- Les attributs et les méthodes peuvent être soit privés (`private`), soit publics (`public`). Il est donc possible de « violer » le principe d'encapsulation. Certains langages proposent un statut par défaut (`private` pour C++, `public` pour PHP).

- On dispose de constructeurs. En C++, C# ou Java, ils portent le même nom que la classe et ils peuvent être surdéfinis. En PHP, le constructeur se nomme `__construct` ; il ne peut pas être surdéfini, mais il est possible de prévoir des « valeurs par défaut » des paramètres.

Quelques petites différences apparaîtront :

- en C++, on distinguera souvent la déclaration de la classe de la définition de ses méthodes (voyez l'exemple C++ ci-après) ;

- en C++, on utilisera « l'attribut » `private` ou `public`, non pas pour une seule déclaration, mais pour un ensemble de déclarations ;

a. C ne dispose pas de la notion de classe.

---

1. C'est d'ailleurs cette hypothèse que nous avions faite pour les tableaux et nous avions écarté alors le cas des tableaux dynamiques existant dans certains langages.

- en PHP, les attributs, comme les noms de variable, doivent commencer par $; en outre, un attribut nommé par exemple `$abs` devra être désigné dans une méthode par `$this->abs` et non par `$abs` (qui représenterait alors une variable locale à ladite méthode[a]).

Python est quelque peu atypique. D'une part, dans une méthode, il faut préciser, avec le mot-clé `self`, le paramètre implicite correspondant à l'objet l'ayant appelée. D'autre part, le suffixe `self` doit également apparaître devant les noms des attributs de la classe (qui, par ailleurs ne sont pas déclarés). Par défaut, tous les membres sont publics ; on peut obtenir des membres privés en préfixant leur nom par deux caractères « souligné » (__). Le constructeur se définit par un nom spécifique `__init__` ; il ne peut être surdéfini mais ses paramètres peuvent se voir attribuer des valeurs par défaut.

Utilisation d'une classe

Java, C# et PHP utilisent une gestion par référence dans laquelle on utilise `new` (au lieu de `Création`) pour instancier des objets :

```
Point p ;  // ($p en PHP)   : p est une référence sur un objet de type Point
  ...
p = new Point (3, 5) ; // crée un objet de type Point, en appelant un constructeur
```

En Python, les objets sont également gérés par référence, mais ils sont instanciés par une déclaration de la forme :

```
p = Point (3, 5)  ## crée un objet de type Point, en appelant un constructeur
```

C++ utilise une gestion par valeur, dans laquelle la déclaration d'un objet en provoque la création :

```
Point p (3, 5) ;  // crée un objet p de type Point, en appelant un constructeur
```

Mais, en C++, on peut également créer dynamiquement des objets, en utilisant des pointeurs qui jouent alors le rôle de nos références :

```
Point *adp ;  // adp est un pointeur contenant l'adresse d'un objet de type Point
  ...
adp = new Point (3,5) ; // crée un objet de type Point, en appelant un constructeur
```

a. Cette complication est due, en partie, au fait que PHP ne déclare pas les types des variables.

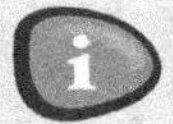 **Exemples langages**

Voici comment se présenterait, dans chacun des langages C++, Java, C#, Python et PHP, notre exemple du paragraphe 5.3, page 197, à savoir une classe `Point`, dotée des trois constructeurs, d'une méthode `deplace` et d'une méthode `affiche`.

Java

En Java, en principe, un fichier source ne contient qu'une seule classe dont il doit porter le nom. Il est cependant possible d'y placer plusieurs classes mais, dans ce cas, une seule d'entre elles (déclarée avec l'accès `public`) sera utilisable. Les autres classes ne seront accessibles qu'à la classe principale (déclarée `public`) du fichier. C'est ainsi que nous avons procédé : la classe principale `TstPoint` contient la méthode `main` et utilise la classe `Point`, « cachée » dans le fichier. Dans un programme véritable, on créerait deux fichiers distincts, l'un nommé `TstPoint`, contenant la classe `TstPoint` (déclarée publique), l'autre nommé `Point` contenant la classe `Point`, déclarée alors publique.

```java
public class TstPoint  // classe contenant la méthode principale
{ public static void main (String args[])      // méthode principale
  { Point p = new Point () ;
    p.affiche() ;
    Point q = new Point (3) ;
    q.affiche() ;
    q.deplace (3, 6) ;
    q.affiche() ;
    Point r = new Point (5, 8) ;
    r.affiche() ;
  }
}

    // définition de la classe Point
class Point
{ public Point()                  // premier constructeur (sans paramètre)
  { abs = 0 ; ord = 0 ; }
  public Point (int x)            // deuxième constructeur (un paramètre)
  { abs = x ; ord = 0 ; }
  public Point (int x, int y)   // troisième constructeur (deux paramètres)
  { abs = x ; ord = y ; }
  public void deplace (int dx, int dy)    // la méthode deplace
  { abs += dx ; ord += dy ; }
  public void affiche ()                  // la méthode affiche
  { System.out.println ("Je suis un point de coordonnées " + abs + " " + ord)  ;
  }
  private int abs, ord ;             // il faut préciser private pour encapsuler
}


Je suis un point de coordonnées 0 0
Je suis un point de coordonnées 3 0
Je suis un point de coordonnées 6 6
Je suis un point de coordonnées 5 8
```

C#

Un fichier source peut contenir une ou plusieurs classes. Ici, nous avons placé la classe `Point` et la classe `tstPoint` contenant la méthode principale (`Main`), dans un même fichier.

```
using System ;
class tstPoint      // classe contenant la méthode principale
{ static void Main()
  { Point p = new Point () ;
    p.affiche() ;
    Point q = new Point (3) ;
    q.affiche() ;
    q.deplace (3, 6) ;
    q.affiche() ;
    Point r = new Point (5, 8) ;
    r.affiche() ;
  }
}
class Point
{ public Point()                 // premier constructeur (sans paramètre)
  { abs = 0 ; ord = 0 ; }
  public Point (int x)           // deuxième constructeur (un paramètre)
  { abs = x ; ord = 0 ; }
  public Point (int x, int y)  // troisième constructeur (deux paramètres)
  { abs = x ; ord = y ; }
  public void deplace (int dx, int dy)    // la méthode deplace
  { abs += dx ; ord += dy ; }
  public void affiche ()                  // la méthode affiche
  { System.Console.WriteLine ("Je suis un point de coordonnées "
        + abs + " " + ord)  ;
  }
  private int abs, ord ;        // private pour encapsuler
}
```

```
Je suis un point de coordonnées 0 0
Je suis un point de coordonnées 3 0
Je suis un point de coordonnées 6 6
Je suis un point de coordonnées 5 8
```

PHP

On trouve en PHP, un programme principal classique (qui, comme en simple programmation procédurale, n'est ni une fonction, ni une méthode). La définition d'une classe peut figurer dans le même fichier source (comme nous l'avons fait ici), ou dans un fichier séparé qui doit alors être incorporé par une instruction `require`.

Comme nous l'avons indiqué, PHP ne permet de définir qu'un seul constructeur. Il est cependant possible de prévoir, dans son en-tête, des valeurs par défaut pour ses paramètres (ici, 0), lesquelles sont utilisées en cas d'absence dans l'appel. Par ailleurs, dans une méthode, un nom d'attribut se note d'une manière un peu particulière (par exemple $this->abs pour l'attribut `$abs`). Le mot `public` n'est pas indispensable devant les en-têtes de méthodes (elles seront publiques par défaut). En revanche, la déclaration des attributs doit spécifier `public` ou `private` (sinon, comme la déclaration ne comporte pas de nom de type, l'interpréteur ne la « comprend » pas).

```php
<?php
$p = new Point () ;     // utilisera la valeur par défaut pour les 2 paramètres
$p->affiche() ;
$q = new Point (3) ;    // utilisera 3 pour le premier paramètre,
                        // la valeur par défaut (0) pour le second
$q->affiche() ;
$q->deplace (3, 6) ;
$q->affiche() ;
$r = new Point (5, 8) ;
$r->affiche() ;

class point
{ public function __construct ($x = 0, $y = 0) // valeur 0 par défaut pour $x et $y
  { $this->abs = $x ; $this->ord = $y ;        // notez $this->...
  }
  public function deplace ($dx, $dy)
  { $this->abs += $dx ; $this->ord += $dy ; }
  public function affiche ()
  {  echo "Je suis un point de coordonnées ", $this->abs, " ", $this->ord, "<br>"  ;
  }
  private $abs, $ord ;    // mode d'accès obligatoire ici
}
?>
```

```
Je suis un point de coordonnées 0 0
Je suis un point de coordonnées 3 0
Je suis un point de coordonnées 6 6
Je suis un point de coordonnées 5 8
```

Python

On trouve en Python, comme en PHP, un programme principal classique (qui, comme en programmation procédurale, n'est ni une fonction, ni une méthode). La définition d'une classe peut figurer dans le même fichier source (comme ici), ou dans un fichier séparé qui doit alors être incorporé par une instruction `import`.

Comme PHP, Python ne permet de définir qu'un seul constructeur, mais il est possible de prévoir des valeurs par défaut pour les paramètres, comme nous l'avons fait ici pour retrouver nos trois possibilités de construction d'un point.

Notez que les attributs ne sont pas déclarés ; on n'en voit donc pas d'emblée la liste et il est très « facile » d'en créer un supplémentaire par une simple faute d'orthographe !

```python
        ## définition de la classe Point
class Point :
  def __init__ (self, x=0, y=0) :
     self.__abs = x ; self.__ord = y
  def deplace (self, dx, dy) :        ## la méthode deplace
     self.__abs += dx ; self.__ord += dy
  def affiche (self) :               ## la méthode affiche
     print ("Je suis un point de coordonnées ", self.__abs, " ", self.__ord)
        ## programme principal
p = Point ()
p.affiche()
q = Point (3)
q.abs=20
q.affiche()
q.__abs=50
q.deplace (3, 6)
q.affiche()
r = Point (5, 8)
r.affiche()
```

```
Je suis un point de coordonnées  0   0
Je suis un point de coordonnées  3   0
Je suis un point de coordonnées  6   6
Je suis un point de coordonnées  5   8
```

C++

Rappelons qu'en C++, par défaut, la gestion des objets est réalisée par valeur. Une simple déclaration telle que :

```cpp
Point p(3,5)
```

réserve l'emplacement pour un objet de type `Point` et appelle le constructeur.

Généralement, pour une classe donnée, on distingue ce que l'on nomme :

- la déclaration d'une classe, laquelle comporte les en-têtes des méthodes (nommées souvent fonctions membres en C++) et la déclaration des attributs (nommés souvent membres données) ;
- la définition des méthodes.

La compilation de la définition des méthodes d'une classe donnée ou la compilation d'un programme utilisant une classe donnée nécessite d'en connnaître la déclaration. Généralement, celle-ci est placée, une fois pour toutes, dans un fichier d'extension `.h`, qui est incorporé pour la compilation par une « directive » `#include` appropriée. La définition de la classe, quant à elle, est compilée une fois pour toutes et fournie sous forme d'un module objet qui sera utilisé par l'éditeur de liens pour constituer le programme exécutable.

Toutefois, un même fichier source peut contenir autant de classes qu'on le désire, ainsi qu'éventuellement la fonction principale (`main`). Ici, dans notre exemple, par souci de simplicité, nous avons placé dans un même fichier source la déclaration de la classe, sa définition et le programme l'utilisant.

```cpp
#include <iostream>
using namespace std ;
    // déclaration de la classe Point
class Point
{ public :
    Point() ;                    // premier constructeur (sans paramètres)
    Point (int) ;                // deuxième constructeur (un paramètre)
    Point (int, int);            // troisième constructeur (deux paramètres)
    void deplace (int, int) ;
    void affiche () ;
  private :
   int abs, ord ;
} ;            // attention à ce point-virgule
    // définitions des méthodes de la classe Point (leur compilation nécessite
    //     la déclaration de la classe, fournie ici auparavant, dans le fichier)
Point::Point ()
{ abs = 0 ; ord = 0 ; }
Point::Point (int x)
{ abs = x ; ord = 0 ; }
Point::Point (int x, int y)
{ abs = x ; ord = y ; }
void Point::deplace (int dx, int dy)
{ abs += dx ; ord += dy ; }
void Point::affiche ()
{  cout << "Je suis un point de coordonnées "<< abs << " " << ord << "\n"  ;
}
    // programme principal ; sa compilation nécessite la déclaration
    //     de la classe Point (fournie ici auparavant)
  int main()
{ Point p  ;
  p.affiche() ;
  Point q (3) ;
  q.affiche() ;
  q.deplace (3, 6) ;
  q.affiche() ;
```

```
   Point r (5, 8) ;
   r.affiche() ;
}
```

```
Je suis un point de coordonnées 0 0
Je suis un point de coordonnées 3 0
Je suis un point de coordonnées 6 6
Je suis un point de coordonnées 5 8
```

À titre indicatif, voici une autre version de ce même programme utilisant une gestion dynamique des objets, et non plus une gestion par valeur. La différence porte essentiellement sur la syntaxe, au niveau de la fonction principale (la déclaration et la définition de la classe restant inchangées). La durée de vie des objets est ici quasiment la même dans les deux cas : dans le premier exemple, il s'agissait d'objets locaux à la fonction `main`, alors qu'ici il s'agit d'objets créés dynamiquement dans cette même fonction.

```
main()
{ Point *adp, *adq, *adr  ;   // adp, adq et adr sont
                             //    des pointeurs sur un objet de type Point
  adp = new Point () ;        // création dynamique d'un objet de type Point
  (*adp).affiche() ;         // ou   adp->affiche() ;
  adq = new Point (3) ;
  (*adq).affiche() ;         // ou   adq->affiche() ;
  (*adq).deplace (3, 6) ;    // ou   adq->deplace (3, 6) ;
  (*adq).affiche() ;         // ou   adq->affiche() ;
  adr = new Point (5, 8) ;   // Création dynamique d'un autre objet de type Point
  (*adr).affiche() ;         // ou   adr->ffiche() ;
}
```

Signalons enfin qu'il est possible d'utiliser une syntaxe de définition de classe, voisine de celles des autres langages, en fournissant directement les définitions des méthodes, comme dans ce canevas :

```
class Point
{ public :
    Point()  { abs = 0 ; ord = 0 ; }
    Point (int) { abs = x ; ord = 0 ; }
        .....
    void deplace (int, int) { abs += dx ; ord += dy ; }
        .....
  private :
   int abs, ord ;
} ;
```

Mais il faut savoir que les méthodes ainsi définies dans la déclaration de la classe sont ce que l'on nomme des « méthodes en ligne », ce qui signifie que le compilateur peut incorporer les instructions correspondantes dans le programme, à chaque fois qu'on les appelle (on n'a donc plus affaire à un mécanisme de fonction). Il s'agit d'une technique qui optimise le temps d'exécution, au détriment de la place mémoire.

Propriétés des objets et des méthodes

Le précédent chapitre vous a présenté les notions fondamentales de classe, d'objet, d'encapsulation et de constructeur. Ce chapitre se propose de les approfondir. Nous commencerons par exposer les propriétés de l'affectation d'objets et de leurs comparaisons. L'étude des « objets locaux » nous amènera alors à parler de la « durée de vie » des objets. Puis nous examinerons le cas des objets transmis en paramètre, ce qui nous conduira à apporter quelques précisisons concernant le principe d'encapsulation. Nous étudierons ensuite ce que sont les méthodes ou attributs de classe. Nous verrons comment constituer des tableaux d'objets et, enfin, nous évoquerons le mécanisme d'autoréférence.

Rappelons que, tout en privilégiant la gestion des objets par référence, nous donnerons quelques indications sur les conséquences de la gestion par valeur dans les situations concernées.

1 Affectation et comparaison d'objets

Nous avons convenu que les objets étaient gérés par référence. Voyons-en les conséquences au niveau de l'affectation et de leurs comparaisons.

1.1 Premier exemple

Supposons que nous disposions d'une classe `Point` possédant un constructeur à deux paramètres entiers et considérons ces instructions :

```
Point a, b
    .....
a := Création Point (3, 5)
b := Création Point (2, 0)
```

Comme nous l'avons vu, une expression telle que `Création Point (3, 5))` fournit une référence à un objet de type `Point`, et c'est cette référence qui est affectée à ce que nous avons appelé la variable `a` de type `Point`. Après l'exécution des instructions précédentes, nous aboutissions à cette situation :

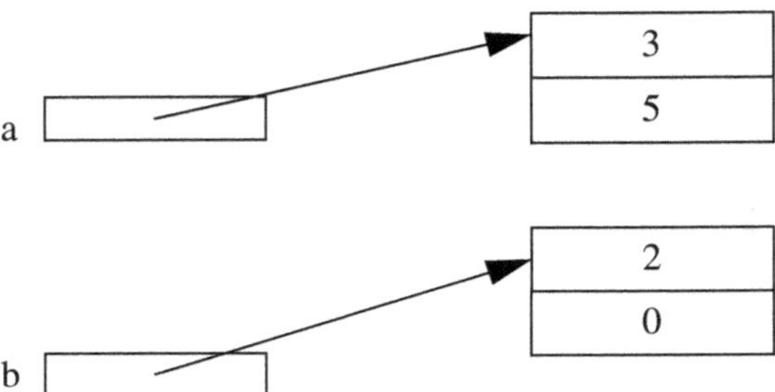

Bien que nous n'ayons pas trop insisté là-dessus, nous avions donc implicitement convenu que l'instruction d'affectation pouvait s'appliquer à des variables d'un type objet. Ici, nous l'utilisions avec, à droite de `:=`, une expression de ce type. Mais, il va de soi que nous pourrions y trouver une expression simplement réduite à un nom de variable de type objet. Considérons, par exemple cette affectation :

```
a := b
```

Elle va simplement recopier dans `a` la référence contenue dans `b`, ce qui nous conduit à cette situation :

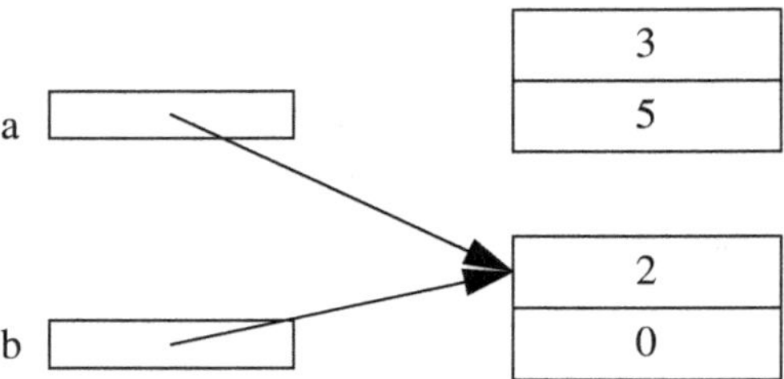

Autrement dit, dorénavant, `a` et `b` désignent le même objet, et non pas deux objets de même valeur. Toute modification effectuée sur cet objet, par le biais de `a` se retrouvera sur `b`. Par exemple, si nous exécutons maintenant ces instructions (nous supposons ici que `deplace` possède également des paramètres de type `entier`) :

```
a.deplace (5, 10)
b.affiche
```

Nous obtiendrons les valeurs 7 et 10.

Tout se passe comme si (au moins jusqu'à une éventuelle modification de a ou de b) a et b désignaient le même objet.

1.2 Second exemple

Considérons les instructions suivantes :

```
Point a, b, c
    .....
a := Création Point (1, 10)
b := Création Point (2, 20)
```

Après leur exécution, on aboutit à cette situation :

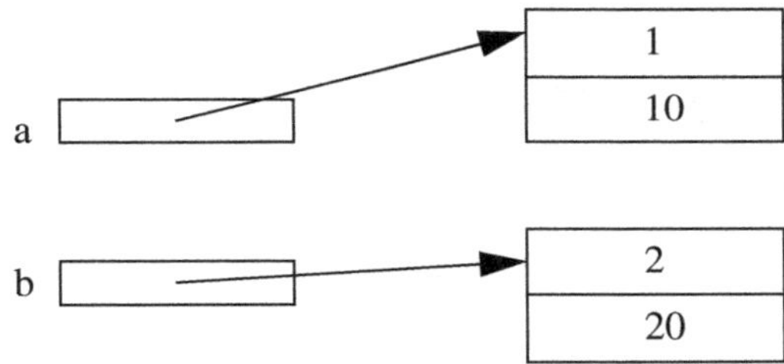

Exécutons alors ces instructions, analogues à celles que nous avions utilisées pour échanger le contenu de deux variables d'un type de base :

```
c := a ;
a := b ;
b := c ;
```

On aboutit à cette situation :

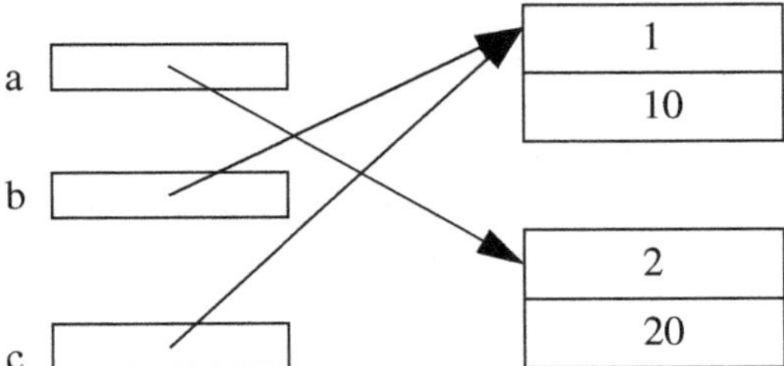

Nous avons ainsi procédé à l'échange des valeurs des variables a et b (des références), sans modifier la valeur des objets référencés.

Notez bien qu'il n'existe ici que deux objets de type Point mais que l'on a bien trois variables de type Point (trois références, dont deux de même valeur).

 **Remarques**

1 Notez bien l'abus de langage qui consiste à parler ici d'affectations d'objets, alors qu'en fait cette affectation ne porte que sur les variables de type objet (références) et non sur les objets eux-mêmes.

2 Si l'on souhaitait procéder effectivement à l'échange du contenu des objets et non plus à l'échange de leurs références, les choses ne seraient pas très simples puisqu'il faudrait connaître exactement les attributs de l'objet ; n'oubliez pas que, en général, ils ne font pas partie de l'interface de la classe. En plus, il faudrait disposer des méthodes d'accès et d'altération correspondantes. Cela est assez contradictoire avec les notions d'objet et d'encapsulation et s'autoriser à réaliser une telle opération (en dehors des méthodes de la classe) comporte des risques évidents en cas de modification de l'implémentation de la classe. Lorsqu'un tel besoin de recopie se fait sentir, il est alors plus raisonnable de prévoir, dans la classe concernée, une méthode réalisant une telle opération.

1.3 Comparaison d'objets

Nous avons vu quel était le rôle de la comparaison d'égalité (=) ou d'inégalité (<>) appliquée à des expressions d'un type de base. Dans tous les langages objet, on peut appliquer ces comparaisons à des objets. Ici, nous conviendrons que la comparaison porte sur les références et non sur les valeurs des objets. L'égalité n'a donc lieu que si les références désignent un même objet et non pas deux objets de même valeur :

```
Point p, q, r
p := Création Point (2, 5)
q := Création Point (2, 5)
si (p = q) alors ......     // ici, cette condition est fausse
r := p
si (p = r) alors .....      // en revanche, celle-ci est vraie
```

Il est bien sûr possible, là encore, de doter une classe d'une méthode appropriée effectuant la comparaison des valeurs des attributs eux-mêmes. Nous en rencontrerons un exemple au paragraphe 3.2, page 218.

1.4 Cas des langages gérant les objets par valeur

Comme nous l'avons exposé au paragraphe 6 du chapitre 9, page 201, certains langages objet offrent la possibilité de gérer les objets à la fois par référence et par valeur.

En cas de gestion par valeur, une simple déclaration d'un objet réserve alors l'emplacement complet pour l'objet (un mécanisme est prévu pour fournir des paramètres au constructeur). Comme nous l'avons déjà indiqué, elle ressemblera généralement à ceci :

```
Point a (3, 8)   // un exemple de déclaration dans un langage gérant
                 // les objets par valeur
```

Dans ce cas, une affectation telle que a := b (a et b étant deux objets du type `Point`) effectue une recopie de l'ensemble des valeurs des attributs de b dans ceux de a.

On notera qu'ici, le principe d'encapsulation n'est pas vraiment mis en défaut, dans la mesure où cette recopie concerne tous les attributs de l'objet, attributs que l'utilisateur n'a pas à connaître cette fois ; en particulier, il n'aura rien à changer en cas de modification d'implémentation de la classe, même si celle-ci en modifie les attributs.

Des considérations semblables s'appliquent à la comparaison d'objets : dans les langages utilisant la gestion par valeur, la comparaison porte sur les valeurs des attributs ; deux objets différents ayant les mêmes valeurs d'attributs apparaîtront égaux :

```
Point a (3, 8), b(3, 8)
si (a = b) ...... // dans un langage gérant les objets par valeur,
                  // cette relation sera vraie
```

2 Les objets locaux et leur durée de vie

Nous avons expliqué ce qu'était une variable locale à une fonction et nous avons vu que cette propriété se généralisait tout naturellement aux méthodes d'une classe.

Par ailleurs, comme on peut s'y attendre, il est possible de définir des variables locales de type objet. Par exemple, dans une fonction f, nous pouvons déclarer une variable locale de type `Point` :

```
f (.....)
{ Point p
  .....
}
```

Il en va de même dans une méthode, avec cette différence qu'on pourra distinguer deux cas selon qu'il s'agit d'une variable d'un type objet de la classe à laquelle elle appartient ou d'un type différent. Cet aspect n'aura pas d'incidence sur notre propos ici (nous verrons plus loin qu'il en aurait sur l'accès que la méthode pourrait avoir aux attributs de l'objet correspondant).

Dans tous les cas, il faut bien comprendre que l'on a affaire à une variable de type objet, c'est-à-dire destinée à recevoir une simple référence à un objet. L'objet concerné devra être créé par ailleurs (il peut même y avoir plusieurs objets à créer si la référence varie au fil de l'exécution de la fonction). On pourra se trouver dans cette situation :

```
f (.....)
{ Point p
  .....
  p = Création Point (...)
  .....
}
```

Et là se pose la question de la « durée de vie » de la variable p d'une part, de l'objet référencé d'autre part. La variable p, comme toute variable locale n'existera plus après la sortie de la fonction. En revanche, dans tous les langages objet (à gestion par référence), l'objet lui-même continuera d'exister. Toutefois, on note qu'il ne pourra être utilisé que s'il existe encore, quelque part, une référence sur lui. Autrement dit si, comme c'est le cas ici, f a donné naissance à un objet, celui-ci ne pourra être utilisé après la sortie de la fonction que si cette dernière a fourni une copie de la valeur de p au programme ou à une autre fonction ou méthode (par exemple, f pourrait fournir cette valeur en résultat, comme nous le verrons plus loin).

En définitive, on voit que la gestion par référence des objets, qui correspond à ce que l'on nomme « gestion dynamique de la mémoire », s'affranchit totalement de la notion de localité des objets eux-mêmes ; il n'existe pas d'objets locaux, simplement des références locales.

 **Remarques**

1   Dans les langages où les objets sont gérés par valeur, les objets locaux sont gérés comme de simples variables. On leur alloue un emplacement (généralement sur la pile) à l'entrée dans la fonction et on détruit l'objet à la sortie de la fonction. Ce mode de gestion s'avère en fait très limitatif puisque seuls les objets crées dans le programme principal existent pendant toute l'exécution. C'est ce qui explique que les langages objet disposant de la gestion par valeur, offrent en plus un mode de gestion par référence (voir la rubrique « Côté langages » à la fin de ce chapitre).

2   Certains langages objet disposent d'un mécanisme permettant au programmeur de demander la libération de l'emplacement mémoire correspondant à un objet ; il s'agit là du pendant du mécanisme de Création (réservation de l'emplacement mémoire + appel éventuel du constructeur). Cependant, cette gestion des emplacements des objets est souvent réalisée de façon automatique, en se basant sur l'existence ou l'inexistence de références à un objet : on les compte et l'on parle de « comptage de références ». Le compteur est conservé dans l'objet lui-même. Lorsque ce compteur passe à 0, l'objet peut être détruit sans risques.

3   Certains langages disposent d'une méthode particulière nommée destructeur qui est, en quelque sorte le pendant du constructeur. Dans ce cas, il faut bien voir qu'une telle méthode ne peut pas être appelée directement (et qu'elle n'a rien à voir avec la possibilité de destruction évoquée ci-dessus, pas plus que le constructeur n'avait à voir avec l'allocation mémoire de l'objet). Il s'agit simplement d'une méthode qui se trouve appelée avant que l'objet ne soit effectivement détruit, que cette destruction ait été demandée explicitement si le langage l'autorise ou qu'elle ait été mise en place par l'environnement.

3 Cas des objets transmis en paramètre

Jusqu'ici, les fonctions ou les méthodes que nous avons rencontrées ne possédaient que des paramètres d'un type de base ou tableau. Mais il va de soi qu'il est tout à fait possible qu'un paramètre soit de type classe. C'est cette situation que nous allons examiner ici.

3.1 Mode de transmission d'un objet en paramètre

Nous avons déjà convenu que, sauf spécification contraire, dans l'appel d'une fonction, les paramètres d'un type de base étaient transmis par valeur, les tableaux étant transmis par référence. Ces règles s'appliqueront bien sûr aux paramètres des méthodes.

En ce qui concerne les objets transmis en paramètre à une fonction ou à une méthode, nous conviendrons que l'on a également affaire à une transmission par valeur. Mais, il faut bien réaliser que cette valeur est en fait une référence, de sorte que la méthode (ou la fonction) reçoit en fait la copie de la référence à l'objet correspondant qu'elle peut donc tout à fait modifier.

Nous vous proposons ici un exemple simple illustrant cette situation. Supposons que nous disposions de notre classe Point habituelle, offrant notamment les méthodes affiche et déplace. Considérons ce programme utilisant une fonction f recevant un point en paramètre :

```
Point a
a := Création Point (3, 8)
f (a)
a.affiche

f (Point p)
{ p.deplace (1, 6)
}
```

```
4 14
```

Lors de l'entrée dans la fonction f, la valeur de a a été recopiée dans le paramètre formel p ; la situation se présente ainsi :

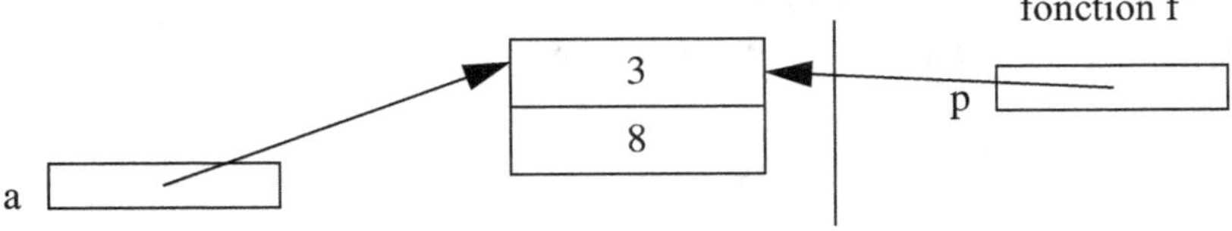

À la fin de l'exécution de f, l'objet référencé simultanément par a et p a vu sa valeur modifiée par l'appel de déplace :

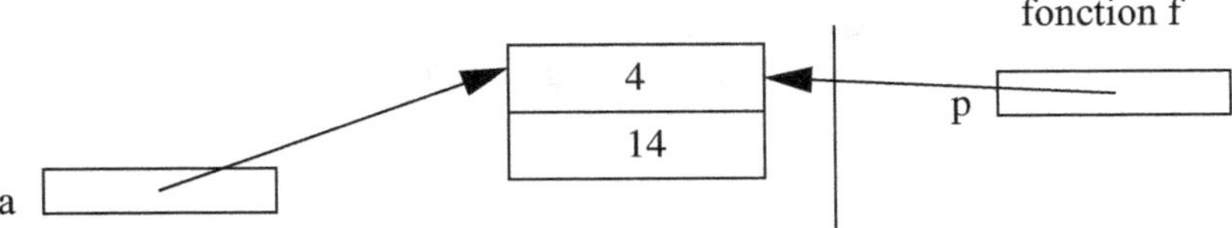

D'où les résultats affichés. Nous rencontrerons plus loin un exemple utilisant une méthode.

 **Remarque**

Tout comme une fonction, une méthode peut recevoir par référence un paramètre d'un type de base. Théoriquement, on pourrait envisager d'appliquer la transmission par référence à une variable d'un type objet, mais cela n'a généralement guère d'intérêt (on transmettrait la référence d'une référence !).

Exercice 10.1 Soit la classe `Point` suivante :

```
class Point
{ méthode déplace (entier dx, entier dy)
  { abs = abs + dx ; ord = ord + dy
  }
  méthode valeurAbscisse { retourne abs }
  méthode valeurOrdonnée { retourne ord }
  entier abs, ord
}
```

Écrire une fonction (indépendante) nommée `grandit` telle que l'appel `grandit (p, n)`, p étant un point et n une valeur entière, multiplie les coordonnées de ce point par la valeur n.

3.2 L'unité d'encapsulation est la classe

Supposez que nous voulions, au sein d'une classe `Point`, introduire une méthode nommée `coincide` chargée de détecter la coïncidence éventuelle de deux points, en fournissant un résultat de type `booléen` valant `vrai` ou `faux` suivant qu'il y a ou non coïncidence. Son appel se présentera obligatoirement sous la forme suivante, a étant un objet de type `Point` :

```
a.coincide (...)
```

Il nous faudra donc transmettre le second point en paramètre (plus précisément, la valeur de la variable de type `Point` correspondante, donc la copie de la référence à ce point) ; s'il se nomme b, cela nous conduira à un appel de cette forme :

```
a.coincide (b)
```

ou encore, compte tenu de la symétrie du problème :

```
b.coincide (a)
```

Voyons comment écrire la méthode `coincide`. Son en-tête pourrait se présenter ainsi :

```
booléen coincide (Point pt)
```

Il nous faut alors comparer les coordonnées de l'objet fourni implicitement lors de l'appel (ses attributs étant désignés comme d'habitude par x et y) avec celles de l'objet pt reçu en paramètre et dont les attributs sont alors désignés par `pt.x` et `pt.y`. La méthode `coincide` pourrait se présenter ainsi :

```
booléen méthode coincide (Point pt)
  { booléen res
    res := pt.x = x et pt.y = y
    retourne res
  }
```

Encore faut-il que la méthode `coincide`, appelée pour un objet a, puisse accéder aux attributs privés d'un autre objet b de la même classe. C'est effectivement ce qui se passe dans la plupart des langages objet et l'on traduit cela en disant que :

> L'unité d'encapsulation est la classe et non l'objet.

Nous pouvons, de façon équivalente, dire que « seules les méthodes d'une classe peuvent accéder aux attributs privés de cette classe », sans plus de précision. Cette autorisation concernera alors tous les objets de la classe, et non seulement l'objet impliqué dans l'appel...

Voici un exemple complet de programme, dans lequel la classe `Point` a été réduite au strict minimum :

```
Point a, b, c
a := Création Point (1, 3)
b := Création Point (2, 5)
c := Création Point (1, 3)
si a.coincide (b) alors écrire «a = b»
si a.coincide (c) alors écrire «a = c»
si c.coincide (a) alors écrire «c = a»

classe Point
{ méthode Point(entier x, entier y)
  { abs := x
    ord := y
  }
  booléen méthode coincide (Point pt)
  { booléen ok
    ok := pt.abs = abs et pt.ord = ord
    retourne ok
  }
  entier abs, ord
}
```

```
a = c
c = a
```

Test de coïncidence de deux points par une méthode

 **Remarque**

Bien entendu, lorsqu'une méthode d'une classe reçoit en paramètre un objet d'une classe différente, elle n'a pas accès aux attributs ou méthodes privés de l'objet :

```
classe A
{ méthode m (B b)
  { // ici, m ne peut accéder qu'aux méthodes (et attributs) publics de b
  }
```

3.3 Exemple

Nos exemples précédents étaient encore particuliers : le premier portait sur une fonction ; le second portait sur une méthode mais celle-ci ne modifiait pas la valeur de l'objet reçu. Voici maintenant un exemple plus complet exploitant la possibilité pour la méthode appelée d'agir directement sur l'objet reçu en paramètre. Nous introduisons dans une classe `Point` une méthode nommée `permute`, chargée d'échanger les coordonnées de deux points. Elle pourrait se présenter ainsi (n'oubliez pas que l'unité d'encapsulation est la classe) :

```
classe Point
{ .....
  méthode permute (Point p)
  { Point c                          // variable locale de type Point
    c := Création Point(0,0)         // création d'un nouvel objet
    c.abs := p.abs ; c.ord := p.ord  // copie de l'objet p dans l'objet c
    p.abs := abs ;   p.ord := ord    // copie du point courant dans p
    abs := c.abs ;   ord := c.ord    // copie de l'objet c dans le point courant
  }

  .....
  entier abs, ord
}
```

Cette méthode reçoit en paramètre la référence a d'un point dont elle doit échanger les coordonnées avec celles du point concerné par la méthode. Ici, nous avons créé dans `permute`, un nouvel objet de type `Point` qui nous sert à effectuer l'échange[1]. Illustrons le déroulement de notre méthode. Supposons que l'on ait créé deux points de cette façon :

```
Point a, b
  .....
a := Création Point (1, 2)
b := Création Point (5, 6)
```

Considérons l'appel :

```
a.permute (b)
```

À l'entrée dans la méthode `permute`, la situation se présente ainsi :

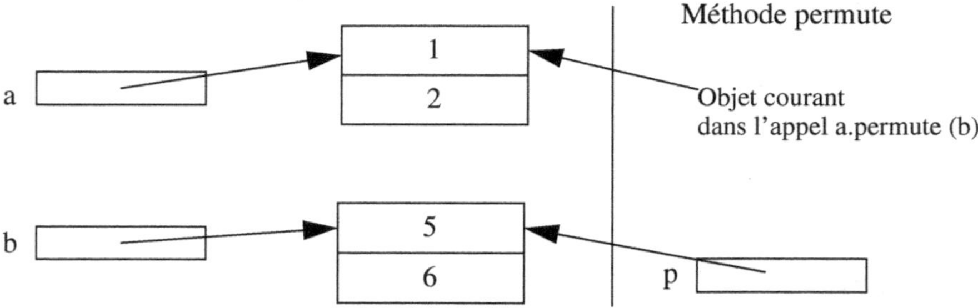

---

1. Nous aurions également pu utiliser deux variables locales de type *int*.

À la fin de l'exécution de la méthode (avant son retour), la situation se présente ainsi :

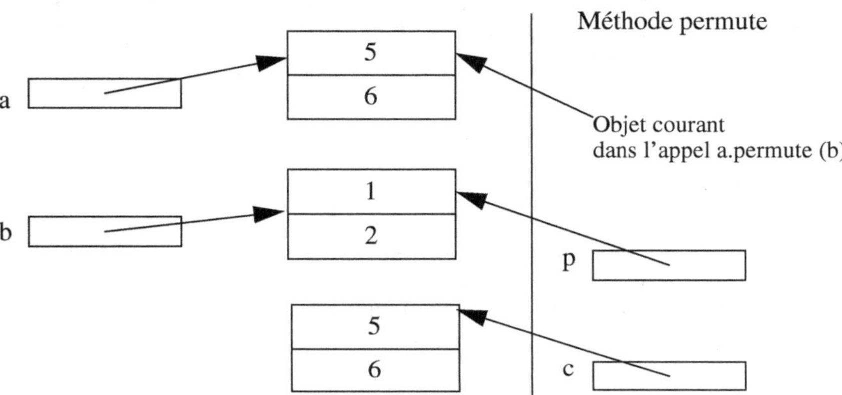

Enfin, après retour dans le programme, les variables locales à permute ne sont plus disponibles, mais l'objet créé par cette méthode existe toujours ; la situation se présente ainsi :

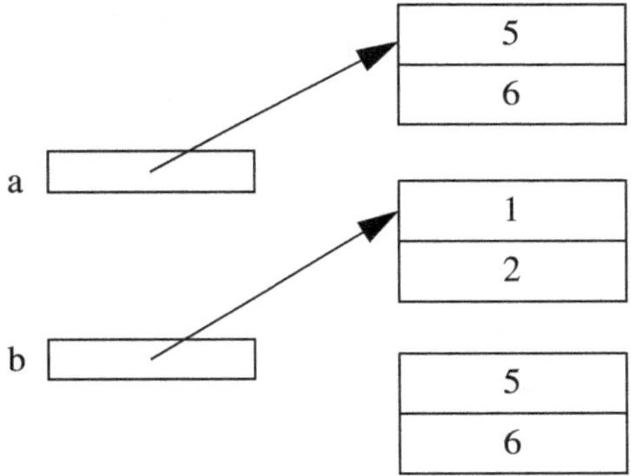

Notez bien qu'ici ce ne sont plus les références contenues dans a et b qui ont changé, mais bel et bien les valeurs des objets correspondants. On notera que la copie des objets est ici réalisée par une méthode de leur classe. Il va de soi que si l'on change l'implémentation de cette classe, la méthode permute devra être adaptée en conséquence

 **Remarques**

1   Ici, il n'existe plus de référence sur l'objet créé par la méthode permute qui ne sera donc plus accessible (dans certains environnements, il sera détruit automatiquement).

2   Dans les langages où les objets sont gérés par valeur, il existe généralement deux possibilités de transmission d'un objet en paramètre d'une fonction ou d'une méthode :

–   par référence : on se retrouve dans la situation que nous venons d'étudier ;

–   par valeur : on effectue une copie des valeurs des attributs de l'objet.

> **Exercice 10.2** Introduire dans une classe `Point` (dotée des attributs usuels `abs` et `ord`), un constructeur particulier recevant en paramètre un objet de type `Point` dont il recopiera la valeur des attributs dans l'objet à construire.

4 Objet en résultat

Jusqu'ici, nous avions considéré que le résultat d'une fonction était d'un type de base et qu'il était transmis par valeur, c'est-à-dire qu'on effectuait une recopie de la valeur calculée localement dans la fonction. Rappelons que nous avions considéré qu'une fonction ne pouvait pas fournir un tableau en résultat. Ces règles vont tout naturellement s'appliquer, là encore, aux méthodes.

Par ailleurs, nous conviendrons qu'une fonction ou une méthode peut fournir un résultat qui soit un objet. Ici aussi, il y aura recopie de la valeur concernée, valeur qui est en fait celle d'une référence. Le programme appelant la fonction ou la méthode pourra donc accéder à l'objet ainsi fourni. Voici un exemple exploitant cette remarque où nous dotons une classe `Point` d'une méthode fournissant le symétrique du point concerné.

```
Point a, b
a := Création Point (1, 2)
a.affiche
b := a.symetrique
b.affiche

classe Point
{  méthode Point(entier abs, entier ord)
   { x := abs ; y := ord
   }
   Point méthode symétrique
   { Point res
     res := Création Point (y, x)
     retourne res
   }
   méthode affiche
   { écrire «Coordonnées : », x, « », y
   }
   entier x, y
}


Coordonnées : 1 2
Coordonnées : 2 1
```

Exemple de méthode fournissant en résultat le symétrique d'un point

Notez bien que la variable locale `res` disparaît à la fin de l'exécution de la méthode `symétrique`. En revanche, l'objet instancié par `Création Point(y, x)` continue d'exister.

 **Remarque**

Dans les langages où les objets sont gérés par valeur, il existe généralement deux possibilités de transmission du résultat :

- par référence : on se retrouve dans la situation que nous venons d'étudier ; il faut cependant éviter de renvoyer la référence à un objet local...

- par valeur : on effectue une copie d'un objet qui n'a plus besoin d'exister après l'exécution de la fonction (autrement dit, on peut recopier un objet local).

Exercice 10.3 On dispose d'une classe `Point`, dotée des attributs usuels `abs` et `ord`, ainsi que d'un contructeur à deux paramètres. Ajouter à cette classe une méthode fournissant en résultat ce que nous nommerons la « somme » du point courant et d'un point fourni en paramètre. Nous conviendrons que la somme de deux points est le point obtenu en effectuant la somme de leurs abscisses et la somme de leurs ordonnées.

5 Atributs et méthodes de classe

Dans la plupart des langages objet, on peut définir des attributs qui, au lieu d'exister dans chacun des objets de la classe, n'existent qu'en un seul exemplaire pour tous les objets d'une même classe. Il s'agit en quelque sorte de données globales partagées par tous les objets d'une même classe. On parle alors d'attributs de classe (ou de champs de classe). De même, on peut définir des méthodes de classe qui peuvent être appelées indépendamment de tout objet de la classe.

5.1 Attributs de classe

5.1.1 Présentation

Considérons tout d'abord la définition (simpliste) de classe suivante (nous ne nous préoccuperons pas pour l'instant des droits d'accès aux attributs n et y :

```
classe A
{ entier n
  réel y
}
```

Chaque objet de type `A` possède ses propres attributs n et y. Par exemple, avec ces instructions :

```
A a1, a2
a1 := Création A
a2 := Création A
```

on aboutit à une situation qu'on peut schématiser ainsi :

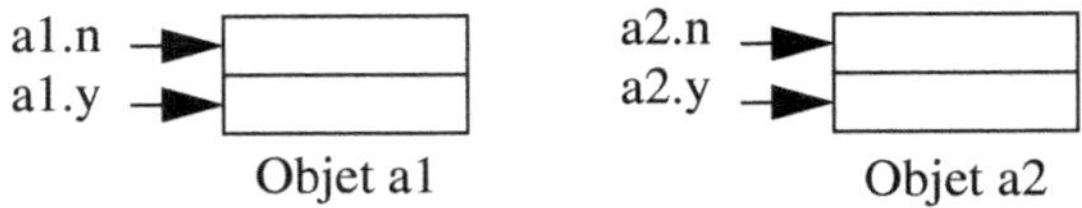

Chaque objet a1 et a2 dispose de ses propres attributs n et y. Mais il est possible de préciser qu'un ou plusieurs attributs n'existent qu'en un seul exemplaire, quel que soit le nombre d'objets de la classe et dont on dira qu'il s'agit d'attributs de classe. Nous conviendrons d'utiliser la mention deClasse pour déclarer de tels attributs. Par exemple, si nous définissons :

```
classe B
{ entier deClasse n
  réel y
}
B b1, b2
b1 := Création B
b2 := Création B
```

nous aboutissons à cette situation :

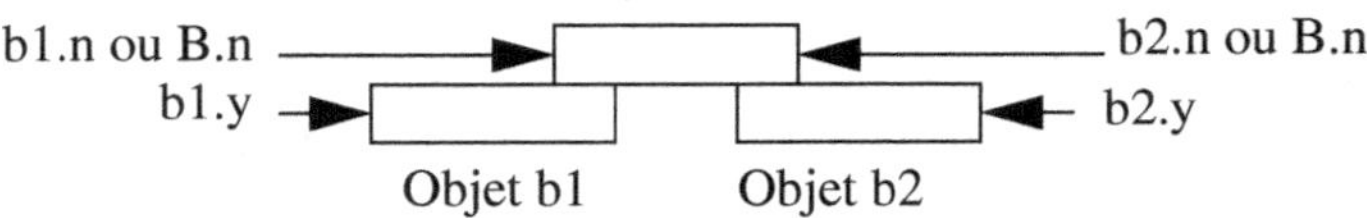

Les notations b1.n et b2.n désignent donc le même attribut. En fait, cet attribut existe indépendamment de tout objet de sa classe. Il sera généralement possible (et même préférable) de s'y référer en le nommant simplement :

```
B.n       // attribut (de classe) n de la classe B
```

Bien entendu, ces trois notations (b1.n, b2.n, B.n) ne seront utilisables que pour un attribut non privé. Il sera possible de prévoir des attributs de classe privés, mais l'accès ne pourra alors s'effectuer que par le biais de méthodes (nous verrons plus loin qu'il pourra s'agir de méthodes de classe).

Notez que depuis une méthode de la classe B, on accédera à cet attribut on le nommant comme d'habitude n (le préfixe B. n'est pas nécessaire, mais il reste utilisable).

À l'instar de ce qui se passe dans la plupart des langages objet, nous conviendrons qu'il est possible d'initialiser un attribut de classe, lors de sa déclaration, comme nous le ferons dans l'exemple ci-après (rappelons que nous n'avons pas prévu de tel mécanisme pour les attributs usuels). Notez qu'un constructeur peut agir sur un attribut de classe, mais il n'est pas possible de compter sur lui pour l'initialiser puisque :

- cette initialisation se ferait à chaque instanciation d'objet ;
- par nature même, un attribut de classe doit posséder une valeur, même si aucun objet de la classe n'a encore été instancié.

5.1.2 Exemple

Voici un exemple complet de programme utilisant une classe nommée C1 comportant un attribut de classe privé nb, destiné à contenir, à tout instant, le nombre d'objets de type C1 déjà créés. Sa valeur, initialisée à 0, dans sa déclaration, est incrémentée de 1 à chaque appel du constructeur. Nous nous contentons d'afficher sa valeur à chaque création d'un nouvel objet.

```
C1 a, b, c
écrire «En A»
a := Création C1
écrire «En B»
b := Création C1
c := Création C1
écrire «En C»

classe C1
{ méthode C1
  { écrire «++ création objet de type C1»
    nb := nb + 1
    écrire «il y en a maintenant »,  nb
  }
  entier deClasse nb := 0     // initialisation de l'attribut de classe nb
}


En A
++ création objet de type C1
il y en a maintenant 1
En B
++ création objet de type C1
il y en a maintenant 2
++ création objet de type C1
il y en a maintenant 3
En C
```

Utilisation d'un attribut de classe pour comptabiliser le nombre d'instances d'une classe

5.2 Méthodes de classe

5.2.1 Généralités

Nous venons de voir comment définir des attributs de classe, lesquels n'existent qu'en un seul exemplaire, indépendamment de tout objet de la classe. De manière analogue, on peut imaginer que certaines méthodes d'une classe aient un rôle indépendant d'un quelconque objet. Ce serait notamment le cas d'une méthode se contentant d'agir sur des attributs de classe ou de les utiliser.

Bien sûr, vous pouvez toujours appeler une telle méthode en la faisant porter artificiellement sur un objet de la classe (alors que la référence à un tel objet n'est pas utile). Là encore, la plupart des langages vous permettent de définir une méthode de classe. Nous conviendrons de la définir en utilisant la mention `deClasse` dans son en-tête. L'appel d'une telle méthode ne nécessitera plus le nom d'un objet particulier, mais simplement le nom de la classe correspondante.

Bien entendu, une méthode de classe ne pourra en aucun cas agir sur des attributs usuels puisque, par nature, elle n'est liée à aucun objet en particulier. Considérez cet exemple :

```
classe A
{   .....
  réel x              // attribut usuel
  entier deClasse n   // attribut de classe
    .....
  méthode deClasse f    // méthode de classe
  { .....         // ici, on ne peut pas accéder à x, attribut usuel,
    .....         //  mais on peut accéder à l'attribut de classe n
  }
}
  .....
A a
A.f        // appelle la méthode de classe f de la classe A
```

5.2.2 Exemple

Voici un exemple illustrant l'emploi d'une méthode de classe. Il s'agit de l'exemple précédent (paragraphe 5.1.2, page 225), dans lequel nous avons introduit une méthode de classe nommée `nbObj` affichant simplement le nombre d'objets de sa classe.

```
Cl a, b, c
écrire «En A : nb objets = », Cl.nbObj
a := Création Cl
écrire «En B : nb objets = », Cl.nbObj
b := Création Cl
c := Création Cl
écrire «En C : nb objets = », Cl.nbObj

classe Cl
{ méthode Cl
  { écrire «++ création objet de type Cl »
    nb := nb + 1
    écrire «il y en a maintenant », nb
  }
  entier méthode deClasse nbObj
  { retourne nb
  }
  entier deClasse nb := 0
}
```

```
En A : nb objets = 0
++ création objet de type C1
il y en a maintenant 1
En B : nb objets = 1
++ création objet de type C1
il y en a maintenant 2
++ création objet de type C1
il y en a maintenant 3
En C : nb objets = 3
```

Utilisation d'une méthode de classe pour afficher le nombre d'instances d'une classe

Exercice 10.4 Introduire dans une classe `Point`, comportant les attributs `abs` et `ord`, une méthode de classe permettant de tester la coïncidence de deux points fournis en paramètres.

Exercice 10.5 Même question que dans l'exercice 10.3, en faisant de `somme` une méthode de classe, au lieu d'une méthode usuelle.

5.2.3 Autres utilisations des attributs et des méthodes de classe

D'une manière générale, les méthodes et attributs de classe s'avèrent pratiques pour permettre à différents objets d'une classe de disposer d'informations collectives. Nous en avons vu un exemple ci-dessus avec le comptage d'objets d'une classe. On pourrait également introduire dans une des classes `Point` déjà rencontrées deux attributs de classe destinés à contenir les coordonnées d'une origine partagée par tous les points.

Par ailleurs, les méthodes de classe peuvent également fournir des services n'ayant de signification que pour la classe même. Ce serait le cas d'une méthode fournissant l'identification d'une classe (nom de classe, numéro d'identification, nom de l'auteur...).

Enfin, on peut utiliser des méthodes de classe pour regrouper au sein d'une classe des fonctionnalités ayant un point commun et n'étant pas liées à un quelconque objet. C'est par exemple ce qui se produit avec les fonctions mathématiques dans certains langages objet ne disposant pas de la notion de fonction usuelle. Par exemple, la fonction mathématique sinus pourra se noter `Math.sin` (méthode de classe `sin` de la classe `Math`).

6 Tableaux d'objets

Nous conviendrons qu'il est possible d'utiliser des tableaux d'objets. Une déclaration telle que :

```
tableau Point tp [3]
```

réservera l'emplacement pour un tableau de 3 références sur des objets de type `Point`.

Voici un petit exemple de programme exploitant cette possibilité :

```
tableau Point tp [3]
entier i
tp[1] := Création Point(1, 2)
tp[2] := Création Point(4, 5)
tp[3] := Création Point(8, 9)
répéter pour i := 1 à 3
  tp[i].affiche

classe Point
{ méthode Point (entier x, entier y)
  { abs := x
    ord := y
  }
  méthode affiche
   { écrire «Je suis un point de coordonnées », abs, « », ord
   }
  entier abs, ord
}

Je suis un point de coordonnées 1 2
Je suis un point de coordonnées 4 5
Je suis un point de coordonnées 8 9
```

Utilisation d'un tableau d'objets (de type Point)

 **Remarques**

1 Ici, nous n'avons considéré que des tableaux d'objets déclarés dans un programme. Nous pourrions également déclarer de tels tableaux localement à des fonctions ou à des méthodes. En revanche, l'utilisation de tableaux d'objets comme attributs d'une classe s'apparentent à la composition d'objets, étudiée dans le prochain chapitre.

2 Dans les langages gérant les objets par valeur, la déclaration d'un tableau d'objets conservera une présentation voisine de la précédente :

```
tableau Point tp [3]
```

Mais, cette fois, elle entraînera la réservation de l'emplacement mémoire pour 3 objets de type Point et elle devra provoquer l'appel du constructeur (s'il existe) pour chacun de ces objets. Dans la plupart des langages, il faudra qu'il existe un constructeur sans paramètre (ou aucun constructeur) puisque aucune information n'est prévue ici pour ce constructeur (certains langages disposent d'un mécanisme d'initialisation de tableau, à condition qu'on dispose d'un constructeur à un seul paramètre).

7 Autoréférence

7.1 Généralités

Considérons l'application d'une méthode à un objet, par exemple :

```
a.déplace (4, 5)
```

Comme nous avons déjà eu l'occasion de le mentionner :

* cette méthode déplace doit recevoir une information lui permettant d'identifier l'objet concerné (ici a), afin de pouvoir agir convenablement sur lui ;

* la transmission de cette information est prise en charge automatiquement par le traducteur.

C'est ce qui permet aux instructions de la méthode d'accéder aux attributs de l'objet sans avoir besoin de préciser sur quel objet on agit.

Mais il peut arriver qu'au sein d'une méthode, on ait besoin de faire référence à l'objet dans sa globalité (et non plus à chacun de ses attributs). Ce sera par exemple le cas si l'on souhaite transmettre cet objet en paramètre d'une autre méthode. Un tel besoin pourrait apparaître dans une méthode destinée à ajouter l'objet concerné à une liste chaînée...

Les langages objet disposent d'une notation particulière de cet « objet courant ». Ici, nous conviendrons que le nom courant représente cet objet et qu'il s'utilise comme une variable du même type (donc comme une référence) :

```
classe A
{ .....
  public  m(...)    // méthode de la classe A
  { ..... // ici courant désigne l'objet ayant appelé la méthode
          // par exemple, si f est une fonction ayant un paramètre de type A
          // on pourra appeler f(courant) qui transmettra à f la référence
          // de «l'objet courant» (celui sur lequel porte m)
  }
}
```

7.2 Exemples d'utilisation de courant

À titre d'illustration du rôle de courant, voici une façon artificielle d'écrire la méthode coincide rencontrée au paragraphe 3.2, page 218 :

```
booléen méthode coincide (Point pt)
  { retourne pt.x = courant.x et pt.y = courant.y
  }
```

Notez que l'aspect symétrique du problème apparaît plus clairement.

Ce type de notation artificielle peut s'avérer pratique dans l'écriture de certains constructeurs. Par exemple, le constructeur suivant :

```
méthode Point(entier x, entier y)
  { abs := x
    ord := y
  }
```

peut aussi être écrit ainsi :

```
méthode Point(entier abs, entier ord) // notez les noms des paramètres muets ici
  { courant.abs := abs      // ici abs désigne le premier paramètre de Point
                            // l'attribut abs de l'objet courant est masqué ; mais
                            // on peut le nommer courant.abs
      courant.ord := ord
  }
```

Cette démarche permet d'employer des noms de paramètres identiques à des noms d'attributs, ce qui évite parfois d'avoir à créer de nouveaux identificateurs, comme x et y ici.

8 Classes standards et classe Chaîne

Nous avons indiqué que les langages procéduraux disposent de « bibliothèques de fonctions ». De façon comparable, les langages objet disposent de « bibliothèques de classes ». Parmi les plus répandues, on trouve des classes permettant de manipuler des « structures de données élaborées » (vecteurs dynamiques, listes chaînées, piles, files d'attente, queues...), des dates, des heures et surtout des chaînes de caractères.

Une classe de type chaîne permet de manipuler des suites de caractères, en nombre quelconque, d'une manière beaucoup plus souple que ne le permettrait un tableau. Chaque langage propose ses propres fonctionnalités d'un tel type, avec beaucoup de disparités. C'est la raison pour laquelle nous ne l'avons pas introduit dans notre pseudo-langage.

À simple titre indicatif, nous pouvons dire que ce type se nomme souvent String. Généralement, les libellés apparaissent comme des constantes de ce type, de sorte qu'ils peuvent être utilisés directement dans une affectation, par exemple :

```
String ch
ch := «bonjour»
```

En revanche, suivant les langages, l'accès à un caractère de rang donné de la chaîne pourra se faire :

- comme l'accès à un élément d'un tableau :

```
écrire ch[i]    // affiche le ième caractère de la chaîne ch
```

- à l'aide d'une méthode particulière de la classe String, nommée souvent charAt :

```
écrire ch.charAt(i)    // affiche le ième caractère de la chaîne ch
```

Dans certains langages, ces chaînes seront modifiables, soit au niveau du caractère, soit au niveau d'une « sous-chaîne » (suite de caractères de rangs donnés). Dans d'autres langages, de telles modifications ne seront pas permises.

Dans tous les cas, on disposera de méthodes de recherche dans une chaîne donnée de l'occurrence d'un caractère donné ou d'une sous-chaîne donnée. La concaténation (mise bout à bout de deux chaînes) sera toujours présente, mais, là encore, elle pourra s'exprimer de manières différentes (opérateur +, méthode...).

 # Côté langages

Voyons ce qu'il en est de l'affectation des objets, de leur transmission en paramètre ou en résultat, des méthodes et attributs de classe dans les langages Java, C#, PHP, Python et C++.

Affectation, transmission en paramètre et en résultat

Java, C#, Python et PHP utilisent une gestion des objets par référence, de sorte que leurs propriétés concernant l'affectation, la transmission des paramètres et celle du résultat correspondent à ce que nous avons présenté ici. Rappelons que PHP ne dispose pas de déclarations de type ; il permet néanmoins de préciser le type d'un paramètre d'une méthode, lorsqu'il s'agit d'un type classe (voyez l'exemple PHP ci-après). Cette indication, facultative, peut permettre à l'interpréteur de détecter certaines erreurs de programmation.

Comme nous l'avons déjà indiqué, C++ utilise par défaut une gestion par valeur avec les conséquences que nous avons précisées dans le présent chapitre. Mais il est également possible d'utiliser une transmission par référence pour les paramètres et les résultats. De plus, C++ dispose de la « gestion dynamique » qui, appliquée aux objets, par le biais de pointeurs, permet de retrouver toutes les propriétés de la gestion par référence. Dans ce cas, les manipulations d'objets (affectation, paramètres, valeur de retour) peuvent se faire, soit au niveau des pointeurs eux-mêmes, avec les conséquences de la transmission par référence, soit au niveau des « objets pointés », avec les conséquences de la transmission par valeur.

Méthodes et attributs de classe

Les méthodes et attributs de classe existent dans les cinq langages considérés. Dans quatre d'entre eux (C++, Java, C# et PHP), ils s'utilisent comme nous l'avons décrit ici : on emploie le terme `static`, là où nous avons utilisé `deClasse`. Les attributs de classe peuvent être initialisés lors de leur déclaration, sauf en C++ où l'initialisation doit être effectuée en dehors de la déclaration de la classe, pour des raisons techniques liées à la compilation séparée. À titre indicatif, voici la traduction de notre classe `C1` du paragraphe 5.2.2, page 226, en C# (elle se transposerait à Java et à PHP) et en C++ :

En C# :

```
class C1
{ public C1() { nb++ ; }
  public static int nObj() { return nb ; }  // méthode de classe
  private static int nb = 0 ;       // initialisation attribut de classe
}
```

En C++ :

```
class Cl
{ public :
    Cl { nb++ ; }
    static int nbObj { return nb ; }    // méthode de classe
  private :
    static int nb ;            // attribut de classe : pas d'initialisation ici
}
int Cl::nb = 0 ;            // initialisation attribut de classe
```

En Python, la syntaxe, prévue seulement dans les versions les plus récentes, est différente : les méthodes de classe doivent être précédées de la mention (nommée « décorateur ») `@classmethod`. Les variables de classe sont simplement définies par une initialisation dans la définition de la classe et préfixées par `__class__` dans les méthodes s'y référant.

```
class Cl :
    def __init__ (self) :
        __class__.__nb = __class__.__nb + 1
    @classmethod
    def nObj (cls) :
        return __class__.__nb
    __nb = 0   ## variable de classe initialisée à la première instanciation
```

Autoréférence

L'autoréférence, que nous avons notée `courant` se note `this` en Java, C++, C# et PHP et `self` en Python. Toutefois, en C++, `this` est un pointeur, de sorte qu'il faut souvent recourir à la notation `*this` pour désigner « l'objet pointé »

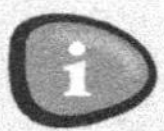 **Exemples langages**

Nous vous proposons en C#, Java, C++, PHP et Python, un exemple regroupant dans une même classe `Point` les méthodes `symetrique`, `coincide` et `permute` que nous avons présentées séparément dans ce chapitre.

C#

```
using System;
class TstPoint      // classe contenant uniquement la méthode principale Main
{ static void Main()       // méthode principale
  { Point a = new Point (1, 2) ;
    Point b = new Point (0, 0) ;
```

```
    Point c = new Point (1, 2) ;
    Point d = new Point (-1, -2) ;
    if (a.coincide(c)) System.Console.WriteLine ("a coincide avec c") ;
    System.Console.Write ("a : ") ; a.affiche () ;
    b = a.symetrique() ;
    System.Console.Write ("b : ") ; b.affiche () ;
    if (b.coincide(d)) System.Console.WriteLine ("b coincide avec d") ;
    a.permute (b) ;
    System.Console.Write ("a : ") ; a.affiche () ;
    System.Console.Write ("b : ") ; b.affiche () ;
  }
}
class Point
{ public Point (int x, int y)
  { abs = x ; ord = y ; }
  public void affiche ()
  { System.Console.WriteLine ("Je suis un point de coordoonnées : "
                              + abs + " " + ord ) ;
  }
  public Point symetrique ()
  { Point res = new Point (-abs, -ord) ;
    return res ;
  }
  public bool coincide (Point p)
  { return ( (p.abs == abs) && (p.ord == ord) ) ;
  }
  public void permute (Point p)
  { Point c = new Point (0, 0) ;
    c.abs = p.abs ;    c.ord = p.ord ;
    p.abs = this.abs ; p.ord = this.ord ;
    this.abs = c.abs ; this.ord = c.ord ;
  }
  private int abs, ord ;
}
```

```
a coincide avec c
a : Je suis un point de coordoonnées : 1 2
b : Je suis un point de coordoonnées : -1 -2
b coincide avec d
a : Je suis un point de coordoonnées : -1 -2
b : Je suis un point de coordoonnées : 1 2
```

Java

```
public class TstPoint2 // classe contenant uniquement la méthode principale
{ public static void main(String args[])        // méthode principale
  { Point a = new Point (1, 2) ;
    Point b = new Point (0, 0) ;
    Point c = new Point (1, 2) ;
    Point d = new Point (-1, -2) ;
    if (a.coincide(c)) System.out.println ("a coincide avec c") ;
    System.out.print ("a : ") ; a.affiche () ;
    b = a.symetrique() ;
    System.out.print ("b : ") ; b.affiche () ;
    if (b.coincide(d)) System.out.println ("b coincide avec d") ;
    a.permute (b) ;
    System.out.print ("a : ") ; a.affiche () ;
    System.out.print ("b : ") ; b.affiche () ;
  }
}
class Point
{ public Point (int x, int y)
  { abs = x ; ord = y ; }
 public void affiche ()
  { System.out.println ("Je suis un point de coordoonnées : " + abs + " " + ord ) ;
  }
 public Point symetrique ()
  { Point res = new Point (-abs, -ord) ;
    return res ;
  }
 public boolean coincide (Point p)
  { return ( (p.abs == abs) && (p.ord == ord) ) ;
  }
 public void permute (Point p)
  { Point c = new Point (0, 0) ;
    c.abs = p.abs ;     c.ord = p.ord ;
    p.abs = this.abs ; p.ord = this.ord ;
    this.abs = c.abs ; this.ord = c.ord ;
  }
 private int abs, ord ;
}
```

```
a coincide avec c
a : Je suis un point de coordoonnées : 1 2
b : Je suis un point de coordoonnées : -1 -2
b coincide avec d
a : Je suis un point de coordoonnées : -1 -2
b : Je suis un point de coordoonnées : 1 2
```

C++

```cpp
#include <iostream>
using namespace std ;
   // déclaration classe Point (en général, dans un fichier séparé)
class Point
{ public :
    Point (int, int) ;
    void affiche () ;
    Point symetrique () ;
    bool coincide (Point) ;
    void permute (Point &) ;
  private :
    int abs, ord ;
} ;     // attention au point-virgule ici
    // définition des méthodes de Point
Point::Point (int x, int y)
{ abs = x ; ord = y ; }
void Point::affiche ()
{ cout << "Je suis un point de coordoonnées : " << abs << " " << ord << "\n" ;
}
Point Point::symetrique ()
{ Point res (-abs, -ord) ;      // point local
  return res ;                  // renvoyé par valeur
}
bool Point::coincide (Point p)     // coincide reçoit une copie du paramètre
{ return ( (p.abs == abs) && (p.ord == ord) ) ;
}
void Point::permute (Point & p)        // permute reçoit une référence du paramètre
{ Point c (0, 0) ;   // point local géré par valeur
  c = p ;
  p = *this ;     // this représente un pointeur sur l'objet courant
                  // *this la valeur pointée
  *this = c ;
}
    // fonction principale
int main()
{ Point a (1, 2), b (0, 0), c(1, 2), d(-1, -2) ;
  if (a.coincide(c)) cout << "a coincide avec c\n" ;
  cout << "a : " ; a.affiche () ;
  b = a.symetrique() ;
  cout << "b : " ; b.affiche () ;
  if (b.coincide(d)) cout << "b coincide avec d\n";
  a.permute (b) ;
  cout << "a : " ; a.affiche () ;
  cout << "b : " ; b.affiche () ;
}
```

```
a coincide avec c
a : Je suis un point de coordoonnées : 1 2
b : Je suis un point de coordoonnées : -1 -2
b coincide avec d
a : Je suis un point de coordoonnées : -1 -2
b : Je suis un point de coordoonnées : 1 2
```

Notez que pour obtenir le résultat escompté, nous avons dû prévoir de transmettre par référence le paramètre p de la méthode symetrique.

PHP

```php
<?php
   // programme principal
$a = new Point (1, 2);
$b = new Point (0, 0) ;
$c = new Point (1, 2) ;
$d = new Point (-1, -2) ;
if ($a->coincide($c)) echo "a coincide avec c <br>" ;
echo "a : " ; $a->affiche () ;
$b = $a->symetrique() ;
echo "b : " ; $b->affiche () ;
if ($b->coincide($d)) echo "b coincide avec d<br>" ;
$a->permute ($b) ;
echo "a : " ; $a->affiche ();
echo "b : " ; $b->affiche () ;
   // définition de la classe Point
class Point  //ligne 15
{ public function __construct ($x, $y)
  { $this->abs = $x ; $this->ord = $y ;
  }
  public function affiche ()
  { echo "Je suis un point de coordoonnées : ",
      $this->abs, " ", $this->ord, "<br>" ;
  }
  public function symetrique ()
  { $res = new Point(-$this->abs, -$this->ord) ;
    return $res ;
  }
  public function coincide ( Point $p)  // ici, nous avons précisé le type de $p
  { return ( ($p->abs == $this->abs) && ($p->ord == $this->ord) ) ;
  }
  public function permute (Point $p)    // ici, nous avons précisé le type de $p
  { $c = new Point(0, 0) ;
    $c->abs = $p->abs ;    $c->ord = $p->ord ;
    $p->abs = $this->abs ; $p->ord = $this->ord ;
```

```
        $this->abs = $c->abs ;   $this->ord = $c->ord ;
    }
    private $abs, $ord ;
}
?>
```

```
a coincide avec c
a : Je suis un point de coordoonnées : 1 2
b : Je suis un point de coordoonnées : -1 -2
b coincide avec d
a : Je suis un point de coordoonnées : -1 -2
b : Je suis un point de coordoonnées : 1 2
```

Notez qu'ici, dans les en-têtes des méthodes `coincide` et `permute`, nous avons précisé le type du para-mètre $p. Il ne s'agit que d'une possibilité, pas d'une obligation, utilisable uniquement pour les paramètres de type classe.

Python

```python
class Point :
    def __init__ (self, x=0, y=0) :
        self.__abs = x ; self.__ord = y
    def affiche (self) :               ## la méthode affiche
        print ("Je suis un point de coordonnées ", self.__abs, " ", self.__ord)
    def symetrique (self) :
        res = Point (-self.__abs, -self.__ord)
        return res
    def coincide (self, p) :     # p est transmis par référence
        return  p.__abs == self.__abs and p.__ord == self.__ord
    def permute (self, p) :       # p est transmis par référence

c = Point (0, 0)
c.__abs = p.__abs ;    c.__ord = p.__ord
p.__abs = self.__abs ; p.__ord = self.__ord
self.__abs = c.__abs ; self.__ord = c.__ord


a = Point (1, 2) ; b = Point (0, 0)
c = Point (1, 2) ; d = Point (-1, -2)
if a.coincide(c) : print ("a coincide avec c")
print ("a : ", end = "") ; a.affiche ()
b = a.symetrique()
print ("b : ", end = "") ; b.affiche ()
if b.coincide(d) : print ("b coincide avec d")
a.permute (b)
print ("a : ", end = "") ; a.affiche ()
print ("b : ", end = "") ; b.affiche ()
```

```
a coincide avec c
a : Je suis un point de coordonnées  1    2
b : Je suis un point de coordonnées  -1   -2
b coincide avec d
a : Je suis un point de coordonnées  -1   -2
b : Je suis un point de coordonnées  1    2
```

11

Composition des objets

Jusqu'ici, nous n'avons considéré que des objets dont les attributs étaient d'un type de base ou tableau. Mais, bien entendu, une classe peut comporter des attributs qui sont eux-mêmes des variables de type classe. C'est cette possibilité que nous allons étudier ici en détail, ce qui va nous amener à considérer les problèmes qui peuvent se poser :

- au niveau des droits d'accès à ces attributs de type classe ;
- dans la nature de la « relation » qui se crée entre les deux objets concernés.

Nous serons également amenés à vous présenter la distinction entre copie profonde et copie superficielle d'un objet. Enfin, nous vous montrerons comment réaliser une classe à instance unique (singleton).

1 Premier exemple : une classe Cercle

Supposons que l'on dispose de cette classe Point que, volontairement, nous avons privée de méthode déplace (notez que nous nous autorisons ici à placer plusieurs instructions sur une même ligne, en les séparant par un point-virgule) :

```
classe Point
{ méthode Point (entier x, entier y)  { abs := x ; ord := y }
  méthode affiche  { «Je suis un point de coordonnées », abs, « », ord }
  entier abs, ord
}
```

Imaginons que nous souhaitions définir une classe Cercle, permettant de manipuler des cercles d'un plan, caractérisés par les deux coordonnées de leur centre et leur rayon (supposé de type réel).

Par souci de simplicité, nous supposerons que nous souhaitons que cette classe `Cercle` dispose de seulement 3 méthodes : un constructeur, une méthode `affiche` fournissant les caractéristiques du cercle et une méthode `déplace` permettant de déplacer le centre.

A priori, nous pouvons songer à utiliser un objet de type `Point` pour représenter le centre du cercle, de sorte que les attributs de notre classe `Cercle` pourraient être les suivants :

```
Point centre      // centre du cercle
réel rayon        // rayon du cercle
```

Voyons alors les problèmes qui peuvent se poser :

- d'une part au niveau des droits d'accès des méthodes de `Cercle` aux méthodes de `Point` ;

- d'autre part, au niveau des relations qui s'établissent entre les objets concernés.

1.1 Droits d'accès

1.1.1 Comment doter Cercle d'une méthode affiche

Pour doter notre classe `Cercle` d'une méthode `affiche`, nous serions tentés de procéder ainsi :

```
méthode affiche
{ écrire «coordonnées du centre », centre.abs, « », centre.ord
  écrire «rayon », rayon
}
```

Mais les attributs `abs` et `ord` appartiennent à la classe `Point` et non à la classe `Cercle`. Ce n'est pas parce qu'un objet possède un attribut de type classe que ses méthodes ont pour autant accès aux attributs privés de cette classe. Il s'agit là, en quelque sorte, d'une généralisation du principe d'encapsulation. S'il n'en allait pas ainsi, une modification de l'implémentation de la classe `Point` entraînerait une modification de l'implémentation de toutes les classes qui l'utilisent...

La seule chose que l'on puisse utiliser alors reste la méthode `affiche` (publique) de la classe `Point`, en écrivant ainsi la méthode affiche de `Cercle`

```
méthode affiche
{ écrire «Je suis un cercle de rayon », rayon
  écrire «  et de centre »
  centre.affiche
}
```

En fait, cette méthode afficherait l'information relative à un cercle de cette manière (ici, on suppose qu'il s'agit d'un cercle de coordonnées 1 et 2 et de rayon 4.5) :

```
Je suis un cercle de rayon 4.5
  et de centre
Je suis un point de coordonnées 1 2
```

Certes, on trouve bien les informations souhaitées, mais leur présentation laisse quelque peu à désirer.

On déduit que, pour obtenir des résultats satisfaisants, il faudrait que la classe Point dispose :

- soit d'une méthode affiche présentant ses informations d'une manière différente ;
- soit de méthodes d'accès.

1.1.2 Doter Cercle d'une méthode déplace

Quant à la méthode déplace, il n'est pas possible de procéder ainsi :

```
méthode déplace (entier dx, entier dy)
{ centre.abs = centre.abs + dx
  centre.ord = centre.ord + dy
}
```

Là encore, déplace est une méthode de la classe Cercle, pas de la classe Point. Elle n'a donc pas accès aux attributs privés de la classe Point.

Pour pouvoir réaliser la méthode déplace, il faudrait que la classe Point dispose :

- soit d'une méthode de déplacement d'un point ;
- soit de méthodes d'accès et de méthodes d'altération.

Cet exemple montre bien qu'il est difficile de réaliser une bonne « conception » de classe, c'est-à-dire de définir le bon contrat et la bonne interface. Bien entendu, ici, l'exemple était simpliste et il serait tout à fait possible de définir une classe Cercle sans recourir à une classe Point. Mais, dans la pratique, les choses seront plus complexes et seul un contrat bien spécifié permettra de juger de la possibilité d'utiliser ou non une classe donnée...

Exercice 11.1 Supposer que la classe Point précédente dispose des méthodes d'accès valeurAbs et valeurOrd ainsi que des méthodes d'altération fixeAbs et fixeOrd et écrire la méthode déplace de la classe Cercle.

 **Remarque**

Nous n'avons exaaminé que les problèmes d'accès se posant dans l'écriture des méthodes de Cercle. Il va de soi que, pour les objets de type Cercle, ceux-ci n'auront pas plus accès à un attribut (privé) de type classe qu'ils n'avaient accès à un attribut (privé) d'un type de base.

1.2 Relations établies à la construction

Nous avons fait l'hypothèse que nous souhaitions doter notre classe Cercle d'un seul constructeur. Nous constatons que nous pouvons choisir de fournir en paramètres :

- soit les deux coordonnées du centre et le rayon ;
- soit un objet de type Point (représentant le centre) et le rayon.

Comparons ces deux situations et leurs conséquences.

1.2.1 Coordonnées en paramètres

Notre constructeur se présentera donc ainsi :

```
classe Cercle
{ .....
  méthode Cercle (entier x, entier y, réel r)
  { centre := Création Point (x, y)
    rayon := r
  }
  Point centre
  réel rayon
}
```

Notez bien qu'ici, le problème des droits d'accès aux attributs de type `Point` ne se pose pas car nous créons un nouvel objet de ce type à l'aide d'un constructeur.

Considérons alors cet exemple d'utilisation de notre classe `Cercle` :

```
Cercle c
c := Création Cercle (3, 6, 4.5)
```

La situation peut être schématisée ainsi :

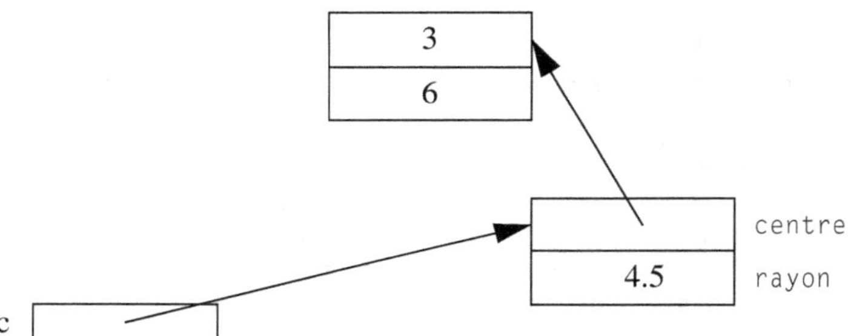

Ici, le point de coordonnées (3, 6) n'est accessible que par l'objet de type `Cercle` (référencé par c) qui en « possède » en quelque sorte la référence et qui se trouve donc être le seul à pouvoir éventuellement le modifier. Tout se passe comme si ce point faisait partie intégrante de l'objet de type `cercle`. On pourrait rendre le lien entre ces deux objets plus explicite en schématisant ainsi la situation :

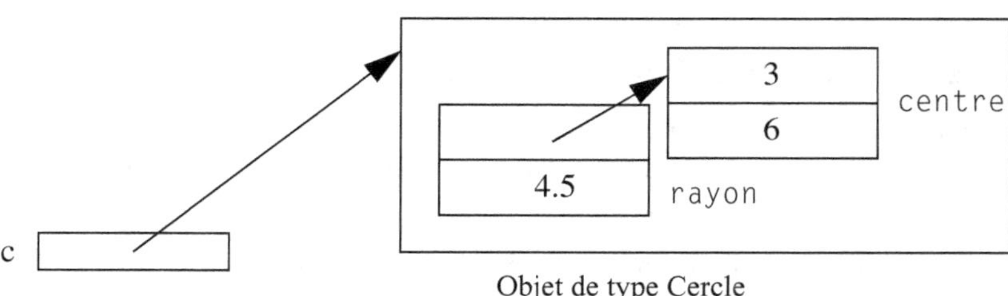

Objet de type Cercle

1.2.2 Objet de type point en paramètre

Voyons maintenant ce qui se produira si nous prévoyons de fournir un objet de type `Point` en paramètre du constructeur de la classe `Cercle`. Ce dernier se présentera donc ainsi :

```
méthode Cercle (Point pc, réel r)
{ centre := pc
  rayon := r
}
```

Considérons alors une adpatation de l'exemple précédent d'utilisation de notre classe `Cercle` :

```
Point p
Cercle c
p := Création Point (3, 6)
c := Création Cercle (p, 4.5)
```

La situation peut être schématisée ainsi :

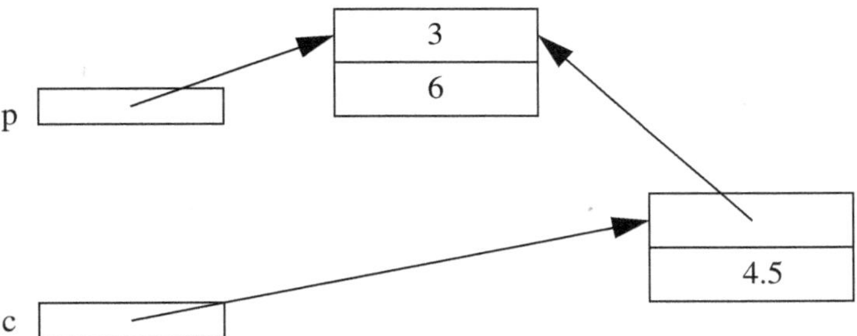

On constate que le point de coordonnées 3 et 6 est accessible indépendamment de l'objet de type `Cercle`, par la référence contenue dans p. Si les coordonnées de ce point étaient modifiées par le biais de cette référence (en supposant que la classe `Point` dispose des méthodes d'altération voulues), le centre du cercle s'en trouverait modifié en conséquence. En revanche, si l'on changeait la valeur de p, en lui faisant désigner un autre point, ceci n'aurait plus aucune incidence sur le centre du cercle...

1.3 Cas de la gestion par valeur

Bien entendu, la règle évoquée reste toujours en vigueur dans le cas de la gestion des objets par valeur : les méthodes de `Cercle` n'ont pas accès aux attributs privés d'un objet de type `Point`[1]. En revanche, les différences que nous venons d'évoquer entre les deux types de constructeurs s'estompent dans la cas de la gestion par valeur. La première situation :

```
Cercle (3, 6, 4.5)
```

---

1. Une exception a lieu dans les cas des langages qui permettent de définir une classe à l'intérieur d'une autre, cette classe interne n'ayant alors, en quelque sorte, pas d'existence indépendante.

peut être schématisée ainsi :

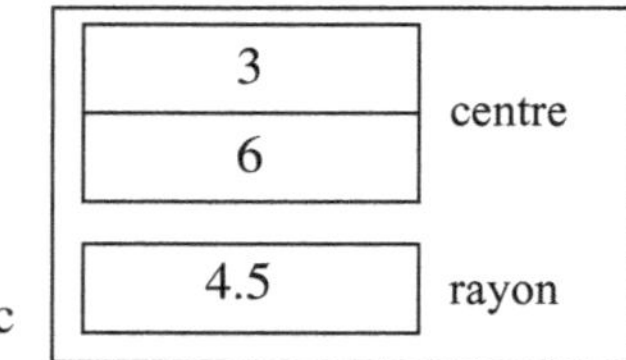

Il n'existe plus aucun objet de type `Point`, accessible à l'extérieur du cercle.

La seconde situation :

```
Point p (3, 6)
Cercle c (p, 4.5)
```

provoque la transmission par valeur du paramètre p , ce qui conduit à cette situation :

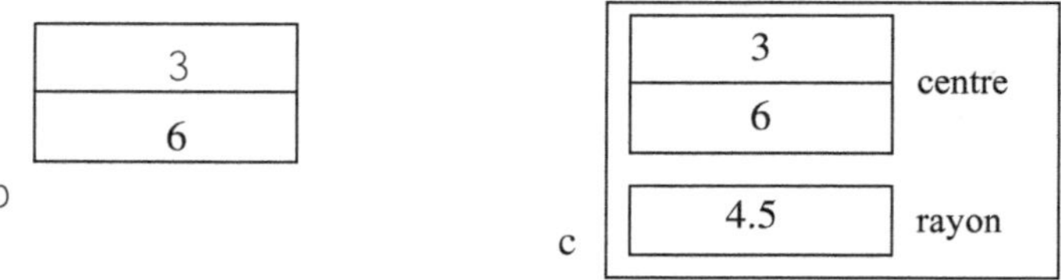

Ici, il subsiste un objet de type `Point`, extérieur, mais il est totalement indépendant du centre du cercle. Une modification de p n'aura aucune incidence sur le centre du cercle c.

Comme vous pouvez le constater, le mode de gestion des objets a de lourdes conséquences sur le comportement d'un programme. Sa « signification » peut s'en trouver fortement modifiée, ce qui justifie qu'on puisse parfois parler de « sémantique valeur » ou de « sémantique référence ».

 **Remarque**

Comme nous l'avons déjà dit, les langages utilisant la gestion par valeur permettent généralement également l'utilisation de référence sur des objets. On peut alors rencontrer des objets « hybrides » renfermant à la fois des objets gérés par valeur (comme ci-dessus) et des références à d'autres objets. Nous reviendrons sur ce point au paragraphe 4, page 249.

2 Deuxième exemple : une classe Segment

L'exemple précédent était quelque peu artificiel. Il avait surtout pour but de vous présenter les conséquences de la gestion par référence, ainsi que ses différences avec la gestion par valeur.

Nous vous proposons maintenant un exemple, toujours simple, mais plus réaliste, à savoir la création d'une classe Segment, permettant de manipuler des segments définis à partir de leur origine et de leur extrémité.

Nous supposerons que nous disposons de la classe Point suivante (notez la présentation des résultats fournis par affiche, différente de celle que nous avons utilisée jusqu'ici) :

```
classe Point
{ méthode Point (entier x, entier y)  { abs := x ; ord := y }
  méthode affiche  { écrire «abscisse : », abs, «, ordonnée : », ord  }
  méthode déplace ( entier dx, entier dy) { abs := abs + dx ; ord := ord + dy }
  entier abs, ord
}
```

Nous allons chercher à doter la classe Segment des fonctionnalités suivantes :

• constructeur, recevant deux points en paramètres ;

• méthode affiche fournissant les coordonnées de l'origine et de l'extrémité.

Elle pourrait se présenter ainsi :

```
classe Segment
{ méthode Segment (Point o, Point e)
  { origine := o
    extremité := e
  }
  méthode affiche
  { écrire «-- origine   »
    origine.affiche
    écrire «-- extrémité »
    extremité.affiche
  }
  Point origine, extremité
}
```

Considérons alors cet exemple d'utilisation de Segment :

```
Point a, b, c
Segment s1, s2
a := Création Point (1, 2)
b := Création Point (4, 5)
c := Création Point (7, 8)
s1 := Création Segment (a, b)
s2 := Création Segment (b, c)
s1.affiche
s2.affiche
```

La situation correspondante peut être schématisée ainsi :

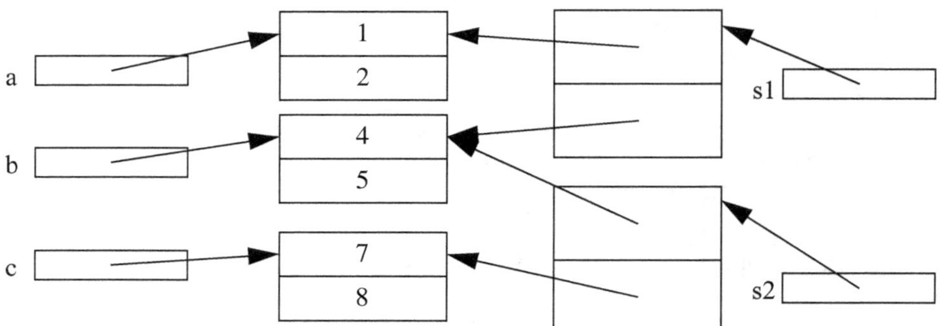

Nous deux instructions `affiche` nous fournissent ces résultats :

```
-- origine
abscisse : 1, ordonnée : 2
-- extrémité
abscisse : 4, ordonnée : 5
-- origine
abscisse : 4, ordonnée : 5
-- extrémité
abscisse : 7, ordonnée : 8
```

Si maintenant, nous exécutons ces instructions :

```
b.déplace (10, 20)
s1.affiche
s2.affiche
```

Nous aboutissons à cette situation :

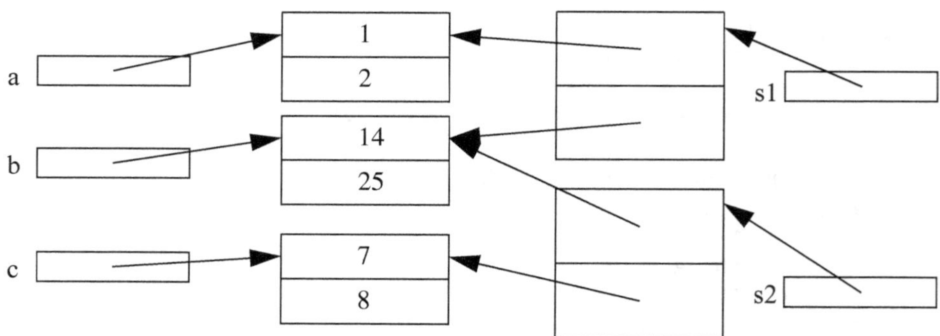

La modification des coordonnées de b se retrouve dans celles des segments s1 et s2, d'où les résultats affichés :

```
-- origine
abscisse : 1, ordonnée : 2
-- extrémité
abscisse : 14, ordonnée : 25
-- origine
abscisse : 14, ordonnée : 25
-- extrémité
abscisse : 7, ordonnée : 8
```

▷ **Remarque**

En cas de gestion des objets par valeur, l'exemple précédent se présenterait sous une forme voisine de :

```
Point a(1, 2), b(4, 5), c(7, 8)
Segment s1(a,b), s2(b, c)
s1.affiche
s2.affiche
```

Mais, cette fois, les attributs des points a, b et c auraient été recopiés dans les objets s1 et s2, selon ce schéma :

La modification opérée par l'instruction b.déplace (10, 20) ne portera plus que sur le point b et elle n'aura aucune incidence sur les valeurs de s1 qui ne représentera plus le « segment bc ».

Exercice 11.2 Dans la classe Segment précédente, introduire une méthode nommée inverse, inversant l'origine et l'extrémité d'un segment.

Exercice 11.3 On dispose de la classe Point suivante :

```
classe Point
{ méthode Point (entier x, entier y)  { abs := x ; ord := y  }
  méthode affiche  { écrire «abscisse : », abs, «, ordonnée : », ord  }
  méthode déplace ( entier dx, entier dy) { abs := abs + dx ; ord := ord + dy }
  entier abs, ord
}
```

Écrire une classe nommée Quadrilatère, permettant de manipuler des quadrilatères, définis par 4 points, dotée d'un constructeur (recevant un tableau de 4 points en paramètre), d'une méthode affiche fournissant les coordonnées de chacun des 4 points du quadrilatère et d'une méthode déplace (déplaçant de la même manière les 4 points du quadrilatère).

3 Relations entre objets

Nous venons de voir que définir un attribut de type classe n'est pas quelque chose d'aussi anodin que d'utiliser un attribut d'un type de base. En effet, cet attribut n'est en fait qu'une référence à un autre objet, ce que l'on peut schématiser ainsi de façon générale :

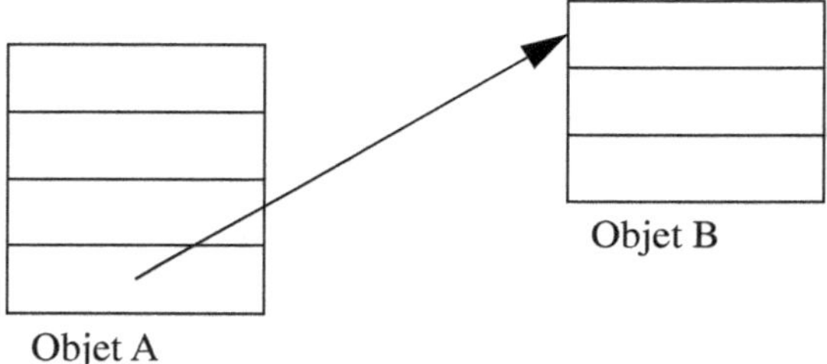

La question peut alors se poser de savoir si l'objet B peut exister, indépendamment de A ou non. En fait, comme on l'a entrevu dans les exemples précédents, la situation diffère selon que B a été créé par A (en général par son constructeur, mais il pourrait aussi s'agir d'une méthode) ou si sa référence a simplement été communiquée à A par le programme.

Dans le premier cas, lorsque l'objet A ne se trouve plus référencé, il en ira probablement de même de B (sauf si A en a communiqué la référence à « l'extérieur »). On traduit souvent cette situation en disant que A possède B ; par exemple, on pouvait dire qu'un segment possédait deux points. Dans le second cas, en revanche, il est possible que A ne soit plus référencé alors que B l'est encore. On dit que A ne possède pas B. Dans nos deux exemples de classe Cercle, selon le constructeur utilisé, un cercle possédait un point dans le premier cas et pas dans le second (et nous avions illustré la première situation par un schéma montrant mieux cette appartenance).

Comme nous l'avons montré, dans les langages gérant les objets, l'existence d'un attribut de type objet conduit systématiquement à une relation de possession (quitte à ce que l'objet possédé soit en fait une copie d'un autre).

D'une manière générale, cette relation de possession joue un rôle important en programmation orientée objet. On dit souvent qu'elle traduit la relation « a » (du verbe avoir) et nous verrons qu'elle doit être clairement différenciée de la relation « est » (du verbe être) qui sera induite par l'héritage.

Dans les méthodes de « conception objet » telles que UML, on établit généralement une classification très fine des relations existant entre différentes classes, en distinguant notamment des liens d'association, d'agrégation ou de composition ou de simple utilisation. Mais, il est parfois difficile de retrouver l'expression de ces différentes relations dans les langages eux-mêmes, comme on a pu commencer à l'entrevoir précédemment.

4 Copie profonde ou superficielle des objets

Nous avons vu que, dans les langages gérant les objets par référence, on se trouve souvent en présence de la recopie de cette référence et non pas de la recopie des attributs des objets concernés. Cela concerne à la fois les affectations et les transmissions en paramètre ou en résultat des objets.

Si on le désire, il reste toujours possible de réaliser explicitement la recopie de tous les attributs d'un objet dans un autre objet du même type. Toutefois, si les données sont convenablement encapsulées, il n'est pas possible d'y accéder directement. On peut alors songer à s'appuyer sur l'existence de méthodes d'accès et d'altérations de ces attributs privés. Cependant, comme nous l'avons déjà évoqué, cette démarche demande la connaissance de l'implémentation effective de la classe correspondante et elle doit être reconsidérée à chaque modification de cette implémentation.

En fait, la démarche la plus réaliste consiste plutôt à prévoir dans la classe elle-même une méthode particulière destinée à fournir une copie de l'objet concerné, comme dans cet exemple :

```
classe Point
{ méthode Point (entier x, entier y ) { abs := x ; ord := y }
  méthode déplace (entier dx, entier dy ) { abs := abs + dx ; ord := ord + dy }
  méthode copie
  { Point p    // référence locale à un objet de type Point
    p := Création Point (abs, ord)
    retourne p
  }
  .....
  entier abs, ord
}

Point a, b
a := Création Point (1, 2)
a.déplace (3, 5)  // a a pour coordonnées 4, 7
b := a.copie    // b contient la référence d'un nouveau point de coordonnées 4, 7
```

Cette démarche ne présente aucune difficulté tant que la classe concernée ne contient pas d'attributs de type classe. Dans le cas contraire, il faut décider si leur copie doit porter, à son tour, sur les objets référencés plutôt que sur les références. Par exemple, avec la classe Segment présentée précédemment, on pourrait ne recopier que les références des points concernés ou, au contraire, recopier leur valeur. On voit donc apparaître la distinction entre ce que l'on nomme :

- la copie superficielle d'un objet : on se contente de recopier la valeur de tous ses attributs, y compris ceux de type classe (qui sont donc des références) ;

- la copie profonde d'un objet : comme précédemment, on recopie la valeurs des attributs d'un type de base, mais pour les attributs de type classe, on crée une nouvelle référence à un autre objet de même type et de même valeur.

Comme on s'en doute, la copie profonde peut être récursive ; autrement dit, un attribut de type classe peut très bien, à son tour, renfermer d'autres attributs de type classe... On voit d'ailleurs que, pour des objets complexes, il pourra exister des niveaux intermédiaires entre copie profonde ou copie superficielle.

Dans le cas des langages gérant les objets par valeur, on notera que la copie induite par les affectations ou la transmission par valeur des paramètres correspond à une copie profonde. Mais ces langages permettent généralement de créer des objets hybrides en faisant cohabiter des attributs de type classe (gérés par valeur) et des références à des objets ; dans ce cas, on comprend que ces dernières ne sont plus soumises à une copie profonde. Généralement, le programme peut alors fournir une méthode de son crû pour gérer convenablement (plus précisément, comme on le désire) cette copie, qu'elle soit induite par une affectation ou par le passage en paramètre.

Exercice 11.4 Doter la classe `Segment` présentée au paragraphe 2, page 245, d'une méthode de copie superficielle et d'une méthode de copie profonde. Pour réaliser cette seconde méthode, on prévoiera d'adapter la classe `Point` en la dotant d'une méthode de copie.

---

5 Une classe « singleton »

N.B. Ce paragraphe peut être ignoré dans un premier temps.

Jusqu'ici, nous avons rencontré des situations dans lesquelles une classe A contenait un attribut de type classe B. Mais il est également possible qu'une classe A renferme un attribut de ce même type A.

Supposons par exemple qu'on l'on souhaite réaliser une classe nommée `Singleton` ne permettant d'instancier qu'un seul objet de sa classe. Plus précisément, on souhaite que chaque tentative d'instanciation, à partir de la seconde, fournisse toujours la référence à un seul et unique objet. Compte tenu de la manière dont fonctionne le constructeur et du fait qu'il ne fournit pas de résultat, on voit qu'il n'est pas possible d'opérer cette gestion d'objet unique dans le constructeur lui-même. Les demandes d'instanciation doivent donc être adressées à une autre méthode de la classe `Singleton` que nous nommerons `créeInstance` et qui doit :

- instancier un objet lors de son premier appel ;

- fournir en résultat la référence de cet objet unique, et ceci aussi bien pour le premier appel que pour les suivants.

On voit que la méthode `créeInstance` ne peut être qu'une méthode de classe puisqu'on ne peut pas l'appliquer à un objet existant. D'autre part, la référence de l'instance unique devra être conservée dans un attribut de type `Singleton`. Cet attribut devra être accessible à la méthode de classe `créeInstance` ; il devra donc s'agir d'un attribut de classe.

Voici ce que pourrait être le « canevas » de notre classe :

```
classe Singleton
{  Singleton méthode deClasse créeInstance
  { // crée une instance  (Création Singleton) s'il y a lieu, de référence s
    retourne s       // fournit la référence de l'instance unique
  }
    // autres méthodes de la classe
  Singleton deClasse s   // référence à l'unique objet instancié
   // autres attributs de la classe
  }
```

Pour interdire l'instanciation directe par le programme, il ne suffit pas de ne pas prévoir de constructeur pour cette classe `Singleton` (revoyez éventuellement les règles concernant l'appel des constructeurs au paragraphe 5.4 du chapitre 9, page 197). Il faut (artificiellement) la doter d'au moins un constructeur privé, dont la seule existence interdira l'instanciation directe d'un objet. Ce constructeur pourra éventuellement être vide ou, s'il possède un intérêt, être utilisé par la méthode `créeInstance`.

Enfin, pour gérer convenablement l'unicité de l'instance, nous utilisons un attribut de classe nommé `créé`, de type `booléen`, initialisé à `faux`, et mis à `vrai` dès qu'un objet a été instancié, afin de ne plus en créer d'autres. Rappelons qu'ici, nous avons convenu que tout appel, à partir du second, de la méthode `CréeInstance`, renvoie la référence à l'objet déjà créé. Voici ce que pourrait être le schéma de notre classe :

```
classe Singleton
{ privé méthode Singleton   // constructeur privé
  { // initialisation des attributs
  }
  Singleton méthode deClasse créeInstance
  { si non créé alors { s := Création Singleton
                  créé := vrai
                }
    retourne s
  }
    // autres méthodes de la classe
  Singleton deClasse s     // référence à l'unique objet instancié
  booléen deClasse créé := faux
   // autres attributs de la classe
  }
```

 **Remarques**

1 Ce canevas ne serait pas utilisable dans un langage gérant les objets par valeur, puisque alors un objet de classe `Singleton` contiendrait, non plus une référence vers un objet de ce type, mais un objet (complet), ce qui, bien entendu, n'est pas possible : un objet ne peut se contenir lui-même. Dans un tel cas, il faut, si le langage le permet, utiliser un pointeur ou une référence.

2 Nous avons considéré ici une situation particulière : un objet de type A contient une référence à lui-même (et, de plus, il s'agit d'un attribut de classe). D'une manière générale, un objet a1 de type A pourrait très bien contenir une référence (de classe ou non) à un autre objet a2 de type A. Ce serait le cas, par exemple, dans une « liste chaînée » d'objets, dans laquelle chaque objet contiendrait la référence de l'objet suivant de la liste. Là encore, ces situations poseront problème en cas de gestion par valeur : si a1, a2 et a3 sont de type A, un objet a1 ne peut pas contenir un objet a2 qui, à sont tour, contiendrait un objet a3...

Exercice 11.5 En s'inspirant de l'exemple précédent, écrire un canevas pour une classe nommée `Doubleton`, n'autorisant pas plus de deux instanciations. On utilisera également une méthode `créeInstance`, dont les deux premiers appels fourniront un objet de type `Doubleton`. Les appels suivants fourniront à tour de rôle la référence au premier ou au second objet.

 # Côté langages

Java, C#, Python et PHP

Dans ces quatre langages, les objets sont gérés par référence. La construction d'un objet composé doit réaliser explicitement les appels de tous les constructeurs nécessaires (comme nous l'avons fait dans nos exemples). Tout se déroule comme dans ce que nous avons présenté dans ce chapitre.

C++

En C++, rappelons-le, les objets sont gérés par valeur. Pour la construction des objets composés, il existe un mécanisme permettant d'appeler automatiquement les constructeurs des différents composants, en précisant les paramètres voulus. Si un objet ne contient pas de pointeurs (références) vers d'autres objets, la copie des objets mise en place automatiquement lors des affectations ou des transmissions de paramètres est satisfaisante (elle correspond alors à une copie profonde, éventuellement récursive). En revanche, si l'objet contient des pointeurs, le programme doit expliciter la façon dont il souhaite que cette copie se déroule :

- en définissant une méthode particulière qui sera utilisée par l'affectation ;
- en définissant un constructeur particulier (dit constructeur par recopie) qui sera utilisé lors des recopies de paramètres.

Il existe des mécanismes permettant d'utiliser ces méthodes de manière récursive.

 ## Exemples langages

Voici, écrit en Java, C++, PHP et Python l'exemple du paragraphe 2, page 245 (le programme C# serait très proche du programme Java).

Java

```
public class TstSegment
{ public static void main(String args[])
  { Point a = new Point (1, 2), b = new Point (4, 5), c = new Point (7, 8) ;
    Segment s1 = new Segment (a, b), s2 = new Segment (b, c) ;
    System.out.println ("Segment s1 (ab)") ; s1.affiche () ;
    System.out.println ("Segment s2 (bc)") ; s2.affiche () ;
    b.deplace (10, 20) ; System.out.println ("on deplace b") ;
    System.out.println ("Segment s1 (ab)") ; s1.affiche () ;
    System.out.println ("Segment s2 (bc)") ; s2.affiche () ;
  }
}
class Point
{ public Point (int x, int y) { abs = x ; ord = y ; }
  public void deplace (int dx, int dy) { abs += dx ; ord += dy ; }
  public void affiche ()
    { System.out.println ("abscisse : " + abs  + ", ordonnée : " + ord) ;
    }
  private int abs, ord ;
}
class Segment
{ public Segment (Point o, Point e)
  { origine = o ; extremite = e ;
  }
  public void affiche ()
  { System.out.print ("-- origine    ") ; origine.affiche();
    System.out.print ("-- extrémité ") ; extremite.affiche();
  }
  private Point origine, extremite ;
}
```

```
Segment s1 (ab)
-- origine      abscisse : 1, ordonnée : 2
-- extrémité abscisse : 4, ordonnée : 5
Segment s2 (bc)
-- origine      abscisse : 4, ordonnée : 5
-- extrémité abscisse : 7, ordonnée : 8
on deplace b
Segment s1 (ab)
-- origine      abscisse : 1, ordonnée : 2
-- extrémité abscisse : 14, ordonnée : 25
Segment s2 (bc)
-- origine      abscisse : 14, ordonnée : 25
-- extrémité abscisse : 7, ordonnée : 8
```

C++

Ici, par souci de briéveté, nous n'avons pas séparé la déclaration des classes de la définition de leurs méthodes. Ces dernières ont été définies « en ligne » directement dans les déclarations (voyez éventuellement l'exemple langage C++, page 210).

```cpp
#include <iostream>
using namespace std ;
    // déclaration définition de la classe Point
class Point
{ public :
   Point (int x, int y) { abs = x ; ord = y ; }
   void deplace (int dx, int dy) { abs += dx ; ord += dy ; }
   void affiche ()
   { cout << "abscisse : " << abs << ", ordonnée : " << ord << "\n" ;
   }
  private :
   int abs, ord ;
} ;
    // déclaration définition de la classe Segment
class Segment
{ public :
   Segment (Point o, Point e) : origine (o), extremite (e)
     // attention : syntaxe obligatoire pour appeler le constructeur de o et de e
   {}
   void affiche ()
   { cout << "-- origine   " ; origine.affiche() ;
     cout << "-- extrémité " ; extremite.affiche() ;
   }
  private :
   Point origine, extremite ;
} ;
```

```
int main()
{ Point a(1, 2), b(4, 5), c(7, 8) ;
  Segment s1(a, b), s2(b, c) ;
  cout << "Segment s1 (ab)\n" ; s1.affiche () ;
  cout << "Segment s2 (bc)\n" ; s2.affiche () ;
  b.deplace (10, 20) ; cout << "on deplace b\n" ;
  cout << "Segment s1 (ab)\n" ; s1.affiche () ;
  cout << "Segment s2 (bc)\n" ; s2.affiche () ;
}
```

```
Segment s1 (ab)
-- origine   abscisse : 1, ordonnée : 2
-- extrémité abscisse : 4, ordonnée : 5
Segment s2 (bc)
-- origine   abscisse : 4, ordonnée : 5
-- extrémité abscisse : 7, ordonnée : 8
on deplace b
Segment s1 (ab)
-- origine   abscisse : 1, ordonnée : 2
-- extrémité abscisse : 4, ordonnée : 5
Segment s2 (bc)
-- origine   abscisse : 4, ordonnée : 5
-- extrémité abscisse : 7, ordonnée : 8
```

Notez la syntaxe du constructeur de la classe `Segment`, qui entraîne l'appel automatique du constructeur de `Point` pour les attributs `origine` et `extrémité`. D'ailleurs, ici, ce constructeur est vide puisqu'il n'a rien d'autre à faire. Notez également l'incidence de la « gestion par valeur » dans les résultats affichés, à comparer, par exemple, avec ceux de Java.

PHP

```php
<?php
$a = new Point (1, 2) ; $b = new Point (4, 5) ; $c = new Point (7, 8) ;
$s1 = new Segment ($a, $b) ; $s2 = new Segment ($b, $c) ;
echo 'Segment $s1 (ab) <br>' ; $s1->affiche () ;
echo 'Segment $s2 (bc) <br>' ; $s2->affiche () ;
$b->deplace (10, 20) ;
echo 'Segment $s1 (ab) <br>' ; $s1->affiche () ;
echo 'Segment $s2 (bc) <br>' ; $s2->affiche () ;
class Point
{ public function __construct ($x, $y) { $this->abs = $x ; $this->ord = $y ; }
  public function deplace ($dx, $dy) { $this->abs += $dx ; $this->ord += $dy ; }
  public function affiche ()
  { echo "abscisse:",$this->abs, ", ordonnée : ",$this->ord, "<br>"; }
  private $abs, $ord ;
}
```

```php
class Segment
{ public  function __construct (Point $o, Point $e)
  { $this->origine = $o ; $this->extremite = $e ;
  }
  public function affiche ()
  { echo "-- origine   - " ; $this->origine->affiche() ;
    echo "-- extrémité - " ; $this->extremite->affiche() ;
  }
  private $origine, $extremite ;
}
?>
```

```
Segment $s1 (ab)
-- origine - abscisse : 1, ordonnée : 2
-- extrémité - abscisse : 4, ordonnée : 5
Segment $s2 (bc)
-- origine - abscisse : 4, ordonnée : 5
-- extrémité - abscisse : 7, ordonnée : 8
Segment $s1 (ab)
-- origine - abscisse : 1, ordonnée : 2
-- extrémité - abscisse : 14, ordonnée : 25
Segment $s2 (bc)
-- origine - abscisse : 14, ordonnée : 25
-- extrémité - abscisse : 7, ordonnée : 8
```

Python

```python
class Point :
    def __init__ (self, x, y) :
        self.__abs = x ; self.__ord = y
    def deplace (self, dx, dy) :
        self.__abs += dx ; self.__ord += dy
    def affiche (self) :
        print ("abscisse : ", self.__abs, ", ordonnée : ", self.__ord)
class Segment :
    def __init__ (self, o, e) :
        self.__origine = o ; self.__extremite = e
    def affiche (self) :
        print ("-- origine   ", end = "")
        self.__origine.affiche()
        print ("-- extrémité ", end = "")
        self.__extremite.affiche()
a = Point (1, 2) ; b = Point (4, 5) ; c = Point (7, 8)
s1 = Segment (a, b) ; s2 = Segment (b, c)
print ("Segment s1 (ab)") ; s1.affiche ()
print ("Segment s2 (bc)") ; s2.affiche ()
b.deplace (10, 20) ; print ("on deplace b")
print ("Segment s1 (ab)") ; s1.affiche ()
prifint ("Segment s2 (bc)") ; s2.affiche ()
```

```
Segment s1 (ab)
-- origine   abscisse :  1 , ordonnée :  2
-- extrémité abscisse :  4 , ordonnée :  5
Segment s2 (bc)
-- origine   abscisse :  4 , ordonnée :  5
-- extrémité abscisse :  7 , ordonnée :  8
on deplace b
Segment s1 (ab)
-- origine   abscisse :  1 , ordonnée :  2
-- extrémité abscisse :  14 , ordonnée :  25
Segment s2 (bc)
-- origine   abscisse :  14 , ordonnée :  25
-- extrémité abscisse :  7 , ordonnée :  8
```

12

L'héritage

Le concept d'héritage constitue l'un des fondements de la programmation orientée objet. Il va permettre de « réutiliser » les « composants logiciels » que sont les classes, en offrant la possibilité de définir une nouvelle classe, dite classe dérivée, à partir d'une classe existante dite classe de base. Cette nouvelle classe « hérite » d'emblée des fonctionnalités de la classe de base (attributs et méthodes) qu'elle pourra modifier ou compléter à volonté, sans qu'il soit nécessaire de remettre en question la classe de base.

Cette technique permet donc de développer de nouveaux outils en se fondant sur un certain acquis, ce qui justifie le terme d'héritage. Comme on peut s'y attendre, il sera possible de développer à partir d'une classe de base, autant de classes dérivées qu'on le désire. De même, une classe dérivée pourra à son tour servir de classe de base pour une nouvelle classe dérivée.

Nous commencerons par vous présenter cette notion d'héritage et nous verrons son incidence sur les droits d'accès aux attributs et méthodes d'une classe dérivée, d'une part pour les objets, d'autre part pour les méthodes d'une telle classe. Puis nous ferons le point sur la construction et l'initialisation des objets dérivés. Nous montrerons ensuite comment une classe dérivée peut redéfinir une méthode d'une classe de base, en en proposant une nouvelle implémentation.

1 La notion d'héritage

Supposons que nous disposions de cette classe Point (n'offrant pas ici de constructeur) :

```
classe Point
{ méthode initialise (entier x, entier y) { abs := x ; ord := y }
  méthode déplace (entier dx, entier dy)  { abs := abs + dx ; ord := ord + dy ; }
  méthode affiche { écrire «Je suis en », x, « », y }
  entier abs, ord
}
```

Une classe de base Point

Imaginons que nous ayons besoin d'une classe Pointcol, destinée à manipuler des points colorés d'un plan. Une telle classe peut manifestement disposer des mêmes fonctionnalités que la classe Point, auxquelles on pourrait adjoindre, par exemple, une méthode nommée colore, chargée de définir la couleur. Nous pouvons donc la définir en disant qu'elle « hérite » de Point et en précisant les attributs et méthodes supplémentaires. Nous conviendrons de procéder ainsi :

```
classe PointCol dériveDe Point
{ // définition des méthodes supplémentaires
  // déclaration des attributs supplémentaires
}
```

Si nous prévoyons, outre la méthode colore, un attribut nommé couleur, de type entier, destiné à représenter la couleur d'un point, voici comment pourrait s'écrire la définition de la classe Pointcol :

```
classe Pointcol dériveDe Point
{ méthode colore (entier c) { couleur := c }
  entier couleur
}
```

Une classe Poincol, *dérivée de* Point

Disposant de cette classe, nous pouvons déclarer des variables de type Pointcol et créer des objets de ce type de manière usuelle, par exemple :

```
Pointcol pc ;
   .....
pc := Création Pointcol
```

Un objet de type Pointcol peut alors faire appel :

- aux méthodes publiques de Pointcol, ici colore ;

- mais aussi aux méthodes publiques de Point : initialise, déplace et affiche.

Notez que, bien que cela soit peu recommandé, il est théoriquement possible de prévoir certains attributs publics. Dans ce cas, un objet de type Pointcol aura également accès aux attributs publics de `Point`. Pour simplifier le discours, nous parlerons de **membre** pour désigner indifféremment un attribut ou une méthode. D'une manière générale, nous pouvons dire que :

> Un objet d'une classe dérivée accède aux membres publics de sa classe de base.

Tout se passe comme si ces membres publics de la classe de base étaient finalement définis dans la classe dérivée.

En revanche, un objet d'une classe dérivée n'a pas accès aux membres (attributs et méthodes) privés de la classe de base. C'est bien ce à quoi on peut s'attendre, dans la mesure où l'on ne voit pas pourquoi un objet de la classe dérivée aurait plus de droits qu'un objet de la classe de base.

Par exemple, avec :

```
Pointcol pc
```

on pourra utiliser l'appel `pc.déplace` ou `pc.affiche`, mais on ne pourra (heureusement) pas accéder à `pc.abs` ou `pc.ord`.

Voici un petit programme complet illustrant ces possibilités (pour l'instant, la classe `Pointcol` est très rudimentaire ; nous verrons plus loin comment la doter d'autres fonctionnalités indispensables). Ici, nous créons à la fois un objet de type `Pointcol` et un objet de type `Point`.

```
    // classe de base
classe Point
{ méthode initialise (entier x, entier y) { abs := x ; ord := y }
  méthode déplace (entier dx, entier dy)  { abs := abs + dx ; ord := ord + dy }
  méthode affiche { écrire «Je suis en », x, « », y }
  entier abs, ord
}
    // classe dérivée
classe Pointcol dériveDe Point
{ méthode colore (entier c) { couleur := c }
  entier couleur
}
    // Programme utilisant Pointcol et Point
Pointcol pc
Point p
pc := Création Pointcol
pc.affiche
pc.initialise (3, 5)
pc.colore (3)
pc.affiche
pc.déplace (2, -1)
pc.affiche
p := Création Point
p.initialise (6, 9)
p.affiche
```

```
Je suis en 0 0
Je suis en 3 5
Je suis en 5 4
Je suis en 6 9
```

Exemple de création et d'utilisation d'une classe Pointcol *dérivée de* Point

 **Remarques**

1   Une classe de base peut aussi se nommer une super-classe, une classe ascendante, une classe parente, une classe mère ou tout simplement une classe. De même, une classe dérivée peut aussi se nommer une sous-classe, une classe descendante, une classe fille ou tout simplement une classe. Enfin, on peut parler indifféremment d'héritage ou de dérivation, ou, plus rarement de sous-classement.

2   Nous avons déjà dit qu'un programme et les classes qu'il utilise pouvaient être fournies de façon séparée. Il en va bien sûr de même pour une classe et une classe dérivée. Bien entendu, il faudra faire en sorte que les informations nécessaires (par exemple définition de la classe de base et définition de la classe dérivée) soient :

–   ou bien connues du traducteur de langage ;

–   ou bien convenablement rassemblées au moment de l'exécution.

La démarche correspondante dépendra étroitement du langage et de l'environnement concernés. Dans tous les cas, on pourra créer, pour une classe de base donnée, autant de classes dérivées qu'on le souhaitera.

2   Droits d'accès d'une classe dérivée à sa classe de base

Nous venons d'exposer comment un objet d'une classe dérivée accède uniquement aux membres publics de sa classe de base. En revanche, nous n'avons rien dit sur l'usage qu'une méthode d'une classe dérivée peut faire des membres (publics ou privés) d'une classe de base. Voyons précisément ce qu'il en est en distinguant les membres privés des membres publics.

2.1 Une classe dérivée n'accède pas aux membres privés de la classe de base

En fait, une méthode d'une classe dérivée n'a pas plus de droits d'accès à sa classe de base que n'importe quelle méthode d'une autre classe :

> Une méthode d'une classe dérivée n'a pas accès aux membres (attribut ou méthodes) privés de sa classe de base.

Cette règle peut paraître restrictive. Mais en son absence, il suffirait de créer une classe dérivée pour violer le principe d'encapsulation. Autrement dit, une modification de l'implémentation d'une classe de base risquerait d'entraîner une modification de l'implémentation d'une classe dérivée.

Si l'on considère la classe `Pointcol` précédente, elle ne dispose pour l'instant que d'une méthode `affiche`, héritée de `Point` qui, bien entendu, ne fournit pas la couleur. On peut chercher à la doter d'une nouvelle méthode nommée par exemple `affichec`, fournissant à la fois les coordonnées du point coloré et sa couleur. Il ne sera pas possible de procéder ainsi :

```
méthode affichec  // méthode affichant les coordonnees et la couleur
{ écrire «Je suis en », abs, « », ord       // NON : abs et ord sont privés
  écrire «  et ma couleur est : », couleur   // OK
}
```

En effet, la méthode `affichec` de `Pointcol` n'a pas accès aux attributs privés `abs` et `ord` de sa classe de base.

 **Remarque**

Certains langages permettront toutefois d'affaiblir cette contrainte en prévoyant des mécanismes d'autorisation sélectifs, comme nous le verrons au paragraphe 7, page 275.

2.2 Une classe dérivée accède aux membres publics

Comme on peut s'y attendre :

> Une méthode d'une classe dérivée a accès aux membres publics de sa classe de base.

Ainsi, pour écrire la méthode `affichec`, nous pouvons nous appuyer sur la méthode `affiche` de `Point` en procédant ainsi :

```
méthode affichec
{ affiche()
  écrire «  et ma couleur est : »,  couleur
}
```

Une méthode d'affichage d'un objet de type Pointcol

On notera que l'appel `affiche` dans la méthode `affichec` est en fait équivalent à :

```
courant.affiche
```

Autrement dit, il applique la méthode `affiche` à l'objet (de type `Pointcol`) ayant appelé la méthode `affichec`.

Nous pouvons procéder de même pour définir dans `Pointcol` une nouvelle méthode d'initialisation nommée `initialisec`, chargée d'attribuer les coordonnées et la couleur à un point coloré :

```
méthode initialisec (entier x, entier y, entier c)
  { initialise (x, y)
    couleur := c
  }
```

Une méthode d'initialisation d'un objet de type Pointcol

2.3 Exemple de programme complet

Voici un exemple complet de programme reprenant cette nouvelle définition de la classe `Pointcol` et un exemple d'utilisation :

```
classe Point
{ méthode initialise (entier x, entier y) { abs := x ; ord := y }
  méthode déplace (entier dx, entier dy)  { abs := abs + dx ; ord := ord + dy }
  méthode affiche { écrire «Je suis en », abs, « », ord }
  entier abs, ord
}
classe Pointcol dériveDe Point
{ méthode colore (entier c) { couleur := c }
  méthode affichec
  { affiche
    écrire «  et ma couleur est : »,  couleur
  }
  méthode initialisec (entier x, entier y, entier c)
  { initialise (x, y)
    couleur := c
  }
  entier couleur
}

Pointcol pc1, pc2
pc1 := Création Pointcol
pc1.initialise (3, 5)
pc1.colore (3)
pc1.affiche     // attention, ici affiche
pc1.affichec    // et ici affichec
pc2 := Création Pointcol
pc2.initialisec(5, 8, 2)
```

```
pc2.affichec
pc2.deplace (1, -3)
pc2.affichec
```

```
Je suis en 3 5
Je suis en 3 5
  et ma couleur est : 3
Je suis en 5 8
  et ma couleur est : 2
Je suis en 6 5
  et ma couleur est : 2
```

Une nouvelle classe Pointcol *et son utilisation*

Exercice 12.1 On dispose de la classe suivante :

```
classe Point
{ méthode initialise (entier x, entier y) { abs := x ; ord := y }
  méthode déplace (entier dx, entier dy)  { abs := abs + dx ; ord := ord + dy }
  entier méthode valeurAbs { retourne abs }
  entier méthode valeurOrd { retourne ord }
  entier abs, ord
}
```

Écrire une classe PointA, dérivée de Point, disposant d'une méthode affiche fournissant les coordonnées d'un point. Écrire un petit programme utilisant les deux classes Point et PointA. Que se passerait-il si la classe Point ne disposait pas des méthodes valeurAbs et valeurOrd?

Exercice 12.2 On dispose de la classe suivante :

```
classe Point
{ méthode fixePoint (entier x, entier y) { abs := x ; ord := y }
  méthode déplace (entier dx, entier dy)  { abs := abs + dx ; ord := ord + dy }
  méthode affCoord {écrire «Coordonnées : », abs, « », ord }
  entier abs, ord
}
```

Écrire une classe PointNom, dérivée de Point, permettant de manipuler des points définis par deux coordonnées entières et un nom (caractère) et disposant des méthodes suivantes :

- fixePointNom pour définir les coordonnées et le nom ;

- fixeNom pour définir (ou modifier) seulement le nom d'un tel objet ;

- affCoordNom pour affiche les coordonnées et le nom.

Écrire un petit programme utilisant cette classe.

3 Héritage et constructeur

Jusqu'ici, nous avons considéré des classes sans constructeur, aussi bien pour la classe de base que pour la classe dérivée. En pratique, la plupart des classes disposeront d'au moins un constructeur. Voyons quel va en être l'incidence sur l'héritage.

Supposons que notre classe `Point` dispose d'un constructeur à deux paramètres, jouant le même rôle que la méthode `initialise` :

```
classe Point
{ méthode Point (entier x, entier y) { abs := x ; ord := y }
  méthode déplace (entier dx, entier dy)  { abs := abs + dx ; ord := ord + dy }
  méthode affiche { écrire «Je suis en », abs, « », ord }
  entier abs, ord
}
```

Supposons que nous souhaitions tout naturellement doter notre classe dérivée `Pointcol` d'un constructeur à trois paramètres :

```
classe Pointcol dériveDe Point
{  .....
  méthode Pointcol (entier x, entier y, entier c)
  { .....
  }
}
```

Quel doit alors être le travail du constructeur de `Pointcol` ? Peut-il s'appuyer sur l'existence d'un constructeur de `Point` ?

En fait, dans tous les langages, le constructeur de `Pointcol` pourra exploiter l'existence d'un constructeur de `Point`. Cependant, dans certains cas, le mécanisme sera « implicite », alors que, dans d'autres, il devra être « explicité ». Nous conviendrons ici que :

> Le constructeur d'une classe dérivée, s'il existe, doit prendre en charge la construction de la totalité de l'objet, mais il peut appeler le constructeur de la classe de base, en le désignant par le terme `base`.

Voici ce que pourrait être notre constructeur de `Pointcol` :

```
méthode Pointcol (entier x, entier y, entier c)
{ base (x, y)     // appel du constructeur de la classe de base
                  // auquel on fournit les paramètres x et y
  couleur := c
}
```

Voici un petit programme exploitant cette possibilité. Il s'agit d'une adaptation du programme du paragraphe 2, page 264, dans lequel nous avons remplacé les méthodes d'initialisation des classes `Point` et `Pointcol` par des constructeurs.

```
classe Point
{ méthode Point (entier x, entier y) { abs := x ; ord := y }
  méthode déplace (entier dx, entier dy)  { abs := abs + dx ; ord := ord + dy }
```

```
    méthode affiche { écrire «Je suis en », abs, « », ord }
    entier abs, ord
}
classe Pointcol dériveDe Point
{ méthode colore (entier c)
  { couleur := c }
  méthode affichec
  { affiche()
    écrire «  et ma couleur est : »,  couleur
  }
  méthode Pointcol (entier x, entier y, entier c)
  { base (x, y)
    couleur := c
  }
  entier couleur
}

Pointcol pc1, pc2
pc1 := Création Pointcol (3, 5, 3)
pc1.affiche      // attention, ici affiche
pc1.affichec     // et ici affichec
pc2 := Création Pointcol (5, 8, 2)
pc2.affichec
pc2.deplace (1, -3)
pc2.affichec
```

```
Je suis en 3 5
Je suis en 3 5
  et ma couleur est : 3
Je suis en 5 8
  et ma couleur est : 2
Je suis en 6 5
  et ma couleur est : 2
```

Appel du constructeur d'une classe de base dans une classe dérivée

 **Remarques**

1   Avec nos hypothèses (prise en charge de la totalité de la construction de l'objet dérivé par son constructeur), si `Pointcol` ne disposait d'aucun constructeur, aucun constructeur de `Point` ne pourrait être appelé. On notera qu'ici cette contrainte est logique puisqu'on ne voit pas comment on pourrait fournir des paramètres au constructeur de `Point`. Les choses seraient toutefois moins évidentes si `Point` disposait d'un constructeur sans paramètre. Ici, toujours avec nos hypothèses, ce constructeur ne pourrait pas non plus être appelé. Rappelons qu'il ne s'agit que d'une hypothèse qui se trouvera vérifiée dans certains langages et pas dans d'autres (certains pouvant prévoir l'appel automatique d'un constructeur sans paramètre).

2   Ne confondez pas l'appel par super du constructeur de la classe de base avec un appel direct d'un constructeur (lequel, rappelons-le est interdit). Le premier se contente de compléter l'instanciation d'un nouvel objet, alors que le second, s'il était autorisé, appliquerait un constructeur à un objet déjà instancié.

Exercice 12.3 On dispose de la classe Point suivante (disposant cette fois d'un constructeur)

```
classe Point
{ méthode Point (entier x, entier y) { abs := x ; ord := y }
  méthode affCoord { écrire «Coordonnées : », abs, « », ord }
  entier abs, ord
}
```

Écrire une classe PointNom, dérivée de Point, permettant de manipuler des points définis par leurs coordonnées entières et un nom (caractère), et disposant des méthodes suivantes :

- constructeur pour définir les coordonnées et le nom ;

- affCoordNom pour afficher les coordonnées et le nom.

Écrire un petit programme utilisant cette classe.

4 Comparaison entre héritage et composition

Nous venons de voir comment l'héritage permet de réutiliser une classe existante. Mais, comme nous avons pu le montrer dans le chapitre précédent, il en va déjà ainsi avec la relation de composition. Ici, nous vous proposons d'examiner les différences entre ces deux possibilités en les appliquant à une même classe Cercle, définie de deux façons différentes, à savoir :

• d'une part, par héritage d'une classe Point ;

• d'autre part, en utilisant un attribut de type Point, comme nous l'avons fait au paragraphe 1 du chapitre 11, page 239.

Nous supposerons donc que nous disposons de cette classe Point, dotée ici uniquement d'un constructeur et d'une méthode déplace :

```
classe Point
{ méthode Point (entier x, entier y) { abs := x ; ord := y }
  méthode déplace (entier dx, entier dy)  { abs := abs + dx ; ord := ord + dy }
  entier abs, ord
}
```

Créons une classe dérivée nommée Cercled, dotée uniquement d'un constructeur (qui appelle celui de la classe de base pour initialiser les coordonnées du centre) :

```
classe Cercled dériveDe Point
{  méthode Cercled (entier x, entier y, réel r)
     { base (x, y)
       rayon := r
     }
   réel rayon
}
```

Parrallèlement, créons une classe nommée `Cerclec` utilisant un attribut de type `Point` :

```
classe Cerclec
{ méthode Cerclec (entier x, entier y, réel r)
   { centre := Création Point(x, y)
   }
  Point centre
  réel rayon
}
```

On constate qu'ici, entre les deux formes de constructeur possibles (coordonnées du centre, ou objet de type `Point`), nous avons choisi la deuxième.

Considérons un objet de chaque type :

```
Cercled cd
Cerclec cc
cd := Création Cercled (3, 5, 4.5)
cc := Création Cerclec (3, 5, 4.5)
```

La situation peut être schématisée ainsi :

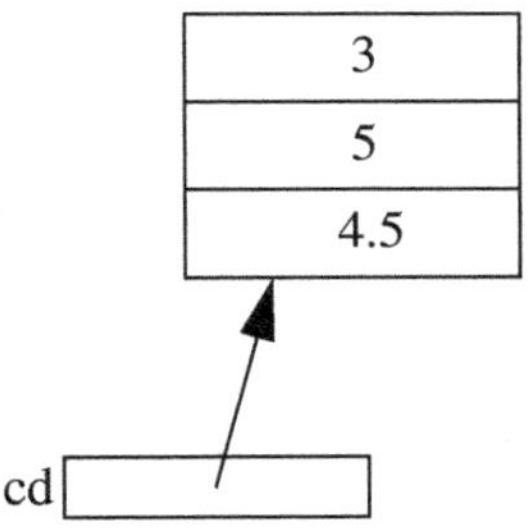

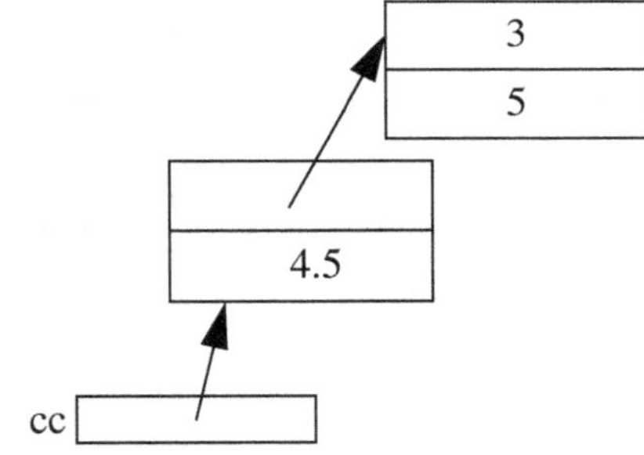

Objet créé par dérivation
Objet créé par composition

Dans le cas de la classe dérivée `Cercled`, on voit qu'on a été amené à ne créer qu'un seul objet renfermant l'ensemble des attributs d'un cercle. En revanche, dans le cas de la classe composée `Cerclec`, on constate qu'on est en présence de relations entre deux objets qui seront plus ou moins « dépendants », suivant la manière dont s'est opérée la construction (ici, on a affaire à une relation de possession).

D'autres différences apparaissent également au niveau de l'utilisation des objets correspondants. À l'objet `cd`, on peut, sans aucun problème appliquer la méthode `déplace`, héritée de sa classe de base :

```
cd.deplace (4, 5)   // OK
```

En revanche, ce n'est plus possible avec `cc` :

```
cc.deplace (4, 5)    // impossible, déplace n'est pas une méthode de Cerclec
```

Il faudrait appliquer cette méthode à l'attribut `cercle` de `cc` (`cc.cercle.depla-ce(...)`), ce qui ici n'est pas possible puisque cet attribut est privé.

Déjà sur cet exemple, on voit apparaître la principale différence entre héritage et composition :

- l'héritage conduit à une relation de type « est » : ici cd est un cercle, mais comme il hérite de Point, c'est aussi un Point et on peut lui appliquer directement les méthode de Point ;

- la composition peut conduire à une relation de type « a » : ici, cc a un centre de type Point, mais ce n'est pas un objet de type Point : on ne peut donc pas lui appliquer les méthodes de la classe Point. On pourrait espérer les appliquer à son centre (de type Point), mais comme l'attribut correspondant est privé, ce n'est pas possible.

Nous verrons que cette relation « est » sera à la base de ce que l'on nomme le polymorphisme.

5 Dérivations successives

Jusqu'ici, nous n'avons raisonné que sur deux classes à la fois et nous parlions généralement de classe de base et de classe dérivée. En fait, comme on peut s'y attendre :

- d'une même classe peuvent être dérivées plusieurs classes différentes ;

- les notions de classe de base et de classe dérivée sont relatives puisqu'une classe dérivée peut, à son tour, servir de classe de base pour une autre.

Autrement dit, on peut très bien rencontrer des situations telles que celle représentée par l'arborescence suivante (ici, les flèches vont de la classe dérivée vers la classe de base ; on pourra rencontrer la situation inverse) :

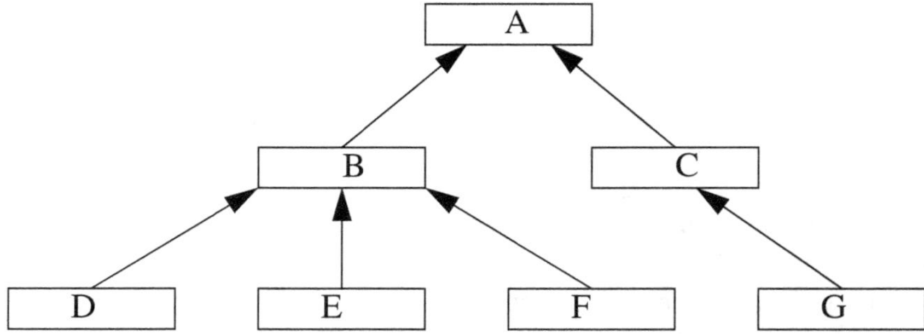

D est dérivée de B, elle-même dérivée de A. On dit souvent que D dérive de A. On dit aussi que D est une sous-classe de A ou que A est une super-classe de D. Parfois, on dit que D est une descendante de A ou encore que A est une ascendante de D. Naturellement, D est aussi une descendante de B. Lorsqu'on a besoin d'être plus précis, on dit alors que D est une descendante directe de B.

Notez que, jusqu'ici, nous sommes partis d'une classe existante, à partir de laquelle nous avons défini une classe dérivée. Mais, dans la « conception » d'un logiciel, il pourra aussi arriver que l'on définisse une classe de base dans le but de regrouper des fonctionnalités communes à d'autres classes (par exemple, ici, A pour B et C).

6 Redéfinition de méthodes

6.1 Introduction

Jusqu'ici, nous avons vu que l'héritage permettait d'ajouter de nouvelles fonctionnalités (méthodes et attributs) à une classe existante, sans remettre en cause l'existant. Nous allons maintenant aborder une autre possibilité très puissante de l'héritage, la redéfinition de méthode : une classe dérivée peut fournir une nouvelle implémentation d'une méthode définie dans une classe ascendante. Nous verrons que cette redéfinition sera à la base même du polymorphisme.

6.2 La notion de redéfinition de méthode

Nous avons vu qu'un objet d'une classe dérivée peut accéder à toutes les méthodes publiques de sa classe de base. Considérons :

```
classe Point
{ .....
   méthode affiche { écrire «Je suis en », abs, « », ord )
   entier abs, ord
}
classe Pointcol dériveDe Point
{ .....    // ici, on suppose qu'aucune méthode ne se nomme affiche
   entier couleur
}
Point p
Pointcol pc
```

L'appel `p.affiche` fournit tout naturellement les coordonnées de l'objet p de type `Point`. L'appel `pc.affiche` fournit également les coordonnées de l'objet pc de type `Pointcol`, mais bien entendu, il n'a aucune raison d'en fournir la couleur.

C'est la raison pour laquelle, dans l'exemple du paragraphe 2.3, page 264, nous avions introduit dans la classe `Pointcol` une méthode `affichec` affichant à la fois les coordonnées et la couleur d'un objet de type `Pointcol`.

Or, manifestement, ces deux méthodes `affiche` et `affichec` font un travail semblable : elles affichent les valeurs des données d'un objet de leur classe. Dans ces conditions, il paraît logique de chercher à leur attribuer le même nom.

Cette possibilité existe dans la plupart des langages objet ; elle se nomme redéfinition de méthode. Elle permet à une classe dérivée de redéfinir une méthode de sa classe de base, en en proposant une nouvelle définition.

Nous pouvons donc définir dans `Pointcol` une méthode `affiche` reprenant la définition actuelle de `affichec`. Comme les coordonnées de la classe `Point` sont encapsulées et que cette dernière ne dispose pas de méthode d'accès, nous devons utiliser dans cette méthode `affiche` de `Pointcol` la méthode `affiche` de `Point`. Dans ce cas, un petit problème se pose ; en effet, nous pourrions être tentés d'écrire ainsi notre nouvelle méthode (en changeant simplement l'en-tête `affichec` en `affiche`) :

```
classe Pointol dériveDe Point
{ méthode affiche
  { affiche
    écrire «   et ma couleur est », couleur
  }
  .....
}
```

Or, l'appel `affiche` provoquerait un appel de... cette même méthode `affiche` de `Pointcol`, lequel provoquerait à son tour un appel de cette même méthode. Nous serions en présence d'appels récursifs qui, ici, ne se termineraient jamais. Il faut donc préciser qu'on souhaite appeler non pas la méthode `affiche` de la classe `Pointcol`, mais la méthode `affiche` de sa classe de base. Nous conviendrons de noter cela à l'aide du mot `base`, déjà rencontré :

```
méthode affiche
{ base.affiche          // appel de la méthode affiche de la classe de base
  écrire «   et ma couleur est », couleur
}
```

Dans ces conditions, l'appel `pc.affiche` entraînera bien l'appel de `affiche` de `Pointcol`, laquelle, comme nous l'espérons, appellera `affiche` de `Point`, avant d'afficher la couleur.

Voici un exemple complet de programme illustrant cette possibilité :

```
classe Point
{ méthode Point (entier x, entier y)
  { abs := x ; ord := y }
  méthode déplace (entier dx, entier dy)
  { abs := abs + dx ; ord := ord + dy }
  méthode affiche
  { écrire «Je suis en », abs, « », ord }
  entier abs, ord
}
classe Pointcol dériveDe Point
{ méthode Pointcol (entier x, entier y, entier c)
  { base (x, y)
    couleur := c
  }
  méthode affiche
  { base.affiche
    écrire «   et ma couleur est : », couleur
  }
  entier couleur
}
Pointcol pc
pc := Création (Pointcol(3, 5, 3)
```

```
pc.affiche     // ici, il s'agit de affiche de Pointcol
pc.deplace (1, -3)
pc.affiche()


Je suis en 3 5
  et ma couleur est : 3
Je suis en 4 2
  et ma couleur est : 3
```

Exemple de redéfinition de la méthode affiche *dans une classe dérivée* Pointcol

Remarques

1   Une redéfinition de méthode n'entraîne pas nécessairement comme ici l'appel par base de la méthode correspondante de la classe de base.

2   Notez bien que la redéfinition d'une méthode ne concerne que les objets d'une classe dérivée. Les objets de la classe de base continuent à utiliser la méthode d'origine.

6.3 La redéfinition d'une manière générale

Ici, nous avons considéré un exemple simple : la méthode affiche ne possédait aucun paramètre et aucun résultat. Examinons maintenant des situations plus générales :

```
classe Point
{ .....
  méthode déplace (entier dx, entier dy) { ..... }
  .....
}
classe Pointcol dériveDe Point
{ .....
  méthode déplace (entier dx, entier dy) { ..... }
  .....
}
```

Ici, la méthode déplace de Pointcol redéfinit la méthode parente. Elle est tout naturellement utilisée pour un objet de ce type, mais pas pour un objet de type Point :

```
Point p
Pointcol pc
  .....
p.déplace (3, 5)    // appelle la méthode déplace de Point
pc.déplace (4, 8)   // appelle la méthode déplace de Pointcol
```

En revanche, considérons cette situation (sans trop nous interroger sur la signifcation du déplacement d'un point coloré !) :

```
classe Point
{ .....
  méthode déplace (entier dx, entier dy) { ..... }
  .....
}
```

```
classe Pointcol dériveDe Point
{ .....
  méthode déplace (entier dx, entier dy, entier dc) { ..... }
  .....
}
Pointcol pc
pc.déplace (3, 5)     // méthode appelée ?
```

Cette fois, l'instruction `pc.déplace(3, 5)` ne peut plus appeler la méthode `déplace` de `Pointcol` puisqu'elle ne prévoit pas le bon nombre de paramètres. On peut alors se demander si elle va appeler la méthode déplace de `Point`. Autrement dit, `Pointcol` dispose-t-elle de deux méthodes `déplace` (comme si l'on avait affaire à une surdéfinition). La réponse va malheureusement dépendre du langage concerné et elle tient à la manière dont ce langage va faire cohabiter ces notions (différentes) de :

- surdéfinition : plusieurs méthodes accessibles, identifiées par leur signature (revoyez éventuellement le paragraphe 4.6 du chapitre 8, page 168) ;

- redéfinition : une seule méthode accessible à un objet de type donné : une redéfinition masque une méthode de même nom d'un ascendant...

Ici, nous ne chercherons pas à examiner de telles situations en détail (ce qui peut devenir très complexe, et parfois un peu éloigné d'une bonne pratique de la programmation orientée objet). Nous nous contenterons simplement de définir précisément ce qu'est la situation de redéfinition (laquelle, encore une fois, sera fondamentale dans la mise en œuvre du polymorphisme), en convenant que :

> Pour qu'il y ait redéfinition d'une méthode d'une classe par une classe dérivée, il faut que la méthode possède la même signature (nom de fonction et type des paramètres) et le même type de résultat dans la classe dérivée que dans la classe de base.

 **Remarque**

Nous verrons plus loin que certains langages autorisent une dérogation à cette règle, dans le cas de ce que l'on nomme des valeurs de retour covariantes.

6.4 Redéfinition de méthode et dérivations successives

Comme nous l'avons dit au paragraphe 5, page 270, on peut rencontrer des arborescences d'héritage aussi complexes qu'on le veut. Comme on peut s'y attendre, la redéfinition d'une méthode s'applique à une classe et à toutes ses descendantes jusqu'à ce qu'éventuellement l'une d'entre elles redéfinisse à nouveau la méthode. Considérons par exemple l'arborescence suivante, dans laquelle la présence d'un astérisque (*) signale la définition ou la redéfinition d'une méthode m :

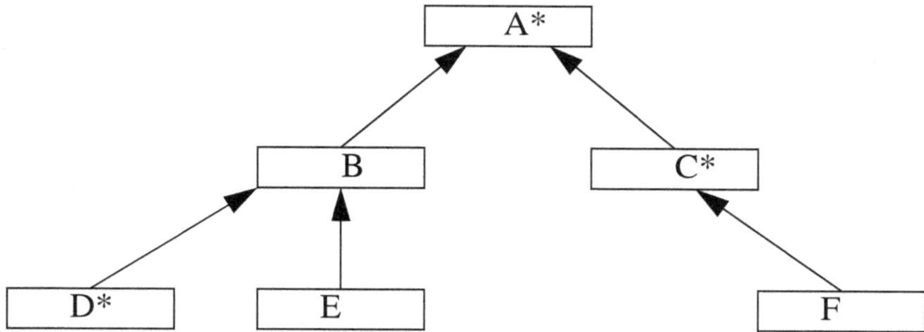

Dans ces conditions, l'appel de la méthode *m* conduira, pour chaque classe, à l'appel de la méthode indiquée en regard :

classe A : méthode m de A,

classe B : méthode m de A,

classe C : méthode m de C,

classe D : méthode m de D,

classe E : méthode m de A,

classe F : méthode m de C.

Exercice 12.4 On dispose de la classe suivante :

```
classe Point
{ méthode Point (entier x, entier y) { abs := x ; ord := y }
  méthode affiche { écrire «Coordonnées : », abs, « », ord }
  entier abs, ord
}
```

Écrire une classe nommée PointNom, dérivée de Point, permettant de manipuler des points définis par leurs coordonnées et un nom (caractère), disposant des méthodes suivantes :

- constructeur pour définir les coordonnées et le nom ;

- affiche pour afficher les coordonnées et le nom.

---

7 Héritage et droits d'accès

Nous avons déjà vu que la plupart des langages permettaient de s'affranchir plus ou moins du principe d'encapsulation en déclarant des attributs publics. Souvent, il est également possible de privilégier les classes dérivées par rapport aux autres, en permettant à leurs méthodes d'accéder à des attributs théoriquement encapsulés. La plupart du temps, cette « gestion » des droits d'accès se fait à l'aide d'un statut intermédiaire (nommé souvent protégé) entre le statut public et le statut privé Les membres protégés de la classe de base :

- sont accessibles aux méthodes de la classe dérivée (comme s'ils étaient publics) et non accessibles aux objets de cette classe (comme s'ils étaient privés) ;
- conservent leur statut protégé dans les classes dérivées.

Certains langages permettent également de réduire les droits d'accès au moment de la définition de la classe dérivée (voir la rubrique « Côté langages » à la fin de ce chapitre).

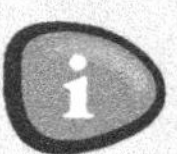

Côté langages

Comparons C++, Java, C#, PHP et Python, sur le plan de la syntaxe de la dérivation, de la gestion des constructeurs et des critères de redéfinition.

Syntaxe de la dérivation et droits d'accès

C#

Les membres d'une classe disposent de trois statuts : `private`, `protected` et `public`. Le statut `protected` correspond au statut protégé qui a été présenté précédemment. C# dispose également d'un statut `internal`, concernant les classes d'un même fichier. Les dérivations se notent ainsi :

```
class B : A
```

Java

Les membres d'une classe disposent également de trois statuts : `private`, `protected` et `public`. Mais, curieusement, le statut `protected` s'applique non seulement aux classes dérivées, mais aussi à toutes les classes d'un même ensemble nommé « paquetage ». Cette confusion lui fait perdre de l'intérêt et, en pratique, il est peu utilisé. Les dérivations se notent ainsi :

```
class B extends A
```

PHP

Là encore, les membres d'une classe disposent des trois statuts : `private`, `protected` et `public`. Le statut `protected` ne concerne que les classes dérivées. Les dérivations se notent ainsi :

```
class Pointcol extends Point
```

Python

Nous avons vu que les membres d'une classe ne pouvaient être que publics (par défaut) ou privés (pour ceux dont le nom commence par __). Tout naturellement, seuls les membres privés de la classe de base sont accessibles à la classe dérivée. Les dérivations se notent ainsi :

```
class Pointcol (Point) :
```

C++

Les membres d'une classe disposent de trois statuts : `private`, `protected` et `public`. Le statut `protected` correspond au statut `protégé` présenté précédemment. Mais les dérivations peuvent être également `public`, `protected` ou `private` (ce qui fait 9 combinaisons possibles pour un membre donné). Le premier mode de dérivation (`public`) correspond à ce qui a été présenté dans ce chapitre ; les autres vont dans le sens d'une réduction des droits d'accès de la classe dérivée.

La dérivation s'écrit comme dans cet exemple :

```
class Pointcol : public Point    // ici Pointcol dérive «publiquement» de Point
```

Gestion des constructeurs

En Java et en Python, le constructeur de l'objet dérivé prend en charge l'ensemble de sa construction, mais il peut appeler le constructeur de la classe de base par `super (...)` en Java ou par `NomClasseBase.__init__ (...)` en Python.

PHP fonctionne comme Java, mais l'appel du constructeur de la classe de base est « préfixé » par `parent` :

```
public function __construct (x, y, c)
{ parent::__construct (x, y)    // appel du constructeur de la classe de base
  .....
}
```

En C++, la construction d'un objet d'une classe dérivée entraîne automatiquement l'appel du constructeur de la classe de base. S'il est nécessaire de lui communiquer des paramètres, il existe une syntaxe particulière de l'en-tête du constructeur de la classe dérivée comme dans :

```
Pointcol (int x, int y, int c) : Point (x, y)    // constructeur de Pointcol
{ ..... }
```

C# fonctionnne comme C++, en remplaçant simplement le nom du constructeur de la classe de base par `base` :

```
Pointcol (int x, int y, int c) : base (x, y)    // constructeur de Pointcol
{ ..... }
```

Redéfinition de méthodes

Elle se déroule comme nous l'avons indiqué. Toutefois, en C#, il est nécessaire d'ajouter le terme `new` dans l'en-tête de la méthode pour indiquer au compilateur qu'il s'agit effectivement d'une « nouvelle définition ». Cette contrainte évite de redéfinir une méthode par erreur.

 **Exemples langages**

Voici, écrit en Java, C#, C++, PHP et Python, l'exemple de programme du paragraphe 6.2, page 271.

Java

```java
class Point
{ public Point (int x, int y) { this.x = x ; this.y = y ; }
  public void deplace (int dx, int dy) { x += dx ; y += dy ; }
  public void affiche () { System.out.println ("Je suis en " + x + " " + y) ; }
  private int x, y ;
}
class Pointcol extends Point
{ public Pointcol (int x, int y, int couleur)
  { super (x, y) ;              // obligatoirement comme première instruction
    this.couleur = couleur ;
  }
  public void affiche ()
  { super.affiche() ;  System.out.println (" et ma couleur est : " + couleur) ; }
  private int couleur ;
}
public class TstPcol
{ public static void main (String args[])
  { Pointcol pc = new Pointcol(3, 5, (byte)3) ;
    pc.affiche() ;  // ici, il s'agit de affiche de Pointcol
    pc.deplace (1, -3) ;  // et deplace de Point
    pc.affiche() ;
  }
}
```

```
Je suis en 3 5
  et ma couleur est : 3
Je suis en 4 2
  et ma couleur est : 3
```

C#

```csharp
using System;
public class TstPcol
{ public static void Main()
  { Pointcol pc = new Pointcol(3, 5, 3) ;
    pc.affiche() ;  // ici, il s'agit de affiche de Pointcol
    pc.deplace (1, -3) ;   // et de deplace de Point
    pc.affiche() ;
  }
}
```

```
class Point
{ public Point (int x, int y) { abs = x ; ord = y ; }
  public void deplace (int dx, int dy) { abs += dx ; ord += dy ;  }
  public void affiche ()
  { System.Console.WriteLine ("Je suis en " + abs + " " + ord) ;
  }
  private int abs, ord ;
}
class Pointcol : Point
{ public Pointcol (int x, int y, int c) : base (x, y)
  {  couleur = c ;  }
  new public void affiche ()    // new pour indiquer qu'il s'agit d'une redéfinition
  { base.affiche() ;
    System.Console.WriteLine ("  et ma couleur est : " + couleur) ;
  }
  private int couleur ;
}
```

```
Je suis en 3 5
  et ma couleur est : 3
Je suis en 4 2
  et ma couleur est : 3
```

C++

```
#include <iostream>
using namespace std ;
    // déclaration classe point
class point
{ public :
    point (int , int) ;
    void deplace (int, int) ;
    void affiche () ;
  private :
    int abs, ord ;
} ;
    // déclaration classe pointcol
class pointcol : public point
{ public :
    pointcol (int, int, int) ;
    void affiche () ;
  private :
   int couleur ;
} ;
```

```
        // définition des méthodes de point
point::point (int x, int y) { abs = x ;   ord = y ; }
void point::affiche ()
{ cout << "Je suis un point de coordonnées " << abs << " " << ord << "\n" ;
}
void point::deplace (int dx, int dy) { abs += dx ; ord += dy ; }
      // définition des méthodes de pointcol
pointcol::pointcol (int x, int y, int c) : point (x, y) { couleur = c ; }
void pointcol::affiche ()
{ point::affiche () ;  cout << "   et ma couleur est " << couleur << "\n" ; }
         // fonction principale
int main()
{  pointcol pc(3, 5, 3) ;
   pc.affiche() ;  // ici, il s'agit de affiche de Pointcol
   pc.deplace (1, -3) ;  // et deplace de Point
   pc.affiche() ;
}
```

```
Je suis un point de coordonnées 3 5
   et ma couleur est 3
Je suis un point de coordonnées 4 2
   et ma couleur est 3
```

PHP

```php
<?php
   // programme principal
$pc = new pointcol (3, 5, 3) ;
$pc->affiche() ;
$pc->deplace (1, -3) ;
$pc->affiche() ;
   // définition de la classe point
class point
{ function __construct ($x, $y) { $this->abs = $x ;  $this->ord = $y ; }
  function deplace ($dx, $dy)   { $this->abs += $dx ;  $this->ord += $dy ; }
  function affiche() { echo "Je suis en ", $this->abs, " ", $this->ord, "<br>" ; }
  private $abs, $ord ;
}
   // définition de la classe pointcol
class pointcol extends point
{ function __construct ($x, $y, $c)
  { parent::__construct ($x, $y) ;  // attention à la syntaxe "::"
    $this->couleur = $c ;
  }
```

```
   function affiche()
   { parent::affiche() ;
     echo " et ma couleur est : ", $this->couleur, "<br>" ;
   }
   private $couleur ;
}
?>
```

```
Je suis en 3 5
et ma couleur est : 3
Je suis en 4 2
et ma couleur est : 3
```

Python

```python
class Point :
  def __init__ (self, x, y) :
      self.__x = x ; self.__y = y
  def deplace (self, dx, dy) :
      self.__x += dx ; self.__y += dy
  def affiche (self) :
      print ("Je suis en ", self.__x, " ", self.__y)
class Pointcol (Point) :
  def __init__ (self, x, y, couleur) :
      Point.__init__ (self, x, y) ;
      self.__couleur = couleur
  def affiche (self) :
      Point.affiche(self) ;  print ("  et ma couleur est : ", self.__couleur)

pc = Pointcol(3, 5, 3)
pc.affiche()         ## ici, il s'agit de affiche de Pointcol
pc.deplace (1, -3)   ## et deplace de Point
pc.affiche()
```

```
Je suis en  3   5
   et ma couleur est :  3
Je suis en  4   2
   et ma couleur est :  3
```

13

Le polymorphisme

Comme nous avons déjà eu l'ocasion de le laisser entendre, le polymorphisme est un concept très puissant de la programmation orientée objet qui complète l'héritage. Il permet de manipuler des objets sans en connaître (tout à fait) le type. Par exemple, on pourra construire un tableau d'objets (donc en fait de références à des objets), les uns étant de type `Point`, les autres étant de type `Pointcol` (dérivé de `Point`) et appeler la méthode `affiche` pour chacun des objets du tableau. Chaque objet réagira en fonction de son propre type.

Mais il ne s'agira pas de traiter ainsi n'importe quel objet. Nous montrerons que le polymorphisme exploite la relation « est » induite par l'héritage en appliquant la règle suivante : un point coloré est aussi un point, on peut donc bien le traiter comme un point, la réciproque étant bien sûr fausse.

Nous allons commencer par présenter les deux notions de base du polymorphisme que sont la compatibilité par affectation et la ligature dynamique. Nous en examinerons ensuite les conséquences dans différentes situations. Nous verrons enfin quelles sont les limites de ce polymorphisme, ce qui nous amènera, au passage, à parler de valeurs de retour covariantes.

1 Les bases du polymorphisme

Nous allons tout d'abord éxaminer ce qui constitue les deux fondements du polymorphisme, à savoir :

- la compatibilité par affectation ;
- la ligature dynamique.

1.1 Compatibilité par affectation

Considérons cette situation dans laquelle les classes `Point` et `Pointcol` sont censées disposer chacune d'une méthode `affiche`, ainsi que des constructeurs habituels (respectivement à deux et trois paramètres) :

```
classe Point
{ méthode Point (entier x, entier y) { ..... }
  méthode affiche { ..... }
}
classe Pointcol dériveDe Point
{ méthode Pointcol (entier x, entier y, entier c)
  méthode affiche { ..... }
}
```

Avec ces instructions :

```
Point p ;
p := Création Point (3, 5)
```

on aboutit tout naturellement à cette situation :

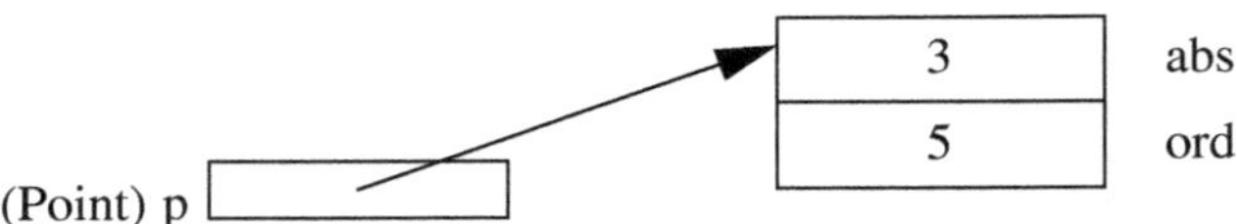

Mais, il est également permis d'affecter à p, non seulement la référence à un objet de type `Point`, mais aussi celle d'un objet de type `Pointcol` :

```
p = Création (Pointcol (4, 8, 2)     // p de type Point contient la référence
                                     //    à un objet de type Pointcol
```

La situation correspondante est la suivante :

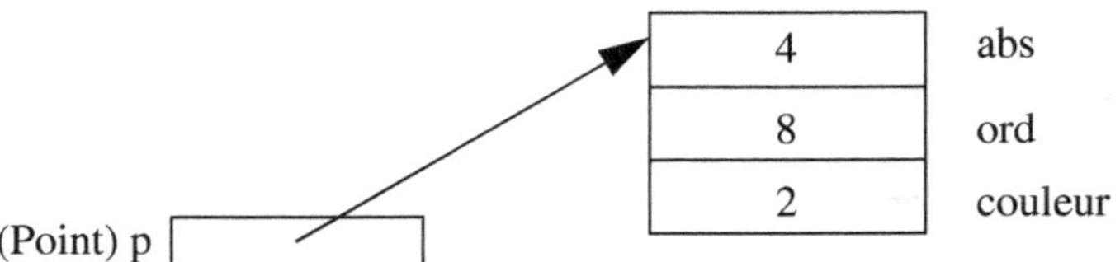

En revanche, l'affectation inverse serait illégale :

```
Pointcol pc
     .....
pc := Création (Point (...))     // illégal
```

D'une manière générale :

> On peut affecter à une variable objet non seulement la référence à un objet du type correspondant, mais aussi une référence à un objet d'un type dérivé.

On parle souvent de « compatibilité par affectation » entre un type classe et un type ascendant. Notez que les affectations légales sont celles qui exploitent la relation « est » induite par l'héritage ; ici, on peut dire qu'un point coloré est un point, mais on ne peut pas dire qu'un point est un point coloré. Nous allons voir maintenant comment la ligature dynamique permet d'aller plus loin dans l'exploitation de cette relation, en aurorisant d'appliquer à un point coloré les opérations applicables à un point.

1.2 La ligature dynamique

Considérons maintenant ces instructions :

```
Point p
p := Création Point (3, 5)
p.affiche           // appelle la méthode affiche de la classe Point
p := Création Poincol (4, 8, 2)
p.affiche           // appelle la méthode affiche de la classe Pointcol
```

Dans la dernière instruction, la variable p est de type Point, alors que l'objet référencé par p est de type Pointcol. L'instruction p.affiche appelle alors la méthode affiche de la classe Pointcol. Autrement dit, elle se fonde, non pas sur le type de la variable p, mais bel et bien sur le type effectif de l'objet référencé par p au moment de l'appel (ce type pouvant évoluer au fil de l'exécution). Ce choix d'une méthode au moment de l'exécution, basé sur la nature exacte de l'objet référencé porte généralement le nom de ligature dynamique (ou encore de liaison dynamique).

1.3 En résumé

En résumé, le polymorphisme se traduit par :

* la compatibilité par affectation entre un type classe et un type ascendant ;

* la ligature dynamique des méthodes.

Le polymorphisme permet d'obtenir un comportement adapté à chaque type d'objet, sans avoir besoin de tester sa nature de quelque façon que ce soit. La richesse de cette technique amène parfois à dire que l'instruction si est à la POO ce que l'instruction goto est à la programmation structurée (voir remarque ci-après). Autrement dit, le bon usage de la POO (et du polymorphisme) permet parfois d'éviter des instructions de test, de même que le bon usage de la programmation structurée permettait d'éviter l'instruction goto.

 **Remarque**

Ce que nous avons nommé « programmation procédurale », basée sur l'utilisation des procédures et des structures fondamentales (choix et répétitions), s'est aussi appelé « programmation structurée ». Avant la généralisation de ce type de programmation, certains langages utilisaient des instructions de branchement conditionnel ou inconditionnel, désignés souvent par goto.

1.4 Cas de la gestion par valeur

Comme on l'a vu, le polylorphisme se fonde sur des références, en distinguant la nature de la référence d'une part, celle de l'objet référencé d'autre part. Dans les langages gérant les objets par valeur, le polymorphisme n'existe plus vraiment. Certes, on y trouve une compatibilité d'affectation, laquelle recopie simplement une partie d'un des objets dans l'autre :

```
Point p (3, 8)
Pointcol pc (4, 9, 3)
    .....
p := pc    // autorisé : recopie seulement les attributs abs et ord de pc dans p
pc := p    // interdit
```

Quant à la ligature dynamique, elle n'a plus d'existence possible : quoi qu'il arrive, ici, p désignera toujours un objet de type `Point` et pc un objet de type `Pointcol`. Autrement dit, `p.affiche` appellera toujours la méthode `affiche` de la classe `Point`.

 **Remarque**

Lorsqu'un langage gère les objets par valeur, il ne s'agit généralement que d'une option par défaut qui se trouve complétée par un mécanisme de gestion par référence qu'il suffit alors de mettre convenablement en œuvre pour retrouver les possibilités du polymorphisme (voyez les rubriques « Côté langages » et « Exemples langages » de ce chapitre.

1.5 Exemple 1

Voici un premier exemple intégrant les situations exposées ci-dessus dans un programme complet :

```
Point p
Pointcol pc
p := Création Point (3, 5)
p.affiche       // appelle affiche de Point
pc := Création Pointcol (4, 8, 2)
p := pc         // p de type Point, référence un objet de type Pointcol
p.affiche       // on appelle affiche de Pointcol
p := Création Point (5, 7)  // p référence a nouveau un objet de type Point
p.affiche       // on appelle affiche de Point

classe Point
{ méthode Point (entier x, entier y)
  { abs := x ; ord := y
  }
  méthode déplace (entier dx, entier dy)
  { abs := abs + dx ; ord :=ord + dy
  }
  méthode affiche
  { écrire «Je suis en », abs, « », ord
  }
  entier abs, ord
}
```

```
classs Pointcol dériveDe Point
{ méthode Pointcol (entier x, entier y, entier c)
  { base (x, y)
    couleur := c
  }
  méthode affiche
  { base.affiche
    écrire «   et ma couleur est : », couleur
  }
  entier couleur
}
```

```
Je suis en 3 5
Je suis en 4 8
  et ma couleur est : 2
Je suis en 5 7
```

Exemple de polymorphisme appliqué aux classes Point *et* Pointcol

1.6 Exemple 2

Voici un second exemple de programme complet dans lequel nous exploitons les possibilités de polymorphisme pour créer un tableau « hétérogène » d'objets, c'est-à-dire dans lequel les éléments peuvent être de type différent.

```
tableau Point [4] tabPts
entier i
tabPts [1] := Création Point (0, 2)
tabPts [2] := Création Pointcol (1, 5, 3)
tabPts [3] := Création Pointcol (2, 8, 9)
tabPts [4] := Création Point (1, 2)
répéter pour i := 1 à 4
    tabPts[i].affiche()

classe Point
{ méthode Point (entier x, entier y)
  { abs := x
    ord := y
  }
  méthode affiche
  { écrire «Je suis en : », abs, « », ord
  }
  entier abs, ord
}
classe Pointcol dériveDe Point
{ méthode Pointcol (entier x, entier y, entier c)
  { base (x, y)
    couleur := c
  }
}
```

```
méthode affiche
{ base.affiche
  écrire «  et ma couleur est : », couleur
}
entier couleur
}
```

```
Je suis en 0 2
Je suis en 1 5
  et ma couleur est : 3
Je suis en 2 8
  et ma couleur est : 9
Je suis en 1 2
```

Exemple d'utilisation du polymorphisme pour manipuler un tableau « hétérogène » d'objets

2 Généralisation à plusieurs classes

Nous venons de vous exposer les fondements du polymorphisme en ne considérant que deux classes. Mais il va de soi qu'ils se généralisent à une hiérarchie quelconque. Considérons à nouveau la hiérarchie de classes présentée au paragraphe 6.4 du chapitre 12, page 274, dans laquelle seules les classes marquées d'un astérisque définissent ou redéfinissent la méthode m :

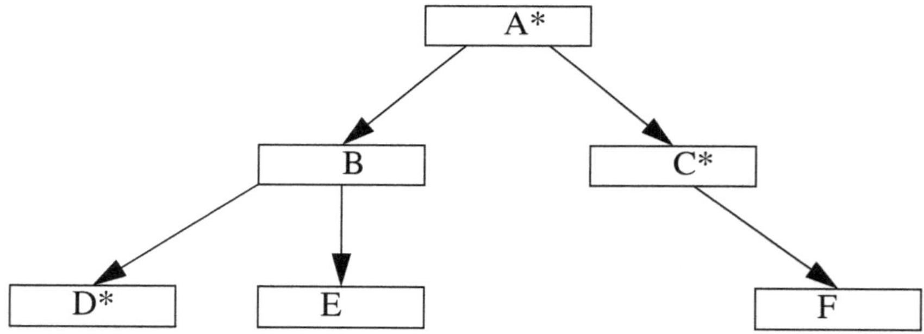

Avec ces déclarations :

```
A a ; B b ; C c ; D d ; E e ; F f ;
```

les affectations suivantes sont légales :

```
a := b ; a := c ; a := d ; a := e ; a := f ;
b := d ; b := e ;
c := f ;
```

En revanche, celles-ci ne le sont pas :

```
b := a ;    // erreur : A ne descend pas de B
d := c ;    // erreur : C ne descend pas de D
c := d ;    // erreur : D ne descend pas de C
```

Voici quelques exemples précisant la méthode m appelée par l'instruction a.m, selon la nature de l'objet effectivement référencé par a (de type A) :

* a référence un objet de type A : méthode m de A ;
* a référence un objet de type B : méthode m de A ;
* a référence un objet de type C : méthode m de C ;
* a référence un objet de type D : méthode m de D ;
* a référence un objet de type E : méthode m de A ;
* a référence un objet de type F : méthode m de C.

Voici quelques autres exemples correspondant cette fois à l'appel b.m :

* b référence un objet de type B : méthode m de A ;
* b référence un objet de type D : méthode m de D ;
* b référence un objet de type E : méthode m de A.

 **Remarque**

Cet exemple est très proche de celui présenté au paragraphe 6.4 du chapitre 12, page 274 à propos de la redéfinition d'une méthode. Mais ici, la variable contenant la référence à un objet de l'une des classes est toujours de type A, alors que, auparavant, elle était du type de l'objet référencé. En fait, cet ancien exemple peut être considéré comme un cas particulier de l'exemple actuel.

3 Autre situation où l'on exploite le polymorphisme

Dans les exemples précédents, les méthodes affiche de Point et de Pointcol se contentaient d'afficher les valeurs des attributs concernés, sans préciser la nature exacte de l'objet. Nous pourrions par exemple souhaiter que l'information se présente ainsi pour un objet de type Point :

```
Je suis un point
   Mes coordonnees sont : 0 2
```

et ainsi pour un objet de type Pointcol :

```
Je suis un point colore de couleur 3
   Mes coordonnees sont : 1 5
```

On peut considérer que l'information affichée par chaque classe se décompose en deux parties : une première partie spécifique à la classe dérivée (ici Pointcol), une seconde partie commune correspondant à la partie héritée de Point : les valeurs des coordonnées. D'une manière générale, ce point de vue pourrait s'appliquer à toute classe descendant de Point. Dans ces conditions, plutôt que de laisser chaque classe descendant de Point redéfinir la méthode affiche, on peut définir la méthode affiche de la classe Point de manière qu'elle :

- affiche les coordonnées (action commune à toutes les classes) ;
- fasse appel à une autre méthode (nommée par exemple identifie) ayant pour vocation d'afficher les informations spécifiques à chaque objet. Ce faisant, nous supposons que chaque descendante de Point redéfinira identifie de façon appropriée (mais elle n'aura plus à prendre en charge l'affichage des coordonnées).

Cette démarche nous conduit à définir la classe Point de la façon suivante :

```
class Point
{ méthode Point (int x, int y) { abs := x ; ord := y }
  méthode affiche
   { identifie
     écrire «  Mes coordonnees sont : », x, « », y
   }
  méthode identifie
   { écrire «Je suis un point »
   }
  entier abs, ord
}
```

Dérivons une classe Pointcol en redéfinissant de façon appropriée la méthode identifie :

```
classe Pointcol dériveDe Point
{ méthode Pointcol (entier x, entier y, entier c)
   { base (x, y)
     couleur := c
   }
  méthode identifie
   { écrire «Je suis un point coloré de couleur », couleur
   }
  entier couleur
}
```

Considérons alors ces instructions :

```
Pointcol pc
pc := Création Pointcol (8, 6, 2)
pc.affiche
```

L'instruction pc.affiche entraîne l'appel de la méthode affiche de la classe Point (puisque cette méthode n'a pas été redéfinie dans Pointcol). Mais dans la méthode affiche de Point, l'instruction identifie appelle la méthode identifie de la classe correspondant à l'objet effectivement concerné (autrement dit, celui de référence courant). Comme ici, il s'agit d'un objet de type Pointcol, il y aura bien appel de la méthode identifie de Pointcol.

La même analyse s'appliquerait à la situation :

```
Point p
p = Création Pointcol (8, 6, 2)
p.affiche
```

Là encore, c'est le type de l'objet référencé par p qui interviendra dans le choix de la méthode affiche.

Voici un programme complet reprenant les définitions des classes Point et Pointcol utilisant le même programme que l'exemple du paragraphe 1 pour gérer un tableau hétérogène :

```
tableau Point [4] tabPts
tabPts [1] := Création Point (0, 2)
tabPts [2] := Création Pointcol (1, 5, 3)
tabPts [3] := Création Pointcol (2, 8,9)
tabPts [4] := Création Point (1, 2)
entier i
répéter pour i := 1 à 4
    tabPts[i].affiche

classe Point
{ méthode Point (entier x, entier y)
  { abs := x ; ord := y }
  méthode affiche
  { identifie
    écrire «  Mes coordonnées sont : », abs, « », ord
  }
  méthode identifie
  { écrire «Je suis un point »
  }
  entier abs, ord
}
classe Pointcol dériveDe Point
{ méthode Pointcol (entier x, entier y, entier c)
  { base (x, y) ;
    couleur := c
  }
  méthode identifie
  { écrire «Je suis un point coloré de couleur », couleur
  }
  entier couleur
}

Je suis un point
  Mes coordonnées sont : 0 2
Je suis un point coloré de couleur 3
  Mes coordonnées sont : 1 5
Je suis un point coloré de couleur 9
  Mes coordonnées sont : 2 8
Je suis un point
  Mes coordonnées sont : 1 2
```

Une autre situation où l'on exploite le polymorphisme

 **Remarque**

Cet exemple pourrait se généraliser facilement à plusieurs classes dérivées de `Point`. En revanche, les choses seraient moins claires en ce qui concerne la généralisation à des classes dérivées de `Pointcol`. Quoi qu'il en soit, il faut surtout considérer que l'on a affaire ici à un « exemple d'école » présentant un appel d'une méthode qui n'est pas encore définie. Nous verrons d'ailleurs que les classes abstraites et les interfaces permettront de formaliser cet aspect.

4 Limites de l'héritage et du polymorphisme

Comme nous venons de le voir, le polymorphisme se fonde sur la redéfinition des méthodes. Par exemple, `p.affiche` appelle la méthode `affiche` de `Point` ou la méthode `affiche` de `Pointcol`. Mais, nous avions fait appel à des exemples simples et relativement intuitifs. Comme nous l'avons indiqué au paragraphe 6 du chapitre 12, page 271, cette redéfinition utilise la signature de la méthode concernée et, en particulier, dans certains langages, elles peut interférer avec la notion de surdéfinition et aboutir ainsi à des situations parfois très complexes (dont on a toutefois rarement besoin pour faire du « bon polymorphisme » !). Sans entrer dans ces détails, nous allons quant même attirer votre attention sur deux points :

- les limitations du polymorphisme : nous vous présenterons une situation dans laquelle on aurait aimé qu'il s'applique ;
- l'existence de ce que l'on nomme dans certains langages des « valeurs de retour covariantes».

4.1 Les limitations du polymorphisme

Nous avons vu que le polymorphisme se base à la fois sur le type de la référence concernée et sur celui de l'objet référencé. Revenons sur le rôle exact de chacun de ces éléments :

- le type de la référence définit la signature de la méthode à appeler et le type de son résultat ;
- le type de l'objet référencé provoque la recherche (en remontant éventuellement dans la « hiérarchie d'héritage ») d'une méthode ayant la signature et le type de résultat voulus.

Cela peut vous paraître quasi évident maintenant. Pourtant, considérez la situation suivante dans laquelle :

- la classe `Point` dispose d'une méthode `identique` fournissant la valeur `vrai` lorsque le point fourni en paramètre a les mêmes coordonnées que le point courant :

      Point p1, p2
         .....
      p1.identique(p2)   // vrai si p1 et p2 ont mêmes coordonnées

- la classe `Pointcol`, dérivée de `Point`, définit une autre méthode nommée `identique` pour prendre en compte non seulement l'égalité des coordonnées, mais aussi celle de la couleur :

```
Pointcol pc1, pc2
   .....
pc1.identique(pc2)    // vrai si pc1 et pc2 ont mêmes coordonnées et même couleur
```

Soient alors ces déclarations :

```
Point p1, p2
p1 := Création Pointcol (1, 2, 5)
p2 := Création Pointcol (1, 2, 8)
```

Considérons cette expression :

```
p1.identique(p2) // est vrai
```

Elle a pour valeur `vrai` alors que nos deux points colorés n'ont pas la même couleur.

L'explication réside tout simplement dans la bonne application des règles relatives au polymorphisme. En effet, à la rencontre de cette expression `p1.identique(p2)`, on se fonde sur le type de `p1` pour en déduire que l'en-tête de la méthode `identique` à appeler est de la forme `booléen identique (Point)`. La ligature dynamique tient compte du type de l'objet réellement référencé par `p1` (ici `Pointcol`) pour définir la classe à partir de laquelle se fera la recherche de la méthode voulue. Mais comme dans `Pointcol`, la méthode `identique` n'a pas la signature voulue, on poursuit la recherche dans les classes ascendantes et, finalement, on utilise la méthode `identifie` de `Point`. D'où le résultat constaté.

Bien entendu, ici, la méthode `identifie` de `Pointcol` n'était pas une redéfinition de la méhtode identifie de `Point`. Mais, l'aviez-vous remarqué ?

4.2 Valeurs de retour covariantes

Dans l'exemple précédent, nous aurions souhaité obtenir un certain comportement qui, en fait, n'entrait pas dans le cadre du polymorphisme.

Considérons maintenant une classe `Point`, dotée d'une méthode de copie nommée `clone`, fournissant en résultat une référence sur un objet de type `Point` :

```
classe Point
{ Point méthode clone
  { Point p
     .....
    retourne p
  }
   .....
}
```

Considérons la classe `Pointcol`, dotée d'une méthode similaire :

```
classe Pointcol dériveDe Point
{ Pointcol méthode clone
  { Pointcol pc
    .....
    retourne pc
  }
  .....
}
```

Considérons notre situation de polymorphisme habituelle :

```
Point p
Pointcol pc
  .....
p := Création Pointcol (...)
```

et intéressons-nous à l'appel `p.clone`. La référence p est de type `Point` ; on trouve dans `Point` une méthode `clone` fournissant un résultat de type `Point`. C'est sur cette signature (vide) et ce type de résultat (`Point`) que l'on se base pour explorer la hiérachie d'héritage, à partir de `Point` pour effectuer la ligature dynamique voulue, basée ici sur le type de l'objet référencé par p, c'est-à-dire `Pointcol`. On trouve bien dans `Pointcol` une méthode `clone` de bonne signature, mais son résultat n'a pas le type voulu. Les règles strictes du polymorphisme telles que nous les avons exposées conduiraient, ici encore, à appeler la méthode `clone` de `Point`.

Toutefois, on voit qu'on se trouve ici dans une situation très particulière, à savoir que :

- la méthode `clone` de `Point`, appliquée à un objet de type `Point`, renvoyait une référence à un `Point` ;
- la méthode `clone` de `Pointcol`, appliquée à un objet de type `Pointcol` renvoie une référence à un `Pointcol`...

Cette situation paraît presque naturelle, au point que beaucoup de langages autorisent une dérogation à la règle concernant le type du résultat, connue souvent sous le nom de « valeurs de retour covariantes ». Elle consiste à considérer que, dans la recherche de la ligature dynamique, on peut tolérer un écart sur le type du résultat lorsque celui-ci est du type de la classe de la référence concernée. Plus précisément :

- soit p est une référence à un objet de type `T` et `m` une méthode de `T` renvoyant une référence de type `T` ;
- soit `T'` une classe dérivée de `T`, redéfinissant la méthode `m`, de manière à ce qu'elle renvoie une référence de type `T'`.

Dans ces conditions, si à un moment donnée p contient la référence d'un objet de type `T'`, l'appel `p.m` peut être résolu dynamiquement par l'appel de la méthode `m` de `T'`.

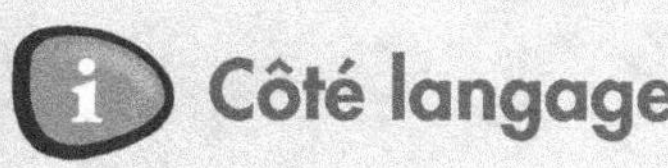 Côté langages

Java, PHP et Python

En Java, PHP et Python, la gestion des objets est réalisée par référence et le polymorphisme est « natif ». Autrement dit, on se trouve dans la situation décrite ici.

C#

En C#, où les objets sont gérés par référence, on retrouve bien la compatibilité d'affectation nécessaire au polymorphisme. En revanche, il faut préciser les méthodes qu'on souhaite voir soumises à la ligature dynamique, à l'aide du mot `virtual` (on parle alors de « méthodes virtuelles »). De plus, les méthodes virtuelles redéfinies doivent être qualifiées par `override` (et non plus par `new`). On peut donc faire cohabiter au sein d'une même classe des méthodes à ligature dynamique avec des méthodes à ligature statique.

C++

En C++, lorsque, comme c'est le cas par défaut, les objets sont gérés par valeur, il n'y a pas de polymorphisme véritable, mais simplement une compatibilité d'affectation (de peu d'intérêt), comme dans :

```
Point p (3, 8) ;
Pointcol pc (4, 9, 3) ;
   .....
p = pc ;   // autorisé : recopie seulement les attributs de pc dans p
pc := p   // interdit
```

Pour pouvoir appliquer le polymorphisme en C++, il faut :

- manipuler les objets par pointeur, ce qui fournit la compatibilité d'affectation nécessaire ;
- déclarer explicitement à l'aide du mot `virtual`, les méthodes qu'on souhaite voir soumises à la ligature dynamique.

Comme en C#, une même classe peut mêler des méthodes soumises à la ligature dynamique avec des méthodes soumises à une ligature statique.

On notera bien que les méthodes virtuelles sont sans effet sur les objets gérés par valeur.

 **Exemples langages**

Voici, écrit en Java, C#, PHP, C++ et Python, l'exemple de gestion d'un tableau hétérogène du paragraphe 3, page 289.

Java

En Java, il n'y a absolument rien de particulier à faire pour disposer du polymorphisme.

```
class Point
{ public Point (int x, int y)
  { abs = x ; ord = y ;
  }
  public void affiche ()
  { identifie() ;
    System.out.println ("  Mes coordonnees sont : " + abs + " " + ord) ;
  }
  public void identifie ()
  { System.out.println ("Je suis un point ") ;
  }
  private int abs, ord ;
}
class Pointcol extends Point
{ public Pointcol (int x, int y, int c)
  { super (x, y) ;
    couleur = c ;
  }
  public void identifie ()
  { System.out.println ("Je suis un point colore de couleur " + couleur) ;
  }
  private int couleur ;
}
public class TabHeter
{ public static void main (String args[])
  { Point [] tabPts = new Point [4] ;
    tabPts [0] = new Point (0, 2) ;
    tabPts [1] = new Pointcol (1, 5, (byte)3) ;
    tabPts [2] = new Pointcol (2, 8, (byte)9) ;
    tabPts [3] = new Point (1, 2) ;
    for (int i=0 ; i< tabPts.length ; i++)
      tabPts[i].affiche() ;
  }
}
```

```
Je suis un point
  Mes coordonnees sont : 0 2
Je suis un point colore de couleur 3
  Mes coordonnees sont : 1 5
Je suis un point colore de couleur 9
  Mes coordonnees sont : 2 8
Je suis un point
  Mes coordonnees sont : 1 2
```

C#

En C#, pour qu'une méthode soit soumise à la ligature dynamique, elle doit être déclarée `virtual` lors de sa première définition et `override` dans ses éventuelles redéfinitions.

```csharp
using System ;
class TabHeter
{ static void Main ()
  { Point [] tabPts = new Point [4] ;
    tabPts [0] = new Point (0, 2) ;
    tabPts [1] = new Pointcol (1, 5, (byte)3) ;
    tabPts [2] = new Pointcol (2, 8, (byte)9) ;
    tabPts [3] = new Point (1, 2) ;
    for (int i=0 ; i< tabPts.Length ; i++)   // attention Length et non length
      tabPts[i].affiche() ;
  }
}
class Point
{ public Point (int x, int y)
  { abs = x ; ord = y ;
  }
  public void affiche ()
  { identifie() ;
    System.Console.WriteLine ("  Mes coordonnees sont : " + abs + " " + ord) ;
  }
  public virtual void identifie ()     // virtual obligatoire ici
  { System.Console.WriteLine ("Je suis un point ") ;
  }
  private int abs, ord ;
}
class Pointcol : Point
{ public Pointcol (int x, int y, int c) : base (x, y)
  { couleur = c ;
  }
```

```
    public override void identifie () // override obligatoire ici
    { System.Console.WriteLine ("Je suis un point colore de couleur " + couleur) ;
    }
    private int couleur ;
}
```

```
Je suis un point
Mes coordonnées sont : 0 2
Je suis un point coloré de couleur 3
Mes coordonnées sont : 1 5
Je suis un point coloré de couleur 9
Mes coordonnées sont : 2 8
Je suis un point
Mes coordonnées sont : 1 2
```

PHP

En PHP, il n'y a absolument rien de particulier à faire pour disposer du polymorphisme.

```php
<?php
class point
{ function __construct ($x, $y)
  { $this->abs = $x ;
    $this->ord = $y ;
  }
  function affiche()
  { $this->identifie () ;
    echo "Mes coordonnées sont : ".$this->abs. " ".$this->ord."<br>" ;
  }
  function identifie()
  {echo "Je suis un point <br>" ;
  }
  private $abs, $ord ;
}
 class pointcol extends point
 { function __construct ($x, $y, $c)
   { parent::__construct ($x, $y) ;
     $this->couleur = $c ;
   }
   function identifie()
   { echo "Je suis un point coloré de couleur ".$this->couleur."<br>" ;
   }
   private $couleur ;
 }
```

```
$tabPoint [0] = new Point  (0, 2) ;
$tabPoint [1] = new Pointcol (1, 5, 3) ;
$tabPoint [2] = new Pointcol (2, 8, 9) ;
$tabPoint [3] = new Point (1, 2) ;
for ($i = 0 ; $i < 4 ; $i++)
   $tabPoint[$i]->affiche() ;
?>
```

```
Je suis un point
Mes coordonnées sont : 0 2
Je suis un point coloré de couleur 3
Mes coordonnées sont : 1 5
Je suis un point coloré de couleur 9
Mes coordonnées sont : 2 8
Je suis un point
Mes coordonnées sont : 1 2
```

C++

Comme nous l'avons dit, Il faut utiliser des objets dynamiques et déclarer `virtual` les méthodes qu'on souhaite voir soumises à la ligature dynamique. Leur redéfinition peut mentionner `virtual`, mais ce n'est pas une obligation.

```cpp
#include <iostream>
using namespace std ;
class Point
{ public :
   Point (int x, int y)
   { abs = x ; ord = y ;
   }
   void affiche ()
   { identifie() ;
     cout << "  Mes coordonnees sont : " << abs << " " << ord << "\n" ;
   }
   virtual void identifie ()    // attention : virtual ici pour que
                                // identifie soit soumise à la ligature dynamique
   { cout << "Je suis un point \n" ;
   }
  private :
   int abs, ord ;
} ;
class Pointcol : public Point  // ne pas oublier public ici
{ public :
   Pointcol (int x, int y, int c) : Point (x, y)
   { couleur = c ;
   }
```

```cpp
      virtual void identifie ()     // virtual facultatif ici
        { cout << "Je suis un point colore de couleur " << couleur << "\n" ;
        }
      private :
      int couleur ;
} ;

int main()
{ Point *  tabPts [4] ;    // tableau  de 4 pointeurs sur des objets de type Point
  tabPts [0] = new Point (0, 2) ;
  tabPts [1] = new Pointcol (1, 5, 3) ;
  tabPts [2] = new Pointcol (2, 8, 9) ;
  tabPts [3] = new Point (1, 2) ;
  for (int i=0 ; i< 4 ; i++)
      tabPts[i]->affiche() ;
}
```

```
Je suis un point
  Mes coordonnees sont : 0 2
Je suis un point colore de couleur 3
  Mes coordonnees sont : 1 5
Je suis un point colore de couleur 9
  Mes coordonnees sont : 2 8
Je suis un point
  Mes coordonnees sont : 1 2
```

Python

```python
class Point :
    def __init__ (self, x, y) :
      self.__abs = x ; self.__ord = y
    def affiche (self) :
      self.identifie()
      print (" Mes coordonnees sont : ", self.__abs, " ", self.__ord)
    def identifie (self) :
      print ("Je suis un point ")
class Pointcol (Point) :
    def __init__ (self, x, y, c) :
      Point.__init__ (self, x, y)
      self.__couleur = c
    def identifie (self) :
      print ("Je suis un point colore de couleur ", self.__couleur)
tabPts = [Point (0, 2), Pointcol (1, 5, 3), Pointcol (2, 8, 9),Point (1, 2)]
for i in range(len (tabPts)) :
    tabPts[i].affiche()
```

```
Je suis un point
  Mes coordonnees sont :  0   2
Je suis un point colore de couleur  3
  Mes coordonnees sont :  1   5
Je suis un point colore de couleur  9
  Mes coordonnees sont :  2   8
Je suis un point
  Mes coordonnees sont :  1   2
```

14

Classes abstraites, interfaces et héritage multiple

Nous présentons ici des concepts, moins fondamentaux que l'héritage et le polymorphisme mais qui peuvent faciliter grandement la conception de logiciels. Nous étudierons les notions de classes abstraites et de méthodes retardées : présentes dans la plupart des langages, elles permettent de définir des classes dont la seule vocation est de donner naissance à des classes dérivées. Nous aborderons ensuite la notion d'interface, présente dans seulement une partie des langages, qui permet de formaliser la distinction entre l'interface d'une classe et son implémentation. Enfin, nous donnerons quelques indications sur l'héritage multiple supporté par un petit nombre de langages.

1 Classes abstraites et méthodes retardées

1.1 Les classes abstraites

Lorsque l'on exploite les possibilités d'héritage et de polymorphisme, on peut être amené à créer une classe simplement destinée à servir de classe de base pour d'autres classes, et en aucun cas à donner naissance à des objets. Bon nombre de langages permettent alors de « formaliser » cela dans la notion de classe abstraite. Nous conviendrons qu'une telle classe se déclare ainsi :

```
classe abstraite A
{ .....  // attributs et méthodes
  }
```

Il n'est alors plus possible d'instancier des objets de type A. Une expression telle que :

```
Création A(...)        // erreur
```

sera rejetée par le traducteur.

En revanche, il reste possible de déclarer des variables de type A (du moins dans les langages gérant les objets par référence (dans les autres, la seule déclaration entraînerait une instanciation interdite...). À cette variable, on pourra par exemple affecter la référence d'un objet d'une classe dérivée de A :

```
classe A1 dériveDe A
{ .....
}
A a
a := Création A(...)      // interdit
a := Création A1(...)     // OK
```

1.2 Méthodes retardées (ou abstraites)

Pour l'instant, nous avons considéré qu'une classe abstraite disposait classiquement d'attributs et de méthodes, comme n'importe quelle classe. Mais on peut généralement y trouver ce que l'on nomme des méthodes retardées (ou encore abstraites ou différées). Il s'agit en fait de méthodes dont on ne fournit que la signature et le type du résultat. N'étant plus définies dans la classe abstraite, elles devront obligatoirement être définies dans toute classe dérivée pour que cette dernière permette d'instancier des objets. Nous déclarerons ces méthodes avec le mot retardée.

```
classe abstraite B
{ entier méthode f (réel x)
  { ..... }                      // définition d'une méthode «usuelle»
    caractère méthode retardée g (entier)  // méthode retardée : on ne fournit
                                 // que sa signature et le type du résultat
  }
```

Ici, nous avons conservé l'adjectif abstraite pour la classe B. En toute rigueur, une classe possèdant une méthode retardée est obligatoirement abstraite puisqu'elle ne peut pas être instanciée (il lui manque la définition d'une méthode). Certains langages vous obligeront, comme ici, à répéter cette propriété, d'autres pas...

Une classe dérivée de B pourra définir ses propres méthodes, redéfinir éventuellement certaines méthodes héritées de A et, surtout, définir convenablement les méthodes déclarées retardées dans B :

```
class B1 dériveDe B
{ // attributs et méthodes supplémentaires éventuels
  caractère méthode g (entier n)
  { ..... }              // définition de la méthode g déclarée retardée dans B
}
```

On pourra alors instancier des objets de type B1 :

```
B b
B1 b1
b1 := Création B1(...)      // OK
b  := Création B1(...)      // OK
b  := Création B(...)       // erreur
```

Bien entendu, il reste possible de définir comme abstraite une classe dérivée d'une classe abstraite. Dans ce cas, la redéfinition des méthodes retardées n'est pas obligatoire. Elle devra simplement être faite dans toute classe dérivée ultérieure qu'on souhaite pouvoir instancier :

```
classe abstraite B2 dériveDe B
{ .....
  // ici, on n'est pas obligé de définir la méthode g
}
```

1.3 Intérêt des classes abstraites et des méthodes retardées

Le recours aux classes abstraites et aux méthodes retardées facilite largement la conception des logiciels. En effet, on peut placer dans une classe abstraite toutes les fonctionnalités dont on souhaite disposer pour toutes ses descendantes :

- soit sous forme d'une implémentation complète de méthodes (non retardées) et d'attributs (privés ou non) lorsqu'ils sont communs à toutes ses descendantes ;

- soit sous forme d'interfaces (signature + type du résultat) de méthodes retardées dont on est alors certain qu'elles existeront dans toute classe dérivée instanciable.

C'est cette certitude de la présence de certaines méthodes qui permet d'exploiter le polymorphisme, et ce dès la conception de la classe abstraite, alors même qu'aucune classe dérivée n'a peut-être encore été créée. Notamment, on peut très bien écrire des canevas recourant à des méthodes abstraites. Par exemple, si vous avez défini :

```
classe abstraite X
{ méthode retardée f()      // ici, f n'est pas encore définie
  .....
}
```

vous pourrez écrire une méthode (d'une classe quelconque), disposant d'un paramètre de type X, telle que :

```
méthode algo (X x)     // en paramètre, x de type X
{ .....
  x.f()        // appel correct car on est sûr que tout objet
  .....        // d'une classe dérivée de X disposera bien d'une méthode f
}
```

Bien entendu, tout appel de la méthode `algo` devra utiliser, en paramètre effectif, une référence à un objet d'un type dérivé de X.

Ces possibilités pourront par exemple être employées dans la réalisation d'un programme manipulant des figures géométriques, se basant sur une « hiérarchie d'héritage » ressemblant à ceci :

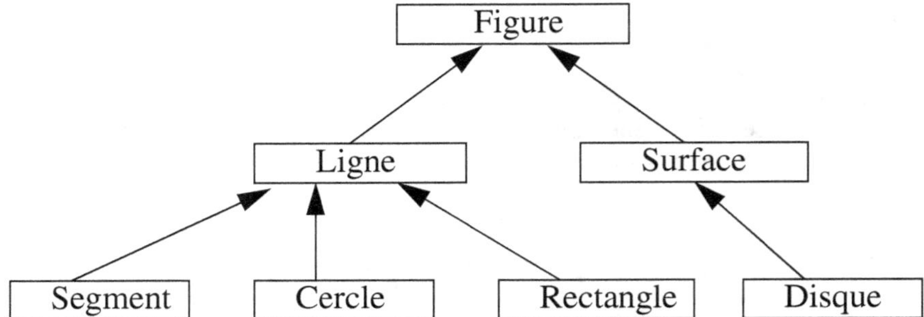

Les classes `Ligne` et `Surface` pourraient éventuellement rester abstraites, tout en introduisant de nouvelles méthodes retardées, par exemple `styleTrait` pour `Ligne` ou `motifPeinture` pour `Surface`. Les classes dérivées de `Ligne` devraient, quant à elles, redéfinir convenablement les méthodes `dessine` et `styleTrait` ; celles dérivées de `Surface` devraient redéfinir `dessine` et `motifPeinture`.

1.4 Exemple

Voici un exemple de programme illustrant l'emploi d'une classe abstraite nommée `Affichable`, dotée d'une seule méthode retardée `affiche`. Deux classes `Entier` et `Réel` dérivent de cette classe. Le programme utilise un tableau hétérogène d'objets de type `Affichable` qu'il remplit en instanciant des objets de type `Entier` et `Réel`.

```
classe abstraite Affichable
{ méthode retardée affiche
}
classe Entier dériveDe Affichable
{ méthode Entier (entier n)
  { valeur := n
  }
  méthode affiche
  { écrire «Je suis un entier de valeur », valeur
  }
  entier valeur
}
classe Réel dériveDe Affichable
{ méthode  Réel (réel x)
  { valeur := x
  }
```

```
    méthode affiche
    { écrire "Je suis un réel de valeur ", valeur
    }
    réel valeur
}

entier i
tableau Affichable [3] tab
tab [1] := Création Entier (25)
tab [2] := Création Réel (1.25)
tab [3] := Création Entier (42)
répéter pour i := 1 à 3
    tab[i].affiche


Je suis un entier de valeur 25
Je suis un flottant de valeur 1.25
Je suis un entier de valeur 42
```

Utilisation d'une classe abstraite (Affichable)

 **Remarque**

Nous avons vu qu'une classe abstraite pouvait comporter, en plus de méthodes retardées, des attributs ou des implémentations effectives de méthodes, ce qui n'est pas le cas de notre précédent exemple (où de surcroît, il n'y a qu'une seule méthode). Nous verrons dans le prochain paragraphe que lorsqu'une classe abstraite ne contient que des méthodes retardées, une « interface » peut jouer un rôle voisin (mais non identique) et nous montrerons comment transformer dans ce sens l'exemple précédent.

2 Les interfaces

Nous avons déjà vu que, dans la réalisation d'une classe, on pouvait distinguer théoriquement son « interface » de son « implémentation ». Rappelons que l'interface correspond à l'ensemble des signatures des méthodes et leur éventuel résultat. Bon nombre de langages vont permettre de « formaliser » cette notion d'interface en offrant :

- un mécanisme de définition d'interfaces ;
- un mécanisme obligeant une classe à implémenter une interface donnée.

C'est ce que nous allons étudier ici et nous allons voir que, dans ce cas, il s'agit plus que d'une simple aide à la programmation car :

- une même classe pourra implémenter plusieurs interfaces ;
- les interfaces pourront jouer un rôle voisin de celui des classes abstraites et participer au polymorphimse (on parlera de « polymorphisme d'interfaces »).

2.1 Définition d'une interface

Une interface ne contient que des signatures de méthodes (et le type de leur éventuel résultat). Nous conviendrons que cette notation :

```
interface I
{ méthode f (entier)
  réel méthode g (entier, réel)
}
```

définit une interface nommée I, disposant de deux méthodes f et g, ayant les signatures indiquées.

Ici, contrairement à une classe abstraite, une interface ne contient ni attributs, ni définition de méthodes. Elle ne contient que des méthodes retardées, de sorte qu'il n'est pas nécessaire de mentionner ce point.

 **Remarque**

Pour l'instant, on serait tenté de penser qu'une interface n'est qu'une classe abstraite ne comportant que des méthodes retardées. En fait, comme nous allons le voir ci-dessous, une interface ne s'utilise pas comme une classe.

2.2 Implémentation d'une interface

Lors de la définition d'une classe (ici A), nous convenons que nous pouvons préciser qu'elle « implémente » une interface donnée (ici I), de cette façon :

```
classe A implémente I
{ .....
}
```

Cela signifie qu'on s'engage à ce que A définisse convenablement les méthodes présentes dans I. On a donc la garantie (grâce aux vérifications opérées par le traducteur) que A dispose des méthodes f et g, avec les bonnes signatures et le bon type de résultat.

On notera bien que le fait qu'une classe implémente une interface donnée ne l'empêche nullement de disposer d'autres méthodes. Autrement dit, A n'est pas nécessairement une implémentation de I. On sait simplement que A dispose au minimum des méthodes prévues dans l'interface I.

D'ailleurs, une même classe peut implémenter plusieurs interfaces, comme dans cet exemple :

```
interface I1
{ méthode f
}
interface I2
{ entier méthode g (caractère)
  méthode h (entier)
}
```

```
classe A implémente I1, I2
{   // A doit définir au moins les méthodes f det I1, g et h de I2
}
```

2.3 Variables de type interface et polymorphisme

De même qu'on pouvait définir des variables du type d'une classe abstraite, on peut défnir
des variables d'un type interface :

```
interface I { ..... }
  .....
I i     // i est une référence à un objet quelconque
        // dont la classe implémente l'interface I
```

Bien entendu, on ne pourra pas affecter à i une référence à quelque chose de type I car on ne
peut pas instancier une interface (pas plus qu'on ne pouvait instancier une classe abstraite).
En revanche, on pourra affecter à i n'importe quelle référence à un objet d'une classe implémentant l'interface I :

```
classe A implémente I { ..... }
  .....
i := Création A(...)       // OK
```

De plus, à travers i, on pourra manipuler des objets de classes quelconques, non nécessairement liées par héritage, pour peu que ces classes implémentent l'interface I. Bien entendu,
ces « manipulations » devront concerner exclusivement des méthodes prévues dans I :

```
interface I
{ méthode f
}
classe A implémente I
{ méthode f { ..... }      // on implémente I
  méthode g { ..... }      // une autre méthode indépendante de I
}
I i
i := Création A(...)       // OK
i.f                        // OK : f appartient à I
i.g                        // erreur : f n'appartient pas à I
```

On retrouve là en fait les mêmes restrictions que dans le polymorphisme basé sur l'héritage.

Par ailleurs, comme on l'a déjà dit, toute classe peut implémenter plusieurs interfaces et
donc, suivant les cas, « profiter » du polymorphisme de l'une ou de l'autre. Voyez cet
exemple :

```
Interface I1 { .....}
Interface I2 { .....}
classe A implémente I1     { ..... }
classe B implémente I2     { ..... }
classe C implémente I1, I2 { ..... }
I1 i1     // i1 pourra «désigner» des objets de type A ou C
          // auxquels on applique les méthodes de I1
I2 i2     // i2 pourra «désigner» des objets de type B ou C
          // auxquels on applique les méthodes de I2
```

2.4 Exemple complet

Voici un exemple simple illustrant le polymorphisme d'interfaces. Une interface `Affichable` comporte une méthode `affiche`. Deux classes nommées `Entier` et `Réel` implémentent cette interface (aucun lien d'héritage n'existe entre elles). On crée un tableau hétérogène de références de type `Affichable` qu'on remplit en instanciant des objets de type `Entier` ou `Réel`. En fait, il s'agit d'une transposition du programme 1.4, page 306 qui utilisait des classes abstraites (transposition qui n'est possible que parce que notre classe abstraite ne contenait rien d'autre que des méthodes retardées).

```
interface Affichable
{ méthode affiche
}
classe Entier implémente Affichable
{ méthode Entier (entier n)
  { valeur := n
  }
  méthode affiche
  { écrire «Je suis un entier de valeur », valeur
  }
  entier valeur
}
classe Réel implémente Affichable
{ méthode Réel (réel x)
  { valeur := x
  }
  méthode affiche
  { écrire «Je suis un réel de valeur », valeur
  }
  réel valeur
}
tableau Affichable [3] tab
entier i
tab [1] := Création Entier (25)
tab [2] := Création Réel (1.25)
tab [3] := Création Entier (42)
répéter pour i := 1 à 3
   tab[i].affiche
```

```
Je suis un entier de valeur 25
Je suis un réel de valeur 1.25
Je suis un entier de valeur 42
```

Utilisation de variables de type interface

2.5 Interface et classe dérivée

La notion d'interface est totalement indépendante de l'héritage. Une classe dérivée peut, à son tour implémenter une interface ou plusieurs :

```
interface I
{ méthode f (entier)
  méthode g
}
classe A { ..... }
classe B dériveDe A implémente I
{  // les méthodes f et g doivent soit être déjà définies dans A
   // soit définies dans B
}
```

On peut même rencontrer cette situation, dans laquelle on est certain que B implémente les deux interfaces I1 et I2 :

```
interface I1 { ..... }
interface I2 { ..... }
classe A implémente I1 { ...... }
classe B dériveDe A implémente I2 { .....}   // ici, B implémente I1 (par
                                             // héritage de A), et I2
```

3 L'héritage multiple

Jusqu'ici, nous n'avons considéré que ce que l'on nomme l'héritage simple dans lequel une classe dérive d'une seule classe de base. Certains langages offrent la possibilité dite d'héritage multiple, dans laquelle un classe peut hériter simultanément de plusieurs classes de base. L'héritage multiple reste cependant peu usité car :

- peu de langages en disposent ;
- il entraîne des difficultés de conception des logiciels. Il est, en effet, plus facile de « structurer » un ensemble de classes selon un « arbre » (cas de l'héritage simple) que selon un « graphe orienté sans circuit » (cas de l'héritage multiple).

Ici, nous nous contenterons de le présenter succinctement.

L'héritage multiple permet donc de gérer des dépendances telles que :

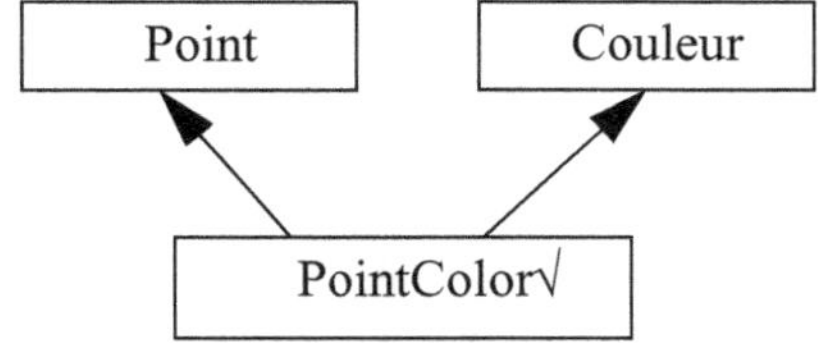

Ici, la classe PointColoré hérite à la fois de la classe Point et de la classe Couleur.

Bien entendu, il faut prévoir un mécanisme d'appel des constructeurs, ce qui ne présente pas de difficultés. En revanche, certaines situations peuvent poser problème. Considérons par exemple cette situation :

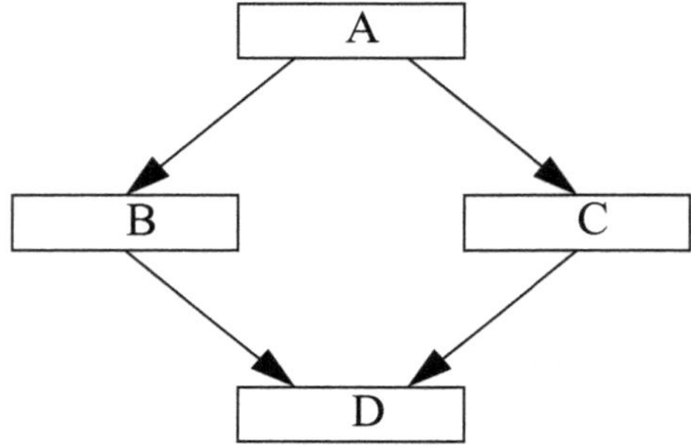

Ici, on voit que, en quelque sorte, D hérite deux fois de A. Dans ces conditions, les méthodes et les attributs de A apparaissent deux foix dans D. En ce qui concerne les méthodes, cela est manifestement inutile, mais sans importance puisqu'elles ne sont pas dupliquées. En revanche, en ce qui concerne les attributs, il faudra disposer d'un mécanisme permettant de choisir de les dupliquer ou non. Dans le cas où on les duplique, il faudra être capable d'identifier ceux obtenus par l'intermédiaire de B de ceux obtenus par l'intermédiaire de C. Conceptuellement, on voit que les choses ne sont pas particulièrement claires.

 **Côté langages**

Classes abstraites et méthodes retardées

Java, C# et PHP disposent des notions de classes abstraites et de méthodes retardées (qu'ils nomment toutefois abstraites), telles que nous les avons exposées ici.

En revanche, C++ ne dispose que de la notion de méthode virtuelle pure. Il s'agit d'une méthode déclarée virtuelle, dont le corps est remplacé par la mention «=0», comme dans :

```
class A
{ public :
    virtual void f () = 0 ;      // méthode virtuelle pure
       .....
}
```

Dans ce cas, il est impossible d'instancier des objets de type A qui se comporte donc comme une classe abstraite. Dans une classe dérivée de A, la méthode f devra, soit être définie, soit déclarée à nouveau virtuelle pure.

En Python, ces notions n'existent pas de façon native. Dans les versions les plus récentes, elles peuvent être mise en place par l'intermédiaire d'un «module complémentaire» (abc).

Interfaces

Java, C# et PHP disposent de la notion d'interface. Java et PHP utilisent le mot implements (là où nous avons utilisé implémente). En revanche, C# utilise la même notation que pour l'héritage : si la classe A implémente l'interface I, on écrira :

```
class A : I
```

C++ et Python ne disposent pas de la notion d'interface. En revanche, ils autorisent l'héritage multiple. Lorsqu'une classe hérite plusieurs fois d'une autre, les attributs sont dupliqués. En C++, on peut éviter cette duplication en prévoyant des « dérivations virtuelles ».

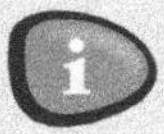 **Exemples langages**

Classes et méthodes abstraites

Voici, écrit en Java, C++, C# et PHP, le programme du paragraphe 1.4, page 306.

Java

On dispose à la fois de la notion de classe abstraite (mot abstract) et de celle de méthode retardée (même mot abstract).

```
abstract class Affichable
{ abstract public void affiche() ;
}

class Entier extends Affichable
{ public Entier (int n)
  { valeur = n ;
  }
  public void affiche()
  { System.out.println ("Je suis un entier de valeur " + valeur) ;
  }
  private int valeur ;
}
```

```java
class Reel extends Affichable
{ public Reel (float x)
  { valeur = x ;
  }
  public void affiche()
  { System.out.println ("Je suis un réel de valeur " + valeur) ;
  }
  private float valeur ;
}

public class TableauHeter
{ public static void main (String[] args)
  { Affichable [] tab ;
    tab = new Affichable [3] ;
    tab [0] = new Entier (25) ;
    tab [1] = new Reel (1.25f) ; ;
    tab [2] = new Entier (42) ;
    int i ;
    for (i=0 ; i<3 ; i++)
      tab[i].affiche() ;
  }
}
```

```
Je suis un entier de valeur 25
Je suis un réel de valeur 1.25
Je suis un entier de valeur 42
```

C++

Là encore, pour profiter du polymorphisme, il faut utiliser des objets dynamiques et déclarer virtuelle la méthode `affiche`. En outre, pour que la classe `Affichable` soit considérée comme `abstraite`, il faudra déclarer affiche « virtuelle pure ».

```cpp
#include <iostream>
using namespace std ;
class Affichable
{ public :
    virtual void affiche() = 0 ;      // méthode virtuelle pure
} ;                                    // la classe n'est pas instanciable
```

```
class Entier : public Affichable
{ public :
    Entier (int n)  { valeur = n ;  }
    virtual void affiche()
      { cout << "Je suis un entier de valeur " << valeur << "\n"  ;  }
  private :
    int valeur ;
} ;

class Reel : public Affichable
{ public :
    Reel (float x) { valeur = x ; }
    virtual void affiche()
      { cout << "Je suis un reelreel de valeur " << valeur << "\n" ; }
  private :
    float valeur ;
} ;

int main()
{ int i ;
  Affichable * tabPts [3] ;  // tableau de 3 pointeurs
  tabPts [0] = new Entier (25) ;
  tabPts [1] = new Reel (1.25) ; ;
  tabPts [2] = new Entier (42) ;
  for (i=0 ; i<3 ; i++)
      tabPts[i]->affiche() ;
}
```

```
Je suis un entier de valeur 25
Je suis un reel de valeur 1.25
Je suis un entier de valeur 42
```

C#

On dispose bien des classes abstraites (mot `abstract`) et des méthodes retardées (même mot `abstract`), lesquelles sont bien soumises au polymorphisme, à condition toutefois de placer le mot `override` dans l'en-tête de leur (re)définition.

```
using System ;
abstract class Affichable
{ abstract public void affiche() ;
}
class Entier : Affichable
{ public Entier (int n)
    { valeur = n ;
    }
```

```
        public override void affiche()    // override nécessaire ici
        { System.Console.WriteLine ("Je suis un entier de valeur " + valeur) ;
        }
        private int valeur ;
}
class Reel : Affichable
{ public Reel (float x)
    { valeur = x ;
    }
        public override void affiche()    // override nécessaire ici
        { System.Console.WriteLine ("Je suis un reel de valeur " + valeur) ;
        }
        private float valeur ;
}
class TableauHeter
{ static void Main()
    { Affichable [] tab ;
      tab = new Affichable [3] ;
      tab [0] = new Entier (25) ;
      tab [1] = new Reel (1.25f) ; ;
      tab [2] = new Entier (42) ;
      int i ;
      for (i=0 ; i<3 ; i++)
        tab[i].affiche() ;
    }
}
```

```
Je suis un entier de valeur 25
Je suis un reel de valeur 1,25
Je suis un entier de valeur 42
```

PHP

Comme en Java, on dispose à la fois de la notion de classe abstraite (mot `abstract`) et de celle de méthode retardée (même mot `abstract`).

```php
<?php
abstract class Affichable
{ abstract function affiche() ;
}
class Entier extends Affichable
{ function __construct ($n)
    { $this->valeur = $n ;
    }
    function affiche()
    { echo "Je suis un entier de valeur ".$this->valeur."<br>" ;
    }
    private $valeur ;
}
```

```
class Reel extends Affichable
{ function __construct ($x)
  { $this->valeur = $x ;
  }
  function affiche()
  { echo "Je suis un réel de valeur ".$this->valeur."<br>" ;
  }
  private $valeur ;
}
$tab [0] = new Entier (25) ;
$tab [1] = new Reel (1.25) ;
$tab [2] = new Entier (42) ;
for ($i=0 ; $i<3 ; $i++)
     $tab[$i]->affiche() ;
?>
```

```
Je suis un entier de valeur 25
Je suis un reel de valeur 1.25
Je suis un entier de valeur 42
```

Interfaces

Voici, écrit en Java, C# et PHP le programme du paragraphe 2.4, page 310 (C++ ne dispose pas de la notion d'interface). Dans ces 3 langages, une interface se déclare à l'aide du mot `interface`.

Java

```
interface Affichable
{ void affiche() ;
}
class Entier implements Affichable
{ public Entier (int n)
  { valeur = n ;
  }
  public void affiche()
  { System.out.println ("Je suis un entier de valeur " + valeur) ;
  }
  private int valeur ;
}
class Reel implements Affichable
{ public Reel (float x)
  { valeur = x ;
  }
```

```
     public void affiche()
     { System.out.println ("Je suis un réel de valeur " + valeur) ;
     }
     private float valeur ;
}
public class Tabhet4
{ public static void main (String[] args)
   { Affichable [] tab ;
     tab = new Affichable [3] ;
     tab [0] = new Entier (25) ;
     tab [1] = new Reel (1.25f) ; ;
     tab [2] = new Entier (42) ;
     int i ;
     for (i=0 ; i<3 ; i++)
       tab[i].affiche() ;
   }
}
```

```
Je suis un entier de valeur 25
Je suis un réel de valeur 1.25
Je suis un entier de valeur 42
```

C#

```
using System ;
public interface Affichable
{ void affiche() ;
}
class Entier : Affichable     // notez la syntaxe, identique à celle de l'héritage
{ public Entier (int n)
   { valeur = n ;
   }
   public void affiche()
   { System.Console.WriteLine ("Je suis un entier de valeur " + valeur) ;
   }
   private int valeur ;
}
class Reel : Affichable
{ public Reel (float x)
   { valeur = x ;
   }
   public void affiche()
   { System.Console.WriteLine ("Je suis un réel de valeur " + valeur) ;
   }
   private float valeur ;
}
```

```
public class Tabhet4
{ public static void Main ()
  { Affichable [] tab ;
    tab = new Affichable [3] ;
    tab [0] = new Entier (25) ;
    tab [1] = new Reel (1.25f) ;    // 1.25 serait de type double
    tab [2] = new Entier (42) ;
    int i ;
    for (i=0 ; i<3 ; i++)
      tab[i].affiche() ;
    Console.ReadLine();
  }
}
```

```
Je suis un entier de valeur 25
Je suis un réel de valeur 1,25
Je suis un entier de valeur 42
```

PHP

```php
<?php
interface Affichable
{ function affiche() ;
}
class Entier implements Affichable
{ function __construct ($n)
  { $this->valeur = $n ;
  }
  function affiche()
  { echo "Je suis un entier de valeur ".$this->valeur."<br>" ;
  }
  private $valeur ;
}
class Reel implements Affichable
{ function __construct ($x)
  { $this->valeur = $x ;
  }
  function affiche()
  { echo "Je suis un réel de valeur ".$this->valeur."<br>" ;
  }
  private $valeur ;
}
```

```
$tab [0] = new Entier (25) ;
$tab [1] = new Reel (1.25) ;
$tab [2] = new Entier (42) ;
for ($i=0 ; $i<3 ; $i++)
    $tab[$i]->affiche() ;
?>
```

```
Je suis un entier de valeur 25
Je suis un réel de valeur 1.25
Je suis un entier de valeur 42
```

Annexe

Correction des exercices

Chapitre 2

Exercice 2.1

Instruction	a	b	c
a := 5	5	-	-
b := 3	5	3	-
c := a + b	5	3	8
a := 2	2	3	8
c := b - a	2	3	1

Exercice 2.2

Instruction	a	b
a := 5	5	-
b := a + 4	5	9
a := a + 1	6	9
b := a - 4	6	2

Exercice 2.3

a)

Instruction	n1	n2
n1 := 5	5	-
n2 := 7	5	7
n1 := n2	7	7
n2 := n1	7	7

b)

Instruction	n1	n2
n1 := 5	5	-
n2 := 7	5	7
n2 := n1	5	5
n1 := n2	5	5

Exercice 2.4

La démarche consiste à voir qu'avant d'affecter une valeur à l'une des trois variables a, b ou c, il est nécessaire d'avoir « recopié » son contenu « quelque part ». D'où une solution :

```
d := a
a := b
b := c
c := d
```

Attention à ne pas utiliser comme dernière instruction :

```
c := a
```

car celle-ci placerait dans c la valeur actuelle de a, laquelle n'est plus sa valeur de départ.

À titre d'exemple, voici ce que produisent ces instructions lorsque a, b et c contiennent initialement les valeurs 1, 2 et 3 :

Instruction	a	b	c	d
	1	2	3	-
d := a	1	2	3	1
a := b	2	2	3	1
b := c	2	3	3	1
c := d	2	3	1	1

Voici une autre solution possible :

```
d := b
b := c
c := a
a := d
```

ou encore :

```
d := c
c := a
a := b
b := d
```

Exercice 2.5

```
n + p / q          8 + 13/29 = 8 + 0 = 8
n + q / p          8 + 29/13 = 8 + 2 = 10
(n + q) / p        (8 + 29)/13 = 37/13 = 2
n + p / n + p      8 + 13/8 + 13 = 8 + 1 + 13 = 22
(n + p) / (n + p)  (8 + 13) / (8 + 13) = 21/21 = 1
```

Exercice 2.6

Dans la troisième instruction, la valeur de l'expression $n-p$ est nulle. On a affaire à une division par zéro pour laquelle le comportement du programme dépend de l'environnement de programmation. En général, on obtient un arrêt de l'exécution, assorti d'un « message d'erreur ».

Exercice 2.7

Instruction	n	p
n := 10	10	-
p := 4	10	4
n := n * p	40	4
p := n / p	40	10

On remarquera qu'ici, dans les deux dernières instructions, on calcule la valeur d'une expression (par exemple n*p) qui fait intervenir la valeur de la variable à laquelle on affectera ensuite le résultat. Nous verrons plus tard que ce genre d'affectation est caractéristique du mécanisme nommé « itération ».

Exercice 2.8

Instruction	a	b	c
`a := 5.25`	5.25	-	-
`b := 2.0 * a`	5.25	10.5	-
`c := 1.5`	5.25	10.5	1.5
`b := 5. * c`	5.25	7.5	1.5

Notez que les valeurs indiquées ne sont ici que des valeurs approchées.

Exercice 2.9

(1) On calcule d'abord le quotient `n/p` en `entier`, ce qui fournit la valeur 1 ; ce résultat est ensuite converti en `réel` pour être ajouté à la valeur de `x` (2,5), ce qui fournit un résultat de type `réel` valant environ 3,5.

(2) La valeur de `n` est convertie en `réel` pour être ajoutée à celle de `x`, ce qui fournit environ 12,5. Le résultat est divisé par la valeur de `p` convertie en `réel`, ce qui fournit environ 1,7857 (12.5/7).

(3) Le résultat est de type `réel` et vaut environ 50.

(4) Le résultat est de type `entier` et vaut 1 (quotient entier de 11 par 10).

(5) Le résultat est de type `réel` et il vaut environ 1,1.

Exercice 2.10

Il suffit d'utiliser la démarche employée pour échanger la valeur de deux variables entières (le type des variables ne changeant rien), par exemple :

```
caractère c
c := a
a := b
b := c
```

Chapitre 3

Exercice 3.1

```
entier a, b
entier som, prod
a := 3
b := 5
écrire «a = », a, «, b = », b
som := a + b
```

```
prod := a * b
écrire «a*b = », prod
écrire «a+b = », som
```

On peut se passer des variables `som` et `prod` en introduisant directement les expressions voulues dans les instructions d'affichage :

```
entier a, b
a := 3
b := 5
écrire «a = », a, «, b = », b
écrire «a*b = », a*b
écrire «a+b = », a+b
```

Exercice 3.2

```
entier n, p
entier som, prod
écrire «donnez deux nombres»
lire n, p
som := a + b
écrire «leur somme est », som
prod := a * b
écrire «leur produit est », prod
```

Là encore, on peut se passer des variables `prod` et `som` en introduisant directement les expressions voulues dans les instructions d'affichage :

```
entier n, p
écrire «donnez deux nombres»
lire n, p
écrire «leur somme est », a+b
écrire «leur produit est », a*b
```

Exercice 3.3

```
entier nbArt
réel prixHT, tauxTVA
réel prixTotHT, prixTotTTC
écrire «prix unitaire HT :»
lire prixHT
écrire «nombre d'articles :»
lire nbArt
écrire «taux TVA :»
lire tauxTVA
prixTotHT := nbArt * prixHT
écrire «prix total HT : », prixTotHT
pritTotTTC := prixTotHT * (1 + taux/100.)
écrire «prix total TTC : », prixTotTTC
```

Chapitre 4

Exercice 4.1

```
entier a, b
écrire «donnez deux nombres entiers»
lire a, b
si a<=b alors écrire «ils sont rangés par ordre croissant»
         sinon écrire «ils ne sont pas rangés par ordre croissant»
```

Exercice 4.2

Voici une première formulation :

```
entier a, b
écrire «donnez deux nombres entiers»
lire a, b
si a<=b alors { écrire «ils sont rangés par ordre croissant»
                écrire «et leur différence est : », b-a
              }
         sinon { écrire «ils ne sont pas rangés par ordre croissant»
                 écrire «et leur différence est : », a-b
               }
```

Voici une autre formulation, utilisant une variable dif pour y stocker la différence des deux nombres :

```
entier a, b, dif
écrire «donnez deux nombres entiers»
lire a, b
si a<=b alors { écrire «ils sont rangés par ordre croissant»
                dif := b-a
              }
         sinon { écrire «ils ne sont pas rangés par ordre croissant»
                 dif := a-b
               }
écrire «et leur différence est : », dif
```

Exercice 4.3

Il suffit d'utiliser une instruction de choix basée sur une condition « complexe » :

```
entier a, b, c
écrire «donnez 3 nombres entiers»
lire a, b, c
si a<b et b<c alors écrire «ils sont rangés par ordre croissant»
              sinon écrire «ils ne sont pas rangés par ordre croissant»
```

Exercice 4.4

Ici, la variable tauxRemise est déjà initialisée à 0. Il suffit donc de lui donner la valeur 1. dans le cas où le montant dépasse 2 000 euros :

```
réel montant, tauxRemise=0.0
lire montant
si montant > 2000. alors tauxRemise := 1.
montant := montant * (1. - tauxRemise/100.)
écrire montant
```

Exercice 4.5

Il existe beaucoup de rédactions possibles. En voici une dans laquelle nous calculons tout d'abord le taux de remise dans une variable nommée `tauxRemise`. Nous utilisons une « constante symbolique » pour y conserver le taux de TVA, de façon à faciliter son éventuelle modification.

```
réel prixHT, prixTTC, tauxRemise, remise
réel constant tauxTVA := 19.6
écrire «donnez le prix HT»
lire prixHT
prixTTC := prixHT * (1. + tauxTVA/100.)
écrire «prix TTC avant remise », prixTTC
si prixTTC < 1000. alors            tauxRemise := 0.
  sinon si prixTTC < 2000. alors    tauxRemise := 1.
    sinon si prixTTC < 5000. alors tauxRemise := 2.
      sinon                        tauxRemise := 5.
remise := prixTTC * tauxRemise
écrire «remise : », remise
prixTTC := prixTTC - remise
écrire «prix TTC après remise : », prixTTC
```

Notez que les choix imbriqués pourraient également être présentés ainsi :

```
si prixTTC < 1000. alors        tauxRemise := 0.
sinon si prixTTC < 2000. alors tauxRemise := 1.
sinon si prixTTC < 5000. alors tauxRemise := 2.
sinon                          tauxRemise := 5.
```

Exercice 4.6

On peut noter que :

• le mois numéro 2 a 28 jours ;

• les mois numéro 4, 6, 9 et 11 ont 30 jours ;

• les autres ont 31 jours.

Il faut également s'assurer que le nombre fourni par l'utilisateur est correct. Voici une première formulation utilisant des choix imbriqués :

```
entier n, nb
écrire «donnez un numéro de mois»
lire n
```

```
si n < 0 ou n > 12
  alors écrire «numéro incorrect»
  sinon
    { si n = 2 alors nb = 28
              sinon si n = 4 ou n = 6 ou n = 9 ou n = 11 alors nb = 30
                                                          sinon nb = 31
      écrire «votre mois comporte», nb, « jours»
    }
```

Voici une autre formulation, plus artificielle utilisant plusieurs choix successifs (moins efficace sur le plan de la rapidité d'exécution). Nous convenons de placer la valeur 0 dans la variable nb lorsque la valeur de n est incorrecte, ce qui permet de « différer » l'écriture du message « numéro incorrect » :

```
entier n, nb
écrire «donnez un numéro de mois»
lire n
si n<0 ou n>12 alors nb = 0
si n = 2                                             alors nb = 28
si n=4 ou n=6 ou n=9 ou n=11                         alors nb = 30
si n=1 ou n=3 ou n=5 ou n=7 ou n=8 ou n=10 ou n=12 alors nb = 31
si nb <> 0 alors écrire «votre mois comporte», nb, « jours»
           sinon écrire «numéro incorrect»
```

Attention à ne pas utiliser cette formulation :

```
si n = 4 ou n = 6 ou n = 9 ou n = 11 alors nb = 30
                                     sinon nb = 31
```

En cas de réponse incorrecte, la variable nb prendrait d'abord la valeur 0, puis suite à l'instruction suivante, elle prendrait la valeur 31 !

Chapitre 5

Exercice 5.1

Il suffit d'utiliser une répétition jusqu'à, de cette manière :

```
entier nombre
répéter
  { écrire «donnez un entier positif inférieur à 100»
    lire nombre
  }
jusqu'à nombre>0 et nombre<100
écrire «merci pour le nombre », nombre
```

Exercice 5.2

Ici, on voit qu'il faut écrire l'un des deux messages «SVP, positif :» ou «inférieur à 100 :», uniquement lorsque la réponse est incorrecte, en utilisant une instruction de choix à l'intérieur de la répétition jusqu'à. On peut procéder ainsi :

```
entier nombre
écrire «donnez un entier positif inférieur à 100»
répéter
  { lire nombre
    si nombre<=0 alors écrire «SVP, positif :»
    si nombre >= 100 alors écrire «SVP, inférieur à 100 :»
  }
jusqu'à nombre>0 et nombre<100
écrire «merci pour le nombre », nombre
```

On peut aussi utiliser une variable de type `booléen`, nommée par exemple `OK`, que l'on initialise à `faux` et à laquelle on affecte la valeur `vrai` lorsqu'une valeur correcte a été fournie :

```
booléen OK := faux
entier nombre
écrire «donnez un entier positif inférieur à 100»
répéter
  { lire nombre
    si nombre>0 et nombre<100 alors ok := vrai
    si nombre <=0 alors écrire «SVP, positif»
    si nombre >=0 alors écrire «SVP, inférieur à 100»
  }
jusqu'à OK
écrire «merci pour le nombre », nombre
```

Exercice 5.3

Si l'on se contente d'utiliser le schéma donné comme équivalent à une boucle jusqu'à (paragraphe 2.3 du chapitre 5, page 80), on est conduit à écrire deux fois les mêmes instructions :

```
entier nombre
écrire «donnez un entier positif inférieur à 100»
lire nombre
tant que nombre <=0 ou nombre >=100 répéter
  { écrire «donnez un entier positif inférieur à 100»
    lire nombre
  }
écrire «merci pour le nombre », nombre
```

Notez qu'alors les instructions de la boucle ne sont exécutées que si la première réponse est incorrecte.

Pour éviter de répéter deux foix les instructions figurant dans le corps de la boucle, on peut initialiser artificiellement la variable `nombre` à une valeur incorrecte (par exemple -1) :

```
entier nombre := -1
tant que nombre <=0 ou nombre >=100 répéter
  { écrire «donnez un entier positif inférieur à 100»
    lire nombre
  }
écrire «merci pour le nombre », nombre
```

On peut aussi utiliser une variable de type `booléen`, ce qui est moins concis :

```
entier nombre
booléen OK := faux
tant que non OK répéter
   { écrire «donnez un entier positif inférieur à 100»
     lire nombre
     si nombre >0 et nombre < 100 alors OK := vrai
   }
écrire «merci pour le nombre », nombre
```

Exercice 5.4

Là encore, on peut éviter de répéter les instructions de la boucle en initialisant artificielle-ment la variable nombre à une valeur incorrecte

```
entier nombre := -1
écrire «donnez un entier positif inférieur à 100»
tant que nombre <=0 ou nombre >=100 répéter
   { lire nombre
     si nombre <=0 alors écrire «SVP, positif»
     si nombre >=100 alors écrire «SVP, inférieur à 100»
   }
écrire «merci pour le nombre », nombre
```

On peut aussi utiliser une variable de type booléen :

```
booléen OK := faux
entier nombre
écrire «donnez un entier positif inférieur à 100»
tant que non OK répéter
   { lire nombre
     si nombre>0 et nombre<100 alors ok := vrai
     si nombre <=0 alors écrire «SVP, positif»
     si nombre >=0 alors écrire «SVP, inférieur à 100»
   }
écrire «merci pour le nombre », nombre
```

Exercice 5.5

Il suffit d'introduire une variable entière (ici nb) permettant de compter le nombre de tours de boucle. On l'initialise par exemple à 0 avant d'entrer dans la boucle et on l'augmente de un dans la boucle avant d'afficher le capital (on pourrait aussi l'initialiser à 1 et l'augmenter de un après avoir affiché le capital) :

```
entier nb             // pour compter les années
réel capIni, cap      // capital initial, capital courant
réel taux             // taux de placement
écrire «donnez le capital à placer et le taux : »
lire cap, taux
capIni := cap
nb := 0
répéter
   { cap := cap * (1 + taux)
     nb := nb + 1     // attention à l'emplacement de cette instruction
     écrire «capital, à l'année », nb, « : », cap
   }
jusqu'à cap >= 2 * capIni
écrire «fin du programme»
```

Exercice 5.6

Il suffit de lire les caractères à l'aide d'une répétition de type `jusqu'à` et d'en compter le nombre de tours.

```
caractère c          // pour lire chacun des caractères
entier nc            // pour compter le nombre de caractères lus
nc := 0
répéter
  { lire c
    nc := nc + 1    // on comptabilise tous les caractères, même le point
  }
jusqu'à c = '.'
nc = nc - 1          // pour tenir compte du point
écrire «vous avez fourni », nc, «caractères », suivis d'un point
```

Pour ne pas comptabiliser le point final, nous avons diminué de un la valeur de `nc`, à la sortie de la boucle. Nous aurions pu également utiliser cette formulation (moins rapide) :

```
répéter
  { lire c
    si c <> '.' alors nb := nb + 1
  }
jusqu'à c = '.'
```

Exercice 5.7

Il suffit d'utiliser une répétition `pour` qui donne à une variable (`i`) les valeurs voulues :

```
entier i             // pour parcourir les valeurs voulues
répéter pour i := 7 à 20
  écrire i, « a pour carré », i*i
```

On peut aussi utiliser cette formulation :

```
entier i
entier constant deb := 7
entier constant fin := 20
répéter pour i := deb à fin
  écrire i, « a pour carré », i*i
```

Exercice 5.8

Il suffit d'utiliser une répétition avec compteur, dans laquelle les limites sont fournies par les valeurs de variables entières (ici `nd` et `nf`) :

```
entier nd, nf     // valeurs de début et de fin
entier i          // pour parcourir les valeurs voulues
écrire «donnez le nombre de début»
lire nd
écrire «donnez le nombre de fin»
lire nf
répéter pour i := nd à nf
  écrire i, « a pour double », 2*i
```

Chapitre 6

Exercice 6.1

Il suffit d'utiliser une répétition avec compteur pour répéter 20 fois les instructions de lecture d'une note. Dans cette boucle, une instruction de choix permet d'augmenter de un la variable nMoy servant à comptabiliser le nombre de notes supérieures à 10.

```
entier i          // compteur de boucle sur les 20 notes
entier nMoy       // compteur du nombre de notes supérieures à 10
entier note       // pour lire une note
réel pourcent     // pourcentage de notes supérieures à 10
nMoy := 0
écrire «donnez 20 notes entières»
répéter pour i := 1 à 20
   { lire note       // lecture d'une note
     si note > 10 alors nMoy := nMoy + 1    // +1 sur compteur si > 10
   }
si nMoy = 0 alors écrire «aucune note supérieure à 10»
           sinon { pourcent := (100.0 * nMoy) / 20.
                   écrire «il y a », pourcent, «% de notes > à 10»
                 }
```

On notera que notre programme n'est pas protégé contre des notes incorrectes (négatives ou supérieures à 20 par exemple). Pour y parvenir, on pourrait remplacer l'instruction de lecture par une répétition conditionnelle ; la répétition pour précédente deviendrait :

```
répéter pour i := 1 à 20
   { répéter
       { lire note       // lecture d'une note
         si note < 0 ou note > 20 alors écrire «note incorrecte - redonnez la»
       }
     jusqu'à note >= 0 et note <= 20
     si note > 10 alors nMoy := nMoy + 1    // +1 sur compteur si > 10
   }
```

Exercice 6.2

Il nous faut comptabiliser le nombre de valeurs positives et le nombre de valeurs négatives, en évitant de comptabiliser cette fois le 0 de fin.

```
entier val
entier sommePos        // pour accumuler la somme des valeurs positives
entier sommeNeg        // pour accumuler la somme des valeurs négatives
réel moyPos            // pour la moyenne des valeurs positives
réel moyNeg            // pour la moyenne des valeurs négatives
entier nPos            // pour compter le nombre de valeurs positives
entier nNeg            // pour compter le nombre de valeurs négatives
sommePos := 0          // initialisation somme des valeurs positives
sommeNeg := 0          // initialisation somme des valeurs négatives
```

```
nPos := 0              // initialisation compteur valeurs positives
nNeg := 0              // initialisation compteur valeurs négatives
répéter
  { écrire «donnez un entier : »
    lire val
    si val > 0 alors { sommePos := sommePos + val
                       nPos := nPos + 1
                     }
    si val < 0 alors { sommeNeg := sommeNeg + val
                       nNeg := nNeg + 1
                     }
  }
jusqu'à val = 0        // arrêt sur valeur nulle
écrire «somme des valeurs positives : », sommePos
si nPos >0 alors
    { moyPos := sommePos * 1.0 / nPos   // attention à la formule
      écrire «moyenne des valeurs positives : », moyPos
    }
écrire «somme des valeurs négatives : », sommeNeg
si nNeg >0 alors
    { moyNeg := sommeNeg * 1.0 / nNeg   // attention à la formule
      écrire «moyenne des valeurs négatives : », moyNeg
    }
```

Pour calculer la moyenne des valeurs positives, on ne peut pas se contenter d'utiliser l'instruction :

```
moyPos := sommePos / nPos
```

qui effectuerait une division entière. Comme nous avons fait l'hypothèse que nous ne disposions pas d'instructions de conversion (ici d'`entier` en `réel`), il nous faut utiliser un artifice, en forçant cette conversion, par exemple, avec l'expression :

```
moyPos := sommePos * 1.0 / nPos
```

La présence de la multiplication par 1.0 entraîne la conversion de `sommePos` en `réel`, lequel multiplié par 1.0 fournit un résultat de type `réel`. Pour effectuer la division suivante, on convertit également `nPos` en `réel` et le résultat est bien celui escompté.

La même remarque s'applique à la moyenne des valeurs négatives.

Exercice 6.3

Ici, il n'est plus question d'utiliser la première valeur comme « maximum provisoire ». En revanche, compte tenu de la nature particulière du problème, on est sûr que la valeur minimale des valeurs positives sera supérieure ou égale à 0. Il est donc possible d'utiliser cette valeur 0 comme valeur provisoire du maximum. La démarche est ensuite classique : elle consiste à comparer chaque valeur positive à ce maximum temporaire, en le modifiant dès qu'apparaît une valeur qui lui est supérieure. Cependant, si à la fin du processus, la valeur maximale est toujours 0, c'est qu'en fait aucune valeur positive n'a été fournie. Il faudra donc en tenir compte dans l'affichage des résultats.

Le même raisonnement s'applique à la valeur minimale des valeurs négatives.

```
entier n          // pour lire une valeur
entier maxPos     // pour le maximum des valeurs positives
entier minNeg     // pour le minimum des valeurs négatives
maxPos := 0       // maximum provisoire
minNeg := 0       // minimum provisoire
répéter
  { lire n
    si n > maxPos alors maxPos := n
    si n < minNeg alors minNeg := n
  }
jusqu'à n = 0
si maxPos <> 0 alors écrire «maximum des valeurs positives : », maxPos
si minNeg <> 0 alors écrire «minimum des valeurs négatives : », minNeg
```

On notera qu'il n'est pas nécessaire de vérifier si une valeur est positive ou négative car si elle est supérieure à `maxPos`, elle est obligatoirement positive ; si elle est inférieure à `minNeg`, elle est obligatoirement négative.

Exercice 6.4

Notez bien qu'aucune erreur ne sera décelée par le traducteur. Néanmoins, vous n'obtiendrez pas les résultats escomptés : en effet, vous aurez affaire à deux instructions `pour` consécutives et non plus à deux répétitions imbriquées. Vous obtiendrez tout d'abord les 10 titres de la forme `TABLE de x`, puis une seule table : sa valeur sera probablement 10, puisque c'est cette valeur qui aura déclenché l'arrêt de la première boucle (ce n'est toutefois pas une certitude car certains langages prévoient qu'à la sortie d'une répétition avec compteur, la valeur du compteur n'est pas définie). Notez que les choses sont plus compréhensibles si l'on présente le programme d'une manière plus appropriée à la réalité :

```
répéter pour i := 1 à 9
    écrire «TABLE de », i
répéter pour j := 1 à 10
  { prod := i * j
    écrire i, « x », j, « = », prod
  }
```

Les résultats obtenus ressembleront donc à ceci (on peut obtenir une table autre que celle des 10) :

```
TABLE de 1
TABLE de 2
TABLE de 3
TABLE de 4
TABLE de 5
TABLE de 6
TABLE de 7
TABLE de 8
TABLE de 9
10 x  1 = 10
10 x  2 = 20
10 x  3 = 30
```

```
10 x  4 =  40
10 x  5 =  50
10 x  6 =  60
10 x  7 =  70
10 x  8 =  80
10 x  9 =  90
10 x 10 = 100
```

Chapitre 7

Exercice 7.1

La première répétition place les carrés des entiers de 1 à 5 dans le tableau `nombre`, c'est-à-dire les valeurs : 1, 4, 9, 16 et 25. La répétion suivante écrit simplement les valeurs de ce tableau, dans l'ordre « naturel ». Le programme affiche donc :

```
1
4
9
16
25
```

Exercice 7.2

La première répétition place dans le tableau `c` les valeurs fournies en donnée, ce qui conduit à : 2, 5, 3, 10, 4, 2.

La répétition suivante remplace ces valeurs par leur carré, soit : 4, 25, 9, 100, 16 et 4.

La répétition suivante affiche les trois premières valeurs, soit 4, 25 et 9. Enfin la dernière répétition affiche le double des trois dernières valeurs, soit 200, 32 et 8.

En définitive, le programme affiche :

```
4
25
9
200
32
8
```

Exercice 7.3

La première répétition place dans les éléments de rang 3 à 8 du tableau `suite`, la somme des deux éléments précédents. Nous obtenons donc dans le tableau `suite`, les valeurs suivantes : 1, 1, 2, 3, 5, 8, 13, 21.

En définitive, le programme affiche :

```
1
1
2
3
```

```
5
8
13
21
```

Exercice 7.4

On peut adapter les instructions de recherche du maximum en conservant la valeur de l'indice concerné à chaque fois qu'on doit modifier le « maximum temporaire », en procédant ainsi :

```
tableau entier t[200]
entier max       // pour le maximum du tableau t
entier pos       // pour sa position
   .....    // on suppose que t est convenablement initialisé
max := t[1]      // maximum temporaire
pos := 1         // position temporaire
répéter pour i := 2 à 200
   si t[i] > max alors { max := t[i]  // on « actualise » la valeur du maximum
                     pos := i     // ainsi que sa position
                   }
écrire «le maximum du tableau se trouve en position », pos
```

A priori, l'énoncé ne demande que la position du maximum, pas sa valeur. Toutefois, il n'est pas possible d'obtenir l'une sans l'autre...

Exercice 7.5

Il suffit de déclarer un tableau de 6 caractères, nommé ici voy, initialisé avec les valeurs des 6 voyelles. On compare ensuite la valeur de c avec chacun des 6 éléments de ce tableau. Nous conviendrons de « signaler » la présence de c dans le tableau en plaçant à vrai une variable booléenne nommée trouvé. Le programme pourrait se présenter ainsi :

```
tableau caractère voy [6] := { 'a', 'e', 'i', 'o', 'u', 'y' }
entier i         // pour parcourir le tableau voy
caractère c      // caractère cherché
booléen trouvé
écrire «donnez un caractère»
lire c
trouvé := faux
répéter pour i := 1 à 6
  si t[i] = c alors trouvé := vrai
si trouvé alors écrire «c'est une voyelle»
        sinon écrire «ce n'est pas une voyelle»
```

Notez qu'ici, l'examen des voyelles se poursuit, même si une égalité a été trouvée, ce qui en pratique n'est pas très gênant.

Exercice 7.6

Il suffit ici de remplacer toutes les occurrences de 15 par `nbElem` et celles de 14 par `nbElem-1` :

```
entier constant nbElem := 15
tableau entier t[nbElem]
entier i, j
entier temp  // pour procéder à l'échange de deux valeurs
    // lecture des valeurs à trier
écrire «donnez », nbElem, « valeurs entières : »
répéter pour i := 1 à nbElem
  lire t[i]
    // tri des valeurs de t
répéter pour i := 1 à nbElem-1
  répéter pour j := i+1 à nbElem
    si t[i] > t[j] alors
        { temp := t|i]
          t[i] := t[j]
          t[j] := temp
        }
    // affichage des valeurs triées
écrire «voici vos valeurs triées par ordre non décroissant»
répéter pour i := 1 à nbElem
  écrire t[i]
```

Exercice 7.7

a) Au lieu d'écrire le tableau ligne par ligne, on l'écrit colone par colonne, ce qui conduit à :

```
1
8
2
16
4
32
```

b) On obtient en fait les mêmes résultats que dans le programme initial. En effet, ici on s'est contenté d'inverser les variables utilisées pour parcourir les lignes et les colonnes : i est utilisée pour le second indice et j pour le premier.

Exercice 7.8

La première double répétition place dans le tableau t les valeurs suivantes (ici, le premier indice représente les lignes) :

```
2 3
3 4
4 5
5 6
```

La seconde double répétition écrit ces valeurs, en parcourant le tableau suivant les lignes, ce qui conduit aux résultats :

```
2
3
3
4
4
5
5
6
```

Notez que si l'on avait utilisé pour l'affichage les instructions suivantes :

```
répéter pour m := 1 à 2
  répéter pour k := 1 à 4
    écrire t[k, m]
```

le tableau serait parcouru suivant les colonnes et nous obtiendrions ces résultats :

```
2
3
4
5
3
4
5
6
```

Exercice 7.9

Nous procéderons suivant ce «canevas» :

```
répéter pour i := 1 à 2
  // lecture de la ligne numéro i
répéter pour j := 1 à 3                    // ou pour i := 1 à 3
  // affichage de la colonne numéro j      // ou numéro i
```

Voici ce que pourrait être le programme complet :

```
tableau entier x [2, 3]
entier i, j
  // lecture du tableau par lignes
répéter pour i := 1 à 2
  { écrire «donnez les valeurs de la ligne numéro », i
    répéter pour j := 1 à 3
      lire t[i, j]
  }
  // affichage du tableau par colonnes
répéter pour j := 1 à 3                    // on pourrait utiliser ici i
  { écrire «voici la colonne numéro », j   //   ici aussi
    répéter pour i := 1 à 2                // mais il faudrait utiliser j ici
      écrire t[i, j]                       //   et ici t[j, i]
  }
```

Exercice 7.10

On peut adapter les instructions de recherche du maximum en conservant la valeur des deux indices concernés à chaque fois qu'on doit modifier le « maximum temporaire », en procédant ainsi :

```
tableau entier t [20, 50]
entier max
entier imax, jmax    // pour la position du maximum
max := t[1, 1]       // maximum provisoire
imax := 1            // positions provisoires
jmax := 1            //
     .....    // on suppose que t est convenblement initialisé
répéter pour i := 1 à 20
  répéter pour j := 1 à 50
    si t[i, j] > max alors { max := t[i, j]
                             imax := i
                             jmax := j
                           }
écrire «le maximum de t se situe en », imax, «, », jmax
```

Là encore, bien que l'énnoncé ne demande que la position du maximum, pas sa valeur, il n'est pas possible d'obtenir l'une sans l'autre...

Chapitre 8

Exercice 8.1

Le programme appelle la fonction `faitCalculs`, avec des paramètres valant :

- la première fois : 4 et 7 ;

- la seconde fois : 8 et 8.

Nous obtenons donc ces résultats :

```
somme : 11
produit : 28
somme : 16
produit : 64
```

Exercice 8.2

Notre fonction reçoit deux paramètres de type `réel` (le prix hors taxe et le taux de TVA) et elle fournit en résultat le prix TTC, lui aussi de type `réel`. Son en-tête se présentera ainsi :

```
réel fonction prixTTC (réel HT, réel taux)
```

Dans son corps, on devra trouver les instructions effectuant le calcul demandé et en fournissant la valeur en résultat. En définitive, notre fonction pourra se présenter ainsi :

```
réel fonction prixTTC (réel HT, réel taux)
{ réel TTC    // variable locale pour le calcul du prixTTC
  TTC := HT * ( 1. + taux) / 100.
  retourne TTC
}
```

Si l'on suppose que l'instruction `retourne` peut mentinner, non pas seulement une variable, mais aussi une expression, on peut se passer de la variable locale TTC en écrivant directement :

```
réel fonction prixTTC (réel HT, réel taux)
{  retourne ( 1. + taux) / 100.
}
```

Exercice 8.3

Nous utilisons une variable booléenne locale nommée `voy`, dans laquelle nous plaçons la valeur `vrai` si le caractère `c` est une voyelle et la valeur `faux` dans le cas contraire. Voici ce que pourrait être notre fonction, accompagnée d'un petit programme l'utilisant :

```
booléen fonction estVoyelle (caractère c)
{ booléen voy
   si c = 'a' ou c = 'e' ou c = 'i' ou c = 'o' ou c = 'u' ou c = 'y'
         alors voy := vrai
         sinon voy := faux
   retourne voy
}

caractère car
écrire «donnez un caratère»
lire car
si estVoyelle (car) alors écrire «c'est une voyelle»
                    sinon écrire «ce n'est pas une voyelle»
```

Là encore, si l'on suppose que l'instruction `retourne` peut renvoyer une expression, on peut fournir directement le résultat sous forme d'une expression de type `booléen`, en procédant ainsi :

```
booléen fonction estVoyelle (caractère c)
{ retourne (c = 'a' ou c = 'e' ou c = 'i' ou c = 'o' ou c = 'u' ou c = 'y')
}
```

Exercice 8.4

La valeur du premier paramètre aurait été recopiée localement à la fonction ; en revanche, le second paramètre aurait désigné la variable fournie en second paramètre de l'appel. Dans ces conditions, on aurait procédé à l'échange de la copie du premier paramètre effectif avec le second.

En définitif, un appel tel que :

```
echange (n, p)
```

conduirait à placer dans p la valeur de n (en laissant p inchangé).

Exercice 8.5

L'énoncé ne précise pas si la fonction doit fournir un résultat. S'il s'agissait d'une simple fonction de recherche de maximum, ce dernier pourrait être fourni en résultat. Mais, ici, il s'agit de déterminer à la fois un maximum et un minimum. Il n'est alors pas possible de fournir ces deux informations en résultat et, par ailleurs, il ne serait pas logique de n'en fournir qu'un seul sous cette forme. Il faudra donc les prévoir en paramètre ; de plus, comme il est nécessaire que ces valeurs soient communiquées au programme, il faut prévoir une transmission par référence. En définitive, notre fonction disposera des paramètres suivants :

- le tableau concerné : il sera automatiquement transmis par référence ;

- sa dimension : entier transmis par valeur ;

- le maximum et le minimum : variables entières dont on fournira la référence.

Voici ce que pourrait être notre fonction :

```
fonction maxmin (tableau entier t[], entier nbElem,
                 référence entier max, référence entier min)
{ entier i
  max := t [1]
  min := t [1]
  répéter pour i := 2 à nbElem
    si t[i] > max alors max := t[i]
    si t[i] < min alors min := t[i]
}
```

 **Remarque**

Dans une fonction véritable, il faudrait :

- Véririer que la valeur de `nbElem` est bien positive ; dans le cas contraire, on pourrait fournir conventionnellement des valeurs nulles pour le maximum et le minimum. On pourrait aussi prévoir que la fonction fournit toujours un résultat de type `booléen` indiquant si la recherche s'est bien déroulée.

- Dans le cas où `nbElem` vaut 1, éviter d'exécuter la répétition pour `i := 1 à 2` qui, dans certains rares langages, risquerait d'être parcourue une fois à tort, utilisant ainsi la valeur de `t[2]` avec des conséquences peu prévisibles et dépendant du langage (valeur fausse, message d'erreur, déclenchement d'une exception...).

Exercice 8.6

Comme nous avons convenu qu'un tableau passé en paramètre est fourni par référence, la fonction pourra travailler directement sur le tableau concerné pour en effectuer le tri. Elle pourra se présenter ainsi :

```
fonction tri (tableau entier t|], entier nbElem)
{ entier i, j
  entier temp  // pour procéder à l'échange de deux valeurs
  répéter pour i := 1 à nbElem - 1    // notez bien nbElem-1 ici
    répéter pour j := i+1 à nbElem
      si t[i] > t[j] alors
        { temp := t[i]
          t[i] := t[j]
          t[j] := temp
        }
}
```

Ici encore, dans une fonction véritable, il pourrait être judicieux de vérifier que la dimension du tableau est au moins égale à 1.

Exercice 8.7

Ici, il nous faut prévoir dans la fonction une variable locale réelle rémanente pour y cumuler les valeurs lues, ainsi qu'une variable locale rémanente entière pour les comptabiliser. Ces deux variables devront être initialisées à zéro (0. pour la première, 0 pour la seconde) ; rappelons que cette initialisation n'a lieu qu'une seule fois avant le premier appel de la fonction.

```
réel fonction cumul
{ réel rémanent somme := 0.0  // ne pas oublier cette initialisation
  entier rémanent nbVal := 0  // ni celle-ci
  réel x                      // variable locale utilisée pour lire une valeur
  réel moyenne                // variable locale utilisée pour la moyenne
  écrire «donnez un nombre réel : »
  lire x
  somme := somme + x
  nbVal := nbVal + 1
  moyenne := somme / nbVal
  retourne moyenne
}
```

Chapitre 9

Exercice 9.1

Voici comment nous pouvons écrire la nouvelle méthode premQuad :

```
classe Point
{ .....
  booléen méthode premQuad
  { booléen ok
    si abs >= 0 et ord >=0 alors ok := vrai
                           sinon ok := faux
    retourne ok
  }
  entier abs
  entier ord
```

Notez que si l'instruction retourne accepte une expression, la méthode peut s'écrire plus simplement :

```
  booléen méthode premQuad
  { retourne (abs >= 0) et (ord >=0)
  }
```

Voici un petit programme utilisant cette nouvelle classe Point :

```
Point p, q
p := Création Point
p.initialise (3, 5)
p.affiche
```

```
si p.premQuad alors écrire «  et je suis dans le premier quadrant»
              sinon écrire «  et je ne suis pas dans le premier quadrant»
p.deplace(-5, 0)
p.affiche
si p.premQuad alors écrire «  et je suis dans le premier quadrant»
              sinon écrire «  et je ne suis pas dans le premier quadrant»
```

▷ **Remarque**

Il serait possible de regrouper l'instruction d'affichage et celle précisant si le point est dans le premier quadrant dans une méthode de la classe Point.

```
classe Point
{ .....
  méthode information
  { affiche
    si p.premQuad alors écrire «  et je suis dans le premier quadrant»
              sinon écrire «  et je ne suis pas dans le premier quadrant»
  }
  .....
}
```

Ici, nous avons affaire à une méthode appelant une autre méthode de la même classe, situation qui ne sera étudiée qu'au paragraphe 4 du chapitre 9, page 194. Le programme précédent s'écrirait alors :

```
Point p, q
p := Création Point
p.initialise (3, 5)
p.information
p.déplace (-5, 0)
p.information
```

Notez qu'il serait également possible d'utiliser une fonction (ordinaire) recevant en paramètre un objet de type Point ; là encore, il faut faire appel à une possibilité (objet en paramètre) qui ne sera étudiée qu'ultérieurement (paragraphe 3 du chapitre 10, page 216).

```
fonction infos (Point q)
{ q.affiche
    si q.premQuad alors écrire «  et je suis dans le premier quadrant»
              sinon écrire «  et je ne suis pas dans le premier quadrant»
}
```

Le programme précédent s'écrirait alors :

```
Point p, q
p := Création Point
p.initialise(3, 5)
infos (p)
p.déplace(-5, 0)
infos (p)
```

Exercice 9.2

La nouvelle classe `Point` s'écrit facilement :

```
classe Point
{ méthode fixeAbs (entier x)
  { abs := x
  }
  méthode fixeOrd
  { ord := y
  }
  entier méthode valeurAbs
  { retourne abs
  }
  entier méthode valeurOrd
  { retourne ord
  }
  entier abs, ord
}
```

En revanche, le programme d'utilisation doit être fortement remanié pour pallier la disparition de `initialise` et de `affiche` :

```
Point p, r              // deux variables de type Point
p := Création Point      // instanciation d'un objet de type Point
p.fixeAbs (3) ; p.fixeOrd (5)
écrire «Je suis un point de coordonnées », p.valeurAbs, p.valeurOrd
p.fixeAbs (5)
écrire «Je suis un point de coordonnées », p.valeurAbs, p.valeurOrd
r := Création Point      // instanciation d'un autre objet de type Point
r.fixeAbs (6) ; r.fixeOrd (8)
écrire «Je suis un point de coordonnées », r.valeurAbs, r.valeurOrd
```

Exercice 9.3

Voici ce que pourrait être la définition de notre classe `Carac` :

```
classe Carac
{ méthode Carac (caractère c)    // constructeur à un paramètre
  { car := c
  }
  méthode Carac                  // constructeur sans paramètre
  { car := ' '
  }
  booléen méthode estVoyelle
  { booléen ok
    si car = 'a' ou car = 'e' ou car = 'i' ou car = 'o' ou car = 'u' ou car = 'y'
       alors ok := vrai
       sinon ok := faux
    retourne ok
  }
  caractère car                  // pour conserver le caractère
}
```

Voici un petit programme utilisant cette classe :

```
caractère x := 'e'
Carac c1, c2
c1 := Création Carac
si c1.estVoyelle alors écrire «voyelle»
c2 := Création Carac (x)  // on fournit la valeur de x (ici 'e' au constructeur)
si c2.estVoyelle alors écrire «voyelle»
```

Notez bien que, telle que notre classe a été conçue, nous n'avons aucun moyen de connaître, après construction, le caractère stocké dans un objet de type `Carac`. Notamment, ce besoin pourrait se faire sentir dans les instructions d'écriture précédentes...

Exercice 9.4

Voici ce que pourrait être la définition de notre classe `Rectangle` :

```
classe Rectangle
{ méthode Rectangle
  { côté1 := 1.
    côté2 := 1.
  }
  méthode Rectangle (réel ct)
  { côté1 := ct
    côté2 := ct
  }
  méthode Rectangle (réel ct1, réel ct2)
  { côté1 := ct1
    côté2 := ct2
   }
  réel méthode périmètre
  { réel p
    p := 2 * (côté1 + côté2)
    retourne p
  }
  réel méthode surface
  { réel s
    s := côté1 * côté2
    retourne s
  }
  méthode agrandit (réel coef)
  { côté1 := côté1 * coef
    côté2 := côté2 * coef
  }
  réel côté1, côté2
}
```

Voici un petit programme d'utilisation, accompagné des résultats qu'il fournit :

```
Rectangle r1, r2
r1 := Création Rectangle
écrire «le premier rectangle a pour surface », r1.surface
r1.agrandit (2.5)
écrire «le premier rectangle a maintenant pour surface », r1.surface
```

```
r2 := Création Rectangle (1.5, 5.)
écrire «le second rectangle a pour périmètre », r2.périmètre
r2.agrandit (10.)
écrire «le second rectangle a maintenant pour périmètre », r2.périmètre
```

```
le premier rectangle a pour surface 1.0
le premier rectangle a maintenant pour surface 6.25
le second rectangle a pour périmètre 13.
le second rectangle a maintenant pour périmètre 130.
```

Exercice 9.5

Voici une façon d'implémenter la classe Réservoir.

```
classe Réservoir
{ méthode Reservoir (entier cap)
  { capacite := cap ; niveau := 0 }
  entier méthode verse (entier q)
  { entier ajout    // variable locale servant à déterminer la quantité ajoutable
    entier disponible := capacité-niveau
    si q <= disponible alors ajout := q
                       sinon ajout := disponible
    niveau := niveau + ajout
    retourne ajout
  }
  entier méthode puise (entier q)
  { entier enlève   // variable locale servant à déterminer la quantité enlevable
    si q <= niveau alors enlève := q
                   sinon enlève := niveau
    niveau := niveau - q
    retourne enlève
  }
  entier méthode jauge { retourne niveau }
  entier capacité, niveau
}
```

À titre indicatif, voici un petit programme d'utilisation, accompagné des résultats qu'il fournit :

```
Réservoir r1
r1 := Création Réservoir(15)
écrire r1.jauge
écrire r1.verse (20)
écrire r1.puise (2)
écrire r1.jauge ;
```

```
0
15
2
13
```

Chapitre 10

Exercice 10.1

La fonction voulue pourrait se présenter ainsi :

```
fonction grandit (Point p, entier n)
{ ...
}
```

Toutefois, dans cette fonction, l'objet p ne peut accéder qu'aux méthodes publiques de la classe `Point`. Or, parmi celles-ci n'existe aucune méthode d'altération des coordonnées. Néanmoins, la méthode `déplace` est bien en mesure d'effectuer des modifications des coordonnées. Nous pouvons exploiter cette remarque pour utiliser l'artifice suivant :

* déterminer les nouvelles coordonnées souhaitées ;

* calculer la différence entre ces nouvelles coordonnées et les anciennes ;

* appliquer la méthode `déplace` à cette diffférence.

```
fonction grandit (Point p, entier n)
{ entier abs0      // ancienne abscisse du point
  entier ord0      // ancienne ordonnée du point
  entier abs1      // nouvelle abscisse
  entier ord1      // nouvelle ordonnée
  entier dx        // différence entre ancienne et nouvelle abscisses
  entier dy        // différence entre ancienne et nouvelle ordonnées
     // on récupère les coordonnées actuelles du point p
  abs0 = p.valeurAbscisse
  ord0 = p.valeurOrdonnée
     // on détermine les nouvelles coordonnées souhaitées
  abs1 = abs0 * n
  ord1 = ord0  * n
     // on en déduit le déplacement à appliquer
  dx = abs1 - abs0
  dy = ord1 - ord0
  p.déplace (dx, dy)
}
```

Exercice 10.2

Il s'agit en fait d'écrire ce que l'on nomme « constructeur par recopie » dans certains langages. Son écriture ne présente pas de difficultés particulières : il suffit de recopier dans le « point courant », les coordonnées du point p reçu en paramètre.

```
class Point
{ méthode Point (Point p)    // constructeur recopiant p dans l'objet courant
  { abs := p.abs
    ord := p.ord
  }
  .....
  entier abs, ord
}
```

Exercice 10.3

Puisque l'unité d'encapsulation est la classe, la méthode somme aura bien accès à la fois aux coordonnées du point courant (celui l'ayant appelée) qu'aux coordonnées du point p reçu en paramètre. Son écriture ne présente guère de difficultés.

```
classe Point
{ .....
   Point méthode somme (Point p)     // p est le point à «ajouter» au point courant
   { Point s                         // pour le point représentant la somme
     s := Création Point (0, 0)      // ici, les coordonnées fournies au constructeur
                                     // sont sans importance
     s.abs := abs + p.abs            // puisqu'on fixera ici l'absice de s
     s.ord := ord + p.ord            // et ici son ordonnée
     retourne s
   }
   .....
   entier abs, ord
}
```

Voici un exemple d'utilisation de somme :

```
Point p1, p2, ps
p1 := Création Point (1, 5)
p2 := Création Point (3, 12)
ps := p1.somme(p2)                // ps aura pour coordonnées 4, 17
```

Exercice 10.4

La méthode coincide pourra se présenter ainsi :

```
classe Point
{ .....
booléen méthode deClasse coincide (Point p1, Point p2)
   { booléen res
     res := (p1.abs = p2.abs) et (p1.ord = p2.ord)
     retourne res
   }
   entier abs, ord ;
}
```

Notez que si l'instruction retourne accepte une expression, la méthode coincide peut se simplifier ainsi :

```
booléen méthode deClasse coincide (Point p1, Point p2)
   { retourne (p1.abs = p2.abs) et (p1.ord = p2.ord)
   }
```

À titre indicatif, voici un petit programme utilisant cette classe Point :

```
Point a, b, c
a := Création Point (1, 3)
b := Création Point (2, 5)
c := Création Point (1, 3)
si Point.coincide (a, b) alors écrire «a coincide avec b»
si Point.coincide (b, c) alors écrire «b coincide avec c»
Si Point.coincide (a, c) alors écrire «a coincide avec c»
```

```
a coincide avec c
```

On notera que l'utilisation d'une méthode de classe permet de retrouver des notations symétriques de la comparaison de deux points, ce qui n'était pas le cas avec une méthode usuelle, puisque alors les comparaisons s'effectuaient sous la forme a.coincide(b).

Exercice 10.5

Cette fois, la méthode somme devra disposer de deux paramètres de type Point, puisque étant une méthode de classe, elle ne disposera pas du paramètre transmis implicitement lors de son appel. Bien entendu, cette méthode aura toujours accès aux coordonnées de ces deux points. Elle pourra se présenter ainsi :

```
classe Point
{ .....
       // méthode de classe fournissant en résultat la somme de p1 et p2
   Point méthode deClasse somme (Point p1, Point p2)
   { Point s                       // pour le point représentant la somme
     s := Création Point (0, 0)    // ici, les coordonnées fournies au constructeur
                                   // sont sans importance
     s.abs := p1.abs + p2.abs      // puisqu'on fixera ici l'absice de s
     s.ord := p1.ord + p2.ord      // et ici son ordonnée
     retourne s
   }
   .....
   entier abs, ord
}
```

Notez bien qu'une méthode de classe ne s'applique pas à un objet mais que rien ne l'empêche de créer un objet, comme n'importe quelle fonction usuelle.

Voici un exemple d'utilisation de somme :

```
Point p1, p2, ps
p1 := Création Point (1, 5)
p2 := Création Point (3, 12)
ps := Point.somme(p1, p2)                 // ps aura pour coordonnées 4, 17
```

Chapitre 11

Exercice 11.1

La méthode déplace pourrait se présenter ainsi :

```
méthode déplace (entier dx, entier dy)
{ entier x, y
  x = centre.valeurAbs + dx
  y = centre.valeurOrd + dy
  centre.fixeAbs (x)
  centre.fixeOrd (y)
}
```

Ou, de façon plus concise :

```
méthode déplace (entier dx, entier dy)
{ centre.fixeAbs (centre.valeurAbs + dx)
  centre.fixeOrd (centre.valeurOrd + dy)
}
```

Exercice 11.2

Il suffit de procéder à l'échange des références.

```
méthode inverse
{ Point temp
  temp := origine
  origine := extrémité
  extrémité := temp
}
```

On notera que, même si l'on disposait des méthodes d'accès et d'altération voulues, il resterait préférable d'éviter de procéder à l'échange effectif des valeurs des attributs des points concernés. En effet, dans ce dernier cas, un simple appel tel que inverse (a,b) modifierait les coordonnées des points a et b eux-mêmes.

Exercice 11.3

On peut utiliser un tableau de 4 points comme attributs de la classe Quadrilatère.

```
classe Quadrilatère
{ méthode Quadrilatère (tableau Point s[4])
  entier i
  { répéter pour i := 1 à 4
      sommet [i] := s[i]
  }
  méthode affiche
  entier i
  { répéter pour i := 1 à 4
    { écrire «-- sommet numéro », i
      sommet[i].affiche
    }
  }
  méthode déplace (entier dx, entier dy)
  entier i
  { répéter pour i := 1 à 4
      sommet[i].deplace (dx, dy)
  }
  tableau Point sommet [4]  // références aux 4 points du quadrilatère
}
```

Voici un petit exemple d'utilisation, accompagné du résultat fourni par son exécution :

```
Quadrilatère q
Point a, b, c, d
Point pts[4]  // tableau de 4 références à des points
  // création de 4 points a, b, c et d
a := Création Point (1, 2)
b := Création Point (3, 5)
c := Création Point (8,8)
d := Création Point (11,12)
```

```
    // préparation d'un tableau de 4 points et création du quadrilatère
pts[1] := a
pts[2] := b
pts[2] := c
pts[4] := d
q := Création Quadrilatère (pts)
    // affichage quadrilatère, déplacement, nouvel affichage
écrire («** avant **»
q.affiche
q.déplace (2, -2)
écrire («** après **»
q.affiche
```

```
** avant **
-- sommet numéro 1
abscisse 1 ordonnée 2
-- sommet numéro 2
abscisse 3 ordonnée 5
-- sommet numéro 3
abscisse 8 ordonnée 8
-- sommet numéro 4
abscisse 11 ordonnée 12
** après **
-- sommet numéro 1
abscisse 3 ordonnée 0
-- sommet numéro 2
abscisse 5 ordonnée 3
-- sommet numéro 3
abscisse 10 ordonnée 6
-- sommet numéro 4
abscisse 13 ordonnée 10
```

Exercice 11.4

La copie superficielle ne présente pas de difficultés :

```
Segment méthode copieSuperficielle
{ Segment s
  s := Création Segment (origine, extrémité)
  retourne s
}
```

Pour ce qui est de la copie profonde, il faut cette fois créer entièrement deux nouveaux points et un nouveau segment. De plus, pour pouvoir opérer les copies nécessaires d'objets de type `Point`, il est nécessaire que cette classe dispose de méthodes d'accès et d'altération ou, mieux, d'une méthode de copie profonde. Nous doterons donc la classe `Point` de la méthode suivante (nous l'avons nommée `copieProfonde`, bien qu'ici, il n'y ait pas de différence entre copie superficielle et copie profonde) :

```
Point méthode copieProfonde
{ Point p
  p := Création Point (abs, ord)
  retourne p
}
```

Voici ce que pourrait être la méthode de copie profonde d'un segment :

```
Segment méthode copieProfonde
{ Segment s
  Point o, e
  o := origine.copieProfonde
  e := extrémité.copieProfonde
  s := Création (Segment (o, e))
  retourne s
}
```

Exercice 11.5

Le canevas de notre classe pourrait se présenter ainsi :

```
classe Doubleton
{ privé méthode Doubleton()    // constructeur privé
  { // initialisation des attributs
  }
  méthode deClasse Doubleton créeInstance
  { // crée une instance s'il en existe moins de deux,
    // sinon renvoie une référence à l'une des deux instances
  }
  Doubleton deClasse d1, d2    // références aux deux objets instanciés
     // autres attributs de la classe
}
```

Pour gérer convenablement la création des instances, nous prévoyons un compteur de classe nObj du nombre d'instances déjà créées, ainsi qu'un indicateur booléen nommé prem que l'on utilisera à partir du troisième appel pour renvoyer alternativement la référence d1 ou la référence d2.

Voici une version possible de notre classe :

```
classe Doubleton
{ privé méthode Doubleton    // constructeur privé
  { // initialisation des attributs
  }
  méthode deClasse Doubleton créeInstance
  { si nObj= 0          alors { d1 := Création Doubleton
                                nObj := nObj + 1
                                retourne d1
                              }
    sinon si nObj = 1 alors { d2 := Création Doubleton
                                nObj := nObj + 1
                                retourne d2
                              }
    sinon si prem        alors { prem := faux
                                retourne d1
                              }
    sinon                      { prem := vrai
                                retourne d2
                              }
  }
```

```
Doubleton deClasse d1, d2      // références aux deux objets instanciés
entier deClasse nObj := 0      // nombre d'objets créés
booléen deClasse prem := true   // pour contrôler l'objet renvoyé
  // autres attributs de la classe
}
```

Chapitre 12

Exercice 12.1

La méthode `affiche`, comme toute méthode d'une classe dérivée a accès à tous les membres publics de la classe de base, donc en particulier aux méthodes `valeurAbs` et `valeurOrd` :

```
classe PointA dériveDe Point
{ méthode affiche
  { écrire «Coordonnées : », valeurAbs, « », valeurOrd
  }
}
```

On peut alors créer des objets de type `PointA` et leur appliquer aussi bien les méthodes publiques de `PointA` que celle de `Point`, comme dans ce programme :

```
Point p
PointA pa
p := Création Point
pa = Création PointA
p.initialise (2, 5)
   // affichage coordonnées p : on ne peut pas utiliser affiche
écrire («Coordonnées du point : », p.valeurAbs, « », p.valeurOrd
pa.initialise (1, 8)    // utilise la méthode initialise de Point
pa.affiche              // et la méthode affiche de PointA


Coordonnées du point : 2 5
Coordonnées : 1 8
```

Si la classe `Point` n'avait pas disposé des méthodes d'accès, il n'aurait pas été possible d'accéder à ses attributs privés `abs` et `ord`, depuis les méthodes de la classe `PointA`. Il n'aurait donc pas été possible de la doter de la méthode `affiche`.

Notez que l'affichage des coordonnées de `p` :

```
écrire («Coordonnées du point : », p.valeurAbs, « », p.valeurOrd
```

ne peut pas se faire en utilisant `affiche`

```
p.affiche              // la classe Point ne dispose pas de méthode affiche
```

Exercice 12.2

Nous prévoyons tout naturellement un attribut privé, de type caractère, que nous nommerons nom. La méthode `fixeNom` est triviale. Compte tenu de l'encapsulation des données de `Point`, les deux autres méthodes doivent absolument recourir aux méthodes publiques de `Point`.

```
classe PointNom dériveDe Point
{ méthode fixePointNom (entier x, entier, y, caractère c)
  { fixePoint (x,y)
    nom := c
  }
  méthode fixeNom (caractère c)
  { nom := c
  }
  méthode affCoordNom
  { écrire «Point de nom », nom
    affCoord
  }
caractère nom
}
```

Voici un exemple d'utilisation :

```
Point p
PointNom pn1, pn2
p := Création Point
p.fixePoint (2, 5)
p.affCoord
pn1 := Création PointNom
pn1.fixePointNom (1, 7, 'A')       // méthode de PointNom
pn1.affCoordNom                    // méthode de PointNom
pn1.déplace (9, 3)                 // méthode de Point
pn1.affCoordNom                    // méthode de PointNom
pn2 := Création PointNom
pn2.fixePoint (4, 3)              // méthode de Point
pn2.fixeNom ('B')                 // méthode de PointNom
pn2.affCoordNom                   // méthode de PointNom
pn2.affCoord                      // méthode de Point

Coordonnées : 2 5
Point de nom A
Coordonnées : 1 7
Point de nom A
Coordonnées : 10 10
Point de nom B
Coordonnées : 4 3
Coordonnées : 4 3
```

Exercice 12.3

Cet exercice est voisin du précédent mais, cette fois, les deux classes disposent d'un constructeur. D'après les hypothèses que nous avons faites ici, celui de la classe dérivée `PointNom` doit prendre en charge la construction de l'intégralité de l'objet, quitte à s'appuyer pour cela sur le constructeur de la classe de base, ce qui est ici indispensable puisque cette dernière ne dispose pas de méthodes d'altération. En définitive, voici ce que pourrait être la définition de notre classe `PointNom` :

```
classe PointNom dériveDe Point
{ méthode PointNom (entier x, entier y, caractère c)
  { base (x, y)    // appel du constructeur de la classe de base qui va
                   // initialiser à x et y les attributs abs et ord
    nom = c        // initialisation de l'attribut spécifique à PointNom
  }
  méthode affCoordNom
  { écrire «Point de nom »,  nom, « »
    affCoord
  }
  caractère nom
}
```

Voici un petit programme d'utilisation de `PointNom` :

```
PointNom pn1, pn2
pn1 := Création PointNom(1, 7, 'A')
pn1.affCoordNom                 // méthode de PointNom
pn2 := Création PointNom(4, 3, 'B')
pn2.affCoordNom                 // méthode de PointNom
pn2.affCoord                    // méthode de Point


Point de nom A
Coordonnées : 1 7
Point de nom B
Coordonnées : 4 3
Coordonnées : 4 3
```

Exercice 12.4

Le constructeur de `PointNom` est en fait le même que dans l'exercice précédent. En revanche, il faut redéfinir la méthode `affiche` de la classe dérivée pour qu'elle affiche à la fois le nom et les coordonnées. Pour ces dernières, comme les attributs `abs` et `ord` sont encapsulés dans la classe `Point`, il est nécessaire de recourir à la méthode `affiche` de `Point`. Pour cela, il faut éviter d'écrire simplement

```
affiche
```

qui provoquerait un appel de la méthode `affiche` de cette même classe `PointNom`, entraînant une récursivité infinie. Il faut en fait utiliser la mention `base` pour forcer l'utilisation de `affiche` de la classe de base :

```
base.affiche
```

Voici ce que pourrait être notre clase `PointNom` :

```
classe PointNom dériveDe Point
{ méthode PointNom (entier x, entier y, caractère c)
  { base (x, y)    // appel du constructeur de la classe de base
    nom := c
  }
  méthode affiche
  { écrire «Point de nom », nom
    base.affiche     // force l'appel de affiche de la classe de base
  }
  caractère nom
}
```

Voici un petit programme d'utilisation de PointNom :

```
Point p
PointNom pn
p := Création Point(3, 7)
pn := Création PointNom (1, 7, 'S')
p.affiche
pn.affiche
```

```
Coordonnées : 3 7
Point de nom S
Coordonnées : 1 7
```

Index

Imprimé en Allemagne par Bod
Dépôt légal : décembre 2017